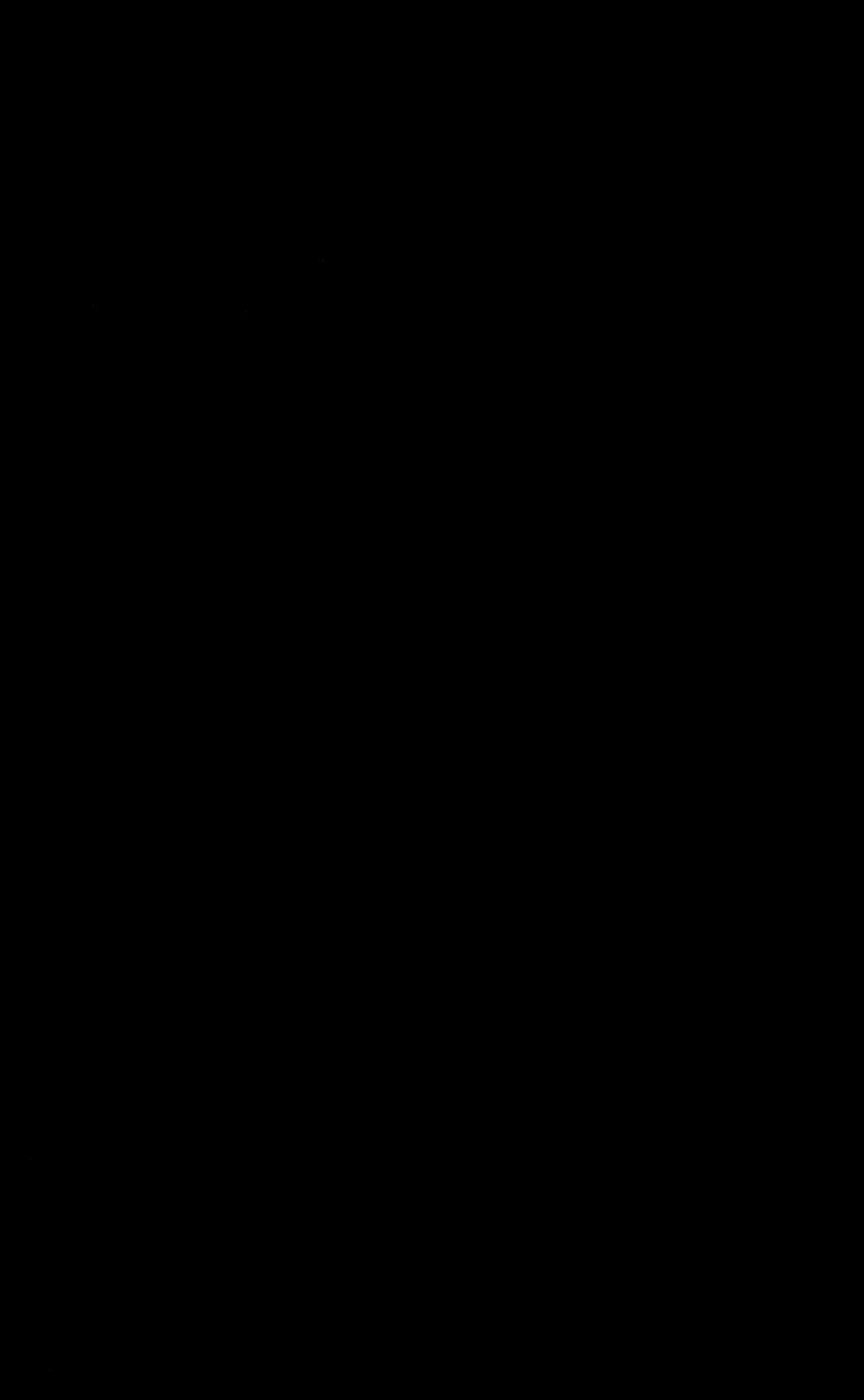

매일 심리학 공부

每天读点心理学 ⓒ 2014 by 王炳仁

All rights reserved.
First published in China in 2014 by Current Affairs Press
Through Shinwon Agency Co., Seoul.
Korean translation rights ⓒ 2017 by SIGONGSA Co., Ltd.

이 책의 한국어판 저작권은 신원에이전시를 통해 Current Affairs Press와 독점 계약한 ㈜SIGONGSA에 있습니다.
저작권법에 의해 한국 내에서 보호를 받는 저작물이므로 무단 전재와 무단 복제를 금합니다.

일과 인간관계를
내 편으로 만드는
85가지
심리 기술

매일
심리학
공부

우리창 편저
정세경 옮김

SIGONGSA

머리말

영국의 작가 윌리엄 새커리William Makepeace Thackeray는 말했다. "삶은 거울과 같다. 당신이 얼굴을 찌푸리면 똑같이 찌푸리고, 당신이 미소 지으면 환한 미소로 되돌려준다."

확실히 우리가 어떤 심리 상태로 이 세상과 타인을 대하는지는 정말 중요한 일이다. 심리 상태는 작은 말 한 마디, 사소한 행동 하나하나에서 드러난다. 알다시피 단순한 말 한 마디로도 사람을 봄바람처럼 녹일 수 있고, 오히려 화나게 할 수도 있다. 이를 통해 당신은 환영받는 사람이 될 수도 있고, 모든 사람의 '공적'이 될 수도 있다.

어느 심리학자의 말처럼, 사람이 있는 곳에 심리가 있다. 그만큼 심리학은 폭넓은 내용을 포함하는 학문이며, 우리의 생활 곳곳에 배어 있다. 작게는 한 개인의 정서 조절과 타인과의 교제에서부터 크게는 영업, 장사, 사업에 이르기까지 생활의 다방면에서 밀접한 관계를 맺고 있다. 그래서 심리학을 공부하면 자신에 대해 더 깊이 이해할 수 있으며, 자신의 행동 뒤에 어떤 심리적 배경이 숨겨져 있는지, 자신의 현재 개성이나 성격 등이 어떻게 형성되었는지 파악할 수 있다. 마찬가지로 타인의 행동 속에 내재된 심리적 배경을 추정해 인간관계에 대해서도 보다 정확히 인지할 수 있게 된다. 심리학을 잘 아는 사람은 언제 어떤 말을 해야 할지 알고 있으며, 상대의 말과 얼굴을 주의 깊게 살피는 것만으로도 확실한 기회를 잡고 경솔하게 상대를 자극하지 않는다.

술의 맛을 음미하려면 잠깐이면 되지만 사람의 됨됨이를 알아보려면 오랜 세월이 필요하다. 특히 복잡한 사회 속에서 한 개인을 제대로 알기란 쉬운 일이 아니다. 프랑스의 작가 빅토르 위고도 다음과 같은 말을 남겼다. "바다보다 넓은 것은 하늘이고, 하늘보다 넓은 것은 사람의 마음이다." 그런 의미에서 철학적인 의미를 조금 보태 말하자면, 심리학은 지혜라는 메스로 자기 내면의 세계를 해부하는 과학이다.

이 책은 심리학 원리를 바탕으로 실생활의 사례를 결합해 다양한 인간관계에서 겪게 되는 각종 심리현상을 상세히 분석하고 있으며, 이에 대한 해결 방법을 제시하고 있다. 이를 통해 당신은 자신과 주변 사람들의 말과 행동 속에 숨겨진 심리적 원인을 보다 깊게 이해할 수 있다. 책 속 심리학 지식을 생활에서 실천하고, 행동을 통해 깨달은 경험과 교훈을 새긴다면, 얼마 지나지 않아 삶이 바뀌고 있음을 느끼게 될 것이다.

목차

머리말 • 4

제 1 장

요즘 괜찮아?

심리학으로 나의 일상 살펴보기

- 15 • 불완전한 자신을 인정하기
- 18 • 걱정과 작별하는 법
- 21 • 적극적이고 능동적인 태도의 힘
- 24 • 불가능하다고 말하지 않기
- 27 • 문제를 바라보는 시각
- 30 • 기회를 잡는 지혜로운 눈
- 33 • 바로 지금부터 시작하기
- 36 • 운이 트이는 비밀, 감정투자
- 40 • 정확한 타이밍을 읽는 법
- 43 • 공을 독점할 때의 위험성
- 46 • 실수를 대하는 우리의 자세

제 2 장 '누가' 숨어 있을까?

심리학으로 내 마음 이해하기

- 53 • 나는 누구이고, 누가 나인가? : 자기 지각
- 56 • 나를 탐색하는 과정 : 조해리의 창
- 60 • 나는 삶을 어떻게 대하는가? : 성격
- 63 • 이드, 에고, 슈퍼에고 : 인격의 구성
- 67 • 된다고 말하면 할 수 있다 : 긍정적 자기암시
- 70 • 나의 역할 수행하기 : 사회적 역할
- 73 • 숨겨진 내 마음 읽기 : 꿈의 의미
- 76 • 습관적으로 지고 있는 짐 : 관습적 사고
- 79 • 나에 대한 관대한 기준 : 자기 관용
- 82 • 체계화와 감각기관의 협조 : 기억의 법칙
- 85 • 외부자극을 필요로 하는 심신 : 감각박탈

제 3 장 1분만 더 시간을 준다면

심리학으로 대인관계의 폭 넓히기

- 91 • 처음 뵙겠습니다 : 초두 효과
- 94 • 익숙할수록, 친할수록 : 최신 효과
- 97 • 나와 비슷한 사람이 주는 안정감 : 유사의 법칙
- 100 • 서로의 장점을 나눈다 : 상호보완의 법칙

103 • 얻으려면 베풀 것 : 호혜의 원칙
106 • 들어주기의 힘 : 소통의 법칙
109 • 상대로부터 감사한 마음을 얻는 법 : 체면 효과
112 • 어느새 당신이 좋아졌다 : 단순노출 효과
115 • 상황에 맞는 분위기 연출 : 분위기 효과
118 • 인간관계의 윤활유 : '모르는 척'의 효과
121 • 사람을 만족시키는 칭찬 : 볼링 효과

제 4 장 늘 반대하는 사람이 있다면
:
심리학으로 사람의 마음 꿰뚫기

127 • 적을 친구로 만드는 기술 : 심리적 준비
130 • 적재적소에 인재 활용하기 : 개인 맞춤 분류
133 • 상대가 무엇을 원할까? : 매슬로우 욕구단계이론
136 • 속마음을 드러내는 또 다른 언어 : 신체언어
139 • 복잡하고 미묘한 정보 통로 : 얼굴 표정
142 • 나와 상대와 거리 : 인사 방법
145 • 대세를 따르려는 사람의 마음 : 군중심리
148 • 사람이 많을수록 적어지는 것 : 책임감 분산
152 • 사람에 따른 말의 무게 : 권위의 효과
155 • 타인에 대한 근거 없는 평가 : 고정관념

제 5 장 스스로 치료하는 마음의 병

심리학으로 더 건강해지기

161 • 나의 심리는 건강한가? : 심리적 건강의 기준
164 • 삐뚤어진 자존심 : 허세와 허영
167 • 유난히 의심이 깊은 사람 : 의심
171 • 할 수 없다는 것을 인정하지 않는다 : 완벽주의
175 • 남이 잘 되면 배 아플 때 : 질투심
178 • 유난히 속이 좁은 사람 : 편협심
181 • 하루라도 못 마시면 : 알코올 의존
184 • 정보가 많을수록 불안하다 : 정보 불안
187 • 엎치락뒤치락 잠이 안 올 때 : 불면증
190 • 사람들의 주목이 좋은 사람 : 연극성 인격장애
194 • 집밖을 나서기 두려울 때 : 사회 공포증
198 • 스스로 통제할 수 없을 때 : 분노조절장애
201 • 감정 표현에 서툰 사람 : 심리적 매듭

제 6 장 매일 좋은 기분을 유지하려면

심리학으로 매력 끌어올리기

207 • 상대의 얼굴색을 살펴라 : 좋은 기분의 법칙
210 • 색깔이 심리에 미치는 영향 : 색채 심리학

- 213 • 날씨가 성격을 바꾼다 : 날씨 심리학
- 216 • 끝나지 않는 갈림길 : 선택 심리학
- 219 • 먹지 못한 포도는 시다 : 자기합리화
- 222 • 몸을 피곤하게 만드는 나쁜 기분 : 심리적 피로
- 225 • 나에게 딱 맞는 운동 찾기 : 운동 심리학
- 228 • 이것이 아니라면 저것이라도 : 보상심리
- 231 • 예뻐질 수 있는 최고의 비법 : 심리적 미용
- 234 • 말 한 마디로 마음을 움직인다 : 대화 심리학
- 237 • 내 안의 거대한 에너지 : 열정의 효과

제 7 장 가족과 나누는 시간

심리학으로 평생 행복하게 살기

- 243 • 잘못된 결혼 동기는 비극을 부른다
- 247 • 결혼에 대한 우리의 기대 심리
- 250 • 얼굴만 봐도 질리는 권태기
- 253 • 아버지가 전하는 심리적 유전자
- 256 • 아이를 제대로 사랑하는 방법
- 259 • 남을 사랑할 수 있는 아이로 키우기
- 263 • 적절한 통제와 훈육의 원칙
- 266 • 이혼을 선택할 때, 아이를 대하는 자세
- 270 • 사춘기 아이의 반항 심리

제 8 장 **심리학을 실전에 응용한다면**
: 심리학으로 문제 해결하기

277 • 나의 이중적 성격, 어떻게 바꿀 수 있을까?
281 • 회사 사람과의 거리는 어느 정도가 적당할까?
284 • 듣기 싫은 소리를 해야 할 때, 어떻게 전할까?
288 • 업무가 권태롭게 느껴진다면 어떻게 할까?
292 • 위아래 샌드위치 신세에서 벗어나려면?
295 • 좋은 리더가 되려면 무엇이 필요할까?
299 • 직장에서 다친 마음, 어떻게 해야 할까?
304 • 중년 우울증을 효과적으로 이겨내려면?
308 • 소비 욕구, 어떻게 통제할까?

부 록

부록 1 연도로 보는 심리학 역사 • 314

부록 2 진짜 나를 발견하는 심리 테스트

1 선천지능 테스트 • 325

2 핵심 자질 테스트 • 336

3 대뇌능력 테스트 • 339

4 감성지수 테스트 • 344

5 성격 테스트 • 348

6 안정감 테스트 • 353

제 1 장

요즘 괜찮아?

: 심리학으로 나의 일상 살펴보기

불완전한 자신을 인정하기

걱정과 작별하는 법

적극적이고 능동적인 태도의 힘

불가능하다고 말하지 않기

문제를 바라보는 시각

기회를 잡는 지혜로운 눈

바로 지금부터 시작하기

운이 트이는 비밀, 감정투자

정확한 타이밍을 읽는 법

공을 독점할 때의 위험성

실수를 대하는 우리의 자세

불완전한 자신을 인정하기

어느 유능한 과학자가 있었다. 죽음이 두려웠던 그는 클론 기술을 이용해 자신과 똑같은 12명의 복제인간을 만들었다. 누가 자신인지 혼란을 줘 사신死神의 손에서 벗어나려 한 것이다. 그러던 어느 날, 정말 사신이 찾아왔다. 사신은 눈앞에 있는 13명 중 누가 자신의 진짜 목표인지 알 수 없어 결국 돌아가고 말았다. 하지만 얼마 지나지 않아 사신이 다시 찾아왔고 13명을 둘러보며 얼굴에 미소를 띤 채 말했다. "자네는 천재일세. 복제인간을 이렇게 완벽하게 만들다니 말이야. 하지만 불행하게도 나는 자네의 복제인간에게서 한 가지 흠을 찾아냈다네." 그 말에 진짜 과학자는 펄쩍 뛰며 소리를 질렀다. "어디 흠이 있다는 거요? 내 기술은 완벽하다고!" "바로 이걸세." 사신은 화를 낸 사람을 붙잡아 저승으로 떠났다. 사신은 인성人性의 약점을 잘 알고 있었던 것이다.

　사람은 누구나 육체적으로든 정신적으로든 약점이 있게 마련이다. 그러나 안타깝게도 대부분의 사람들은 용감하게 약점을 마주하기보다 도망치거나 숨기려 한다. 하지만 우리가 계속해서 완벽함만을 추구하고 약점을 외면한다면, 삶은 금세 엉망진창이 될 것이며 주변의 불만을 살 수밖에 없다.

다음에 소개하는 일화는 미국의 심리학자 너새니얼 브랜든 Nathaniel Branden(자존감의 원리를 최초로 명확하게 규정했다-역주)의 이야기이다.

어느 날 로렌스란 여성이 심리치료를 받겠다고 찾아왔다. 그녀는 천사 같은 얼굴의 소유자였지만 입은 거칠고 마약에 매춘까지 경험한 여자였다. 그녀에 대해 브랜든은 이렇게 말했다. "저는 그녀가 한 모든 일을 싫어했습니다. 하지만 그녀는 좋았죠. 처음에는 최면술을 이용해 중학교 시절 그녀가 어떤 아이였는지 떠올려보게 했습니다. 당시 그녀는 매우 똑똑하고 학업 성적도 우수했더군요. 그 때문에 그녀는 사람들의 질시를 받아야 했고, 오빠에게도 미움을 받았습니다."

그녀는 모든 분야에서 1등을 하려고 노력했지만 일단 어떤 분야에서 완벽하지 않다거나 남들과 큰 차이가 나면 오히려 극단적으로 생각했다. 불완전한 부분을 크게 과장해 자신의 장점마저 포기한 것이다. 브랜든은 지속적인 상담을 통해 모든 사람은 장단점이 있으며 불완전한 존재임을 강조했다. 또한 자신의 불완전함을 즐겨야 한다고 말했다.

1년 반 뒤, 로렌스는 캘리포니아대학교 문예창작과에 합격했으며 몇 년 뒤에는 작가가 됐고 결혼도 했다. 10년의 세월이 흐른 어느 날, 브랜든은 대로에서 그녀와 우연히 마주쳤지만 하마터면 그냥 지나칠 뻔했다. 고상한 옷차림에 침착한 태도, 생기 있는 그녀의 모습에서 지난날의 상처를 조금도 느낄 수 없었기 때문이다.

자신이 항상 남보다 못하다고 느끼는 사람은 자신의 장점을 보지 못하거나 자신의 단점을 남의 장점과 비교한다. 하지만 단점은 결코 열등감에 빠질 이유가 되지 못한다. 자신의 약점을 정면으로 마주할 줄 안다면, 오히려 그 약점을 앞으로 나아갈 동력으로 삼을 수 있다.

우리는 자신의 불완전함을 인정하고 받아들여야 한다. 결코 이런 사실을 회피하거나 반대로 실제보다 더 부풀려 생각하지 말아야 한다. 대신 자신의 가치관이 나아갈 방향을 제대로 확립하고 담담히 자신의 약점과 마주할 필요가 있다. 자신의 약점과 담담히 마주할 수 있는 이는 강하고 지혜로운 사람이다.

걱정과 작별하는 법

세계보건기구WHO는 한 보고서를 통해 전 세계 사람들 중 20%의 사람들에게 심리적인 문제와 정신적 장애가 있다고 밝혔다. 유엔 국제노동기구ILO 역시 한 조사보고를 통해 심리적 압박은 21세기의 매우 심각한 건강 문제 가운데 하나가 됐다고 발표했고, 노벨 의학상을 수상했던 알렉시스 카렐Alexis Carrel 박사는 걱정에 저항할 줄 모르는 사람은 단명하게 된다고 말한 바 있다. 《신경성 위장병》이란 책을 쓴 조지프 몬테그Joseph Montag 박사도 비슷한 맥락의 말을 남겼다. "위궤양은 당신이 무엇을 먹었기 때문이 아니라 무엇을 걱정했기 때문에 생기는 병이다." 세계 최대의 비영리 의료집단으로 유명한 종합병원 메이오 클리닉을 세운 메이오Mayo 형제에 따르면, 병상에 누운 신경성 질환 환자들의 신경을 현미경으로 관찰했을 때 대부분 지극히 정상이라고 한다. 그들의 '신경성 질환'은 신경 자체에 어떤 이상이 있어서가 아니라 정서적인 비관과 불안, 초조, 걱정, 두려움, 실망, 위축 때문에 발생했다는 것이다. 확실히 걱정은 사람의 영혼을 속박하는 족쇄로, 현실 세계에 적응하지 못하고 점차 자신만의 세상으로 함몰되게 만든다.

하지만 사람은 나면서부터 근심, 걱정과 함께 살아갈 수밖에 없다. 본래 사람에게는 갖가지 감정과 욕망이 있으니 걱정도 그런 흔한 감정 가운데 하나이며 누구도 피할 수 없다. 문제는 걱정이 지나치면 이는 더 이상 흔한 감정이 아닌 병적인 상태가 되고 만다는 것이다.

그렇다면 어떻게 해야 걱정과 이별할 수 있을까? 걱정을 해결할 수 있는 가장 간단한 방법은 자신을 바쁘게 만드는 것이다. 심리학의 가장 기본적인 법칙 중 하나가 하나의 마음으로 두 가지 일을 할 수 없다는 것이다. 이를테면 사람은 격하고 열정적인 생각으로 흥분되는 일을 하면서 동시에 걱정에 빠질 수 없다.

제2차 세계대전 당시 영국의 수상 윈스턴 처칠은 "당신이 진 무거운 짐 때문에 걱정되지 않습니까?"라는 누군가의 질문에 다음과 같이 대답했다. "너무 바빠서 걱정할 시간이 없답니다." 당시 그는 전쟁으로 긴장하고 있으면서도 매일 18시간을 일했던 것이다.

또 다른 방법으로는 미국의 심리학자 롤랜드가 고안한 매우 독특한 방법을 들 수 있다. 그는 걱정이 많은 신경성 환자들에게 규칙적으로 걱정할 시간을 주는 방식으로 치료를 했는데, 그 방법은 다음과 같다.

(1) 평소 주의력을 다른 곳으로 돌려 걱정을 끊고 자신에게 말하

라. "정해진 시간에만 걱정하자."
(2) 매일 걱정하기에 적당한 시간은 30분 정도다. 걱정을 할 때는 평소 앉던 자리에 앉지 말라. 그렇지 않으면 그곳에 앉을 때마다 걱정이 생길 것이다. 또한 잠자리에 들기 전인 밤에는 걱정하지 말라.
(3) 시간을 지켜 최선을 다해 걱정하라. 그러다 보면 걱정에만 신경을 집중하기 어려워 점차 걱정을 잊게 될 것이다.

짧은 인생에서 사소한 일로 걱정을 멈추지 못하는 사람은 결국 언젠가 후회하게 된다. 매일 걱정 속에 살든지 즐겁고 편하게 살든지 결국 개인의 선택이기 때문이다. 사실 어떤 일들은 우리가 걱정한다고 일어나지 않거나 결과가 달라지지 않는다. 그렇다면 우리는 적극적이고 효과적인 방법으로 그런 걱정거리에 맞서는 편이 훨씬 나을 것이다.

적극적이고 능동적인 태도의 힘

 태도는 한 개인의 주된 가치관과 자아개념을 드러낸다. 예를 들어 어떤 사람이 삶의 의의를 아름다움의 추구에 둔다면 그는 예술에 대해 적극적이고 긍정적인 태도를 보일 것이다. 또한 정의를 지키는 것을 좋아하고 강직한 성격을 가진 사람이 있다면 그는 법관이 되는 선택을 할 수도 있다. 반대로 원칙에 민감하지 않고 세상일에 큰 관심이 없는 사람이 있다면 그는 자신과 관련 없는 일에 대해 거들떠보지 않는 태도를 보일 것이다. 이처럼 태도는 사람의 판단과 선택을 좌우하고 행동을 결정한다.
 인생이란 여정에서 우리는 이런저런 좌절과 실패에 부딪쳐 생각지도 못한 곤경에 빠지곤 한다. 이럴 때 우리는 너무 쉽게 "나는 아무것도 없어."라고 말하지만, 마음속에 꺼지지 않는 신념의 불만 있다면 얼마든지 난관을 넘어설 방법을 찾아낼 수 있다. 이때 중요한 것이 바로 적극적이고 능동적인 태도이다.

이는 유명한 심리학자 빅터 프랭클Viktor Frankl(오스트리아에서 태어난 유대계 미국 심리학자로 로고테라피라는 심리요법을 창시했으며《죽음의 수용소에서》란 책을 집필했다-역주)이 대중에게 널리 알린 개념이다. 사실 빅터 프랭클이야말로 적극적이고 능동적이며 고난에 고개 숙이지 않는 자세로 운명을 바꾸려고 노력한 인물의 전형이다. 프랭클은 본래 프로이트 학파의 영향을 받아 정신결정론을 신봉하던 심리학자였지만, 제2차 세계대전 중에 나치에게 붙잡혔다. 부모와 아내, 형제 모두 나치의 손에 죽었고 자신도 수용소에서 모진 고문을 당해야 했다. 그러던 어느 날, 그는 벌거벗은 몸으로 감방에 앉아 있다가 문득 완전히 새로운 깨달음을 얻게 됐다. "그 어떤 악랄한 환경 속에 있다 해도 사람에게는 자신의 태도를 선택할 수 있는 마지막 자유가 있다."

극단적인 고통과 무력함에 시달릴 때에도 사람은 여전히 인생에 대한 태도를 스스로 결정할 수 있다고 생각했던 것이다. 고생스러운 나날 중에도 프랭클은 적극적인 태도로 살 것을 선택했다. 그는 결코 비관하거나 절망하지 않았으며 오히려 자유를 얻은 뒤에 학생들 앞에서 이 고통스러웠던 경험을 어떻게 전해줄지 머릿속으로 그려보곤 했다.

소극적이고 수동적인 사람은 항상 정해진 운명이나 누군가의 도움을 기다린다. 그런 사람들은 어떤 일에 대해 주도적으로 추진하기보다 그 일이 알아서 자신을 찾아오길 바란다. 반면 적극적이고 능동적인 사람은 자신에 대한 책임감이 있어 자기 손으로 운명을 지배해야 하며 직접 나서서 일을 발전시킬 줄 안다.

여기 22세에 장사에 실패한 사람이 있다. 그는 23세에 주 의회 선거에서 낙선했으며, 24세에 사업에 실패해 무일푼이 됐다. 또한 그는 39세에 국회의원 선거에서 떨어졌으며, 46세에 상원의원 선거에서 낙선했다. 뿐만 아니라 47세에는 부통령 입후보에 실패했으며, 49세에는 상원의원 선거에서 다시 떨어졌다. 하지만 그의 신념은 실패라는 말을 하지 않는 것이었다. 그는 언젠가 자신이 성공하리라고 확신했다. 결국 그는 51세에 대통령 선거에서 당선됐으며 역사에 길이 남을 위대한 업적을 달성했다. 또한 그는 미국 역사에서 초대 대통령 조지 워싱턴과 더불어 가장 위대한 대통령으로 손꼽히게 됐다. 그의 이름은 바로 에이브러햄 링컨Abraham Lincoln이다.

인생의 길은 언제나 순조로울 수만은 없다. 독일의 철학자 니체도 "모든 사다리가 당신을 실패에 이르게 한다면 당신은 자기 머리 위로 오르는 법을 배우고 있는 것이다."라고 말한 바 있다. 또한 프랑스의 철학자 장 자크 루소는 "신념은 굳은 희망과 믿음을 품고 위대한 영예를 향해 달려가게 하는 열정적인 감정이다."라고 말하기도 했다.

어떤 상황에서 어떤 어려움을 만난다 해도 적극적이고 능동적인 마음가짐만 잃지 않는다면 충분히 자신의 운명을 바꿀 수 있다. 우리의 머리와 몸은 언제든 극한의 능력을 발휘할 수 있다. 하지만 그것은 온전히 우리가 무엇을 하려 하는가에 달려 있다.

불가능하다고 말하지 않기

삶이 곤경에 빠졌을 때 많은 사람들이 '불가능'이란 말로 자신을 가두고 현실 속 고난과 도전을 정면으로 마주하지 못한 채 자신의 잠재력을 제대로 발휘하지 못한다. 심리학자들은 인생의 성장 과정에서 불가능이란 단어를 쉽게 사용하지 말라고 충고한다. 아니, 마음속에서 불가능이란 관념 자체를 뿌리 뽑는 것이 최선이다. 누군가와 대화를 할 때도, 어떤 생각을 하거나 태도를 취할 때도 불가능은 배제해야 한다. 더 이상 불가능이란 말로 이유를 만들고 핑계를 찾지 않아야 한다. 불가능이란 말로 자신을 제한하면 당신의 꿈도 멀어질 뿐이다. 당신은 이 단어와 관념을 던져버리고 빛나고 찬란한 '가능'이란 말로 대신해야 한다.

헨리 포드Henry Ford는 미국 자동차업계 역사에서 손에 꼽는 위대한 인물이다. 그는 1863년 7월, 미국 미시간 주에서 태어났다. 농부였던 그의 아버지는 자식에게 교육을 시키는 것을 돈 낭비라 생각했다. 아들이 바쁜 농장에서 일손을 돕길 바랐기 때문이다. 하지만 포드는 어려서부터 농장에서 일하면서도 일찌감치 기계에 흥미를 느꼈고, 머릿속으로 기계가 사람이나 가축 대신 일하는 방법을 고민했다. 그는 12세 때 이미 '도로 위를 달리는 기계'를 구상하기 시작했다. 그때부터 밤낮으로 그 생각에만 빠져 살았다.

주위 사람들은 포드에게 실현 가능성이 없는 '이상한 생각'을 포기하라고 권했다. 아버지는 아들이 농장의 일꾼이 되길 바랐지만 소년 포드는 엔지니어가 되고 싶어 했다. 헨리 포드는 불과 1년 만에 보통 사람은 3년이 걸릴 엔지니어 훈련을 마쳤다. 이후 그는 2년에 걸쳐 증기 엔진으로 움직이는 기계를 구상했지만 성공하지 못했다. 그러다 잡지에서 가솔린이 산화된 뒤 형성되는 연료로 불을 밝히는 가스등을 보게 됐고, 이는 그의 창의적인 상상력을 자극했다. 그때부터 그는 가솔린 엔진 연구에 매진했다. 그의 이런 창의적 발상은 위대한 발명가 에디슨의 칭찬을 받았다. 실제로 에디슨은 디트로이트로 그를 초빙해 에디슨 회사에서 엔지니어로 일하며 꿈을 실현할 수 있는 기회를 주기도 했다.

헨리 포드가 29세가 되던 해인 1892년, 드디어 그는 자동차 엔진 제작에 성공했다. 1896년, 포드는 33세에 세계 최초의 자동차를 만들어냈다. 1908년부터 포드는 자동차의 대중화에 나서 저렴한 가격으로 많은 소비자들의 눈길을 사로잡았다. 오늘날 미국에는 모든 가정에 1대 이상의 자동차가 있고, 디트로이트는 미국의 거대한 공업도시가 되었으며, 포드는 엄청난 부자가 됐다.

헨리 포드는 모든 사람들의 부러움을 사는 인물이다. 사람들은 포드가 운이 좋아서, 성공한 친구가 있어서 혹은 천재라서 성공했을 것이라며 별별 '비결'을 성공의 요인으로 꼽는다. 하지만 헨리 포드가 성공할 수 있었던 진정한 비결은 따로 있다. 한 심리학 전문가는 훗날 다음과 같이 말했다. "아마 10만 명 중 한 명은 포드가 성공한 진짜 이유를 알고 있었을 것이다. 하지만 이 소수의 사람들조차 이것에 대해 언급하기를 부끄러워한다. 그 성공의 비결이 너무 간단하기 때문이다. 그 비결은 바로 불가능은 없다는 것이다." 사실 대부분의 세상일은 생각해낼 수만 있다면 반드시 이뤄낼 수 있다.

과거 불가능하다고 했던 일들도 당시에만 잠시 해결 방법을 찾지 못한 경우가 얼마나 많던가. 그러므로 어려운 문제나 고난을 만났을 때 불가능이란 말로 자신의 손발을 묶지 말라. 대신 한 걸음씩 고집스럽게 앞으로 나아가다 보면 '불가능'도 '가능'한 일이 될 수 있다. 누군가 성공할 수 있었던 것은 불가능에 대해 굴복하지 않고 자신의 뜻을 고집했기 때문이다.

문제를 바라보는 시각

미국의 심리학자 앨버트 엘리스Albert Ellis (정신분석의 단점을 극복한 인지치료의 창시자-역주)는 정서적 불안에 관한 이론을 제시한 바 있다. 그는 특정 정서를 불러일으키는 요인이 사건 자체가 아니라 개인의 신념 때문이라고 주장했다. 즉, 현실에서 여러 좌절을 겪으며 "난 재수가 없어."라든지 "이건 말도 안 돼."라고 하는 사람들은 단편적인 인식과 해석 때문에 정서적 불안에 시달리게 된다는 것이다. 실제로 사람들이 느끼는 고민과 불쾌함은 스스로 문제를 보는 시각과 관련이 있다.

　세상에 절대적인 일은 없으며 당신이 어떻게 보고 대처하느냐가 중요하다. 이를테면 문제를 보는 시각만 달리 해도 당신은 드넓은 하늘을 볼 수 있다. 우리는 주변에서 습관처럼 불평불만을 터뜨리는 사람들을 볼 수 있는데 모든 일이 내 뜻대로 되는 사람은 하나도 없다. 그러므로 우리는 습관화된 인식에서 벗어날 필요가 있다.

가난 때문에 고민하던 한 젊은이가 어느 심리학자에게 가르침을 청했다. "어째서 실의에 빠졌습니까?" 심리학자의 물음에 젊은이는 "항상 가난하니까요."라고 답했다. "왜 가난하다고 하는 거죠? 당신은 이렇게 젊은데요." 심리학자의 말에 젊은이는 코웃음을 쳤다. "젊은 게 밥 먹여 주나요?" 그러자 심리학자는 씩 웃으며 말했다. "그럼 만 달러를 줄 테니 중풍에 걸려 침대에 누워 있어야 한다고 하면 그렇게 하겠소?" 젊은이는 고개를 저었다. "그럴 순 없죠.", "그럼 온 세상의 돈을 모두 줄 테니 당장 죽어야 한다고 하면 그렇게 하겠소?" 젊은이는 어이가 없다는 듯 되물었다. "내가 죽고 나면 온 세상 돈이 다 무슨 소용입니까?" 이에 심리학자가 말했다. "바로 그거요! 젊고 생명력이 넘치는 당신은 온 세상의 부를 모두 가진 것과 다름없는데 어째서 가난하다고 하는 겁니까?"

문제를 보는 시각을 바꾼다는 것은 한 가지 방식으로 그 문제를 살피지 않는다는 의미다. 한 가지 방식으로만 문제를 본다면 당신은 반드시 막다른 길에 이를 수밖에 없으며 혼란스러운 갈등에서 벗어나지 못할 것이다.

51세에 수백만 달러의 자산을 모은 은행가가 있었다. 하지만 그는 이듬해에 모든 재산을 잃고 엄청난 빚을 지고 말았다. 그럼에도 그는 이런 큰 충격 앞에서 의기소침하거나 실망하지 않았으며 반드시 재기하기로 마음먹었다. 얼마 지나지 않아 그는 다시 재산을 모을 수 있었다. 채권자의 빚을 모두 갚은 뒤 이 금융가는 자신의 다짐을 이뤄냈음에 뿌듯해했다. 이때 누군가 두 번째 재산은 어떻게 모을 수 있었느냐고 묻자 그가 대답했다. "그건 아주 간단합니다. 저는 단 한 번도 부모님이 물려주신 낙관적인 성격을 바꾼 적이 없으니까요. 어떤 일을 하던 실제 상황은 사람들이 짐작하고 불평하는 상황보다 훨씬 낫다고 믿었답니다."

문제를 보는 시각을 바꾼다는 것은 일종의 돌파이자 해탈이며 높은 단계의 평화로움이다. 이를 통해 우리는 자유로운 즐거움을 누릴 수 있다. 이런 사람은 갑작스러운 고통이 찾아와도 비관하거나 기죽는 대신 고통의 원인을 찾아 그 고통을 이겨내려 하며 험난한 인생에 용감히 맞서려 한다. 결국 삶이 행복해질 것인지 우울해질 것인지는 문제를 보는 시각에 달려 있다. 시각을 바꾸는 것이야말로 기분을 조절하는 열쇠로, 이것만 있으면 앞으로 나아갈 때 자기 자신을 잃지 않을 수 있다.

기회를 잡는 지혜로운 눈

콘래드 힐튼Conrad Hilton은 32세에 텍사스 주에서 가장 뜨는 석유 채굴 사업을 준비하고 있었다. 하지만 보유한 자금이 부족해 사업을 시작할 수 없었다. 잔뜩 실망한 그는 지친 몸으로 우연히 한 호텔을 찾았다가 그곳에 가득 찬 손님들을 보고 눈빛을 반짝였다. 마침 그 작은 호텔의 주인은 더 이상 호텔을 경영하지 않으려 했다. 주인과 몇 마디를 나눈 힐튼은 술 한 잔을 비운 뒤 10만 달러에 호텔을 사들이기로 결정했다. 이것이 바로 거대한 호텔 체인 힐튼 그룹의 시작이었다.

　힐튼은 우연한 기회를 놓치지 않았고 자신의 운명을 바꿨다. 사람이 살면서 특별한 기회를 얻을 가능성은 매우 적다. 그렇다고 세상에 기회가 없는 것은 아니다. 당신이 기회를 잡을 수만 있다면 그 기회는 당신에게 유리한 조건이 되어줄 것이다. 성공하고 싶다면 반드시 행동에 나서야 한다. 기회가 찾아왔을 때조차 무덤덤하게 있다면 눈앞에서 좋은 기회를 놓칠 수밖에 없다.

여기 한 사람이 있다. 그는 나면서부터 여러 갈등의 복합체였다. 어머니는 백인이었고, 아버지는 케냐 사람이었다. 그가 두 살이 되던 해에 부모는 이혼을 했으며, 아버지 없는 어린 시절을 보내야 했고, 어머니도 곁에 없을 때가 많았다. 그는 하와이와 인도네시아에서 어린 시절을 보낸 뒤 미국의 최고 명문 하버드대학교에서 교육을 받았다. 이후 시카고의 가장 빈곤한 지역에서 일하는 가장 젊은 흑인 상원의원이 됐고 훗날 미국의 제44대 대통령으로 당선됐다. 그의 이름은 바로 버락 후세인 오바마Barack Hussein Obama II이다.

대통령 선거에서 오바마가 물리친 두 라이벌을 살펴보면 그의 성공이 불가사의하게 느껴질 정도다. 첫 번째 라이벌은 힐러리 클린턴Hillary Rodham Clinton으로 이미 명성이 자자하던 연방 상원의원이자 클린턴 전前 대통령의 아내였다. 많은 미국인들의 눈에 힐러리는 용감한 아내였으며, 섹시한 여인이었고, 현명하고 지혜로운 슈퍼우먼이었다.

또 다른 라이벌은 공화당 후보 존 매케인John Sidney McCain III이었다. 그는 상당한 영향력을 갖춘 공화당의 정치가이자 애리조나 주의 베테랑 상원의원으로 '움직일 수 없는 큰 산'에 비유됐다. 그는 아나폴리스의 미국해군사관학교에서 교육을 받았으며, 해군 비행사로 베트남전쟁에 참전했다. 전쟁에서 5년 반 동안 포로로 잡혀 있는 동안 정보를 넘겨주기를 거절해 의식을 잃을 정도로 고문을 당하기도 했다. 이 일로 그는 전국적으로 유명해졌으며 미국인들의 영웅이 됐다.

이에 비해 오바마는 평범한 가정의 자식이었고, 아무런 배경도 없으면서 야심이 크고 성공에 목마른 인물일 뿐이었다. 하지만 바로 그랬기 때문에 우리는 행운이 모든 사람에게 평등하게 찾아온다는 사실을 알았다. 보잘 것 없는 출신이라 해도 기회를 잡고 스스로 노력한다면 한 걸음 한 걸음 성공을 향해 나아갈 수 있는 것이다.

솔로몬은 "지혜로운 자의 눈은 그의 머릿속에 있고, 우매한 자는 어둠 속을 다닌다."라고 말했다. 마음은 눈보다 더 많은 것을 볼 수 있는 법이다. 이해력이 충만한 눈이 있을 때 사물의 현상을 꿰뚫어볼 수 있으며 기회를 창조하고 잡을 수 있다.

기회는 때로 끝없이 인내하고 고난과 가난을 견뎌내며 꾸준히 일에 헌신할 때 찾아온다. 그러므로 자신의 일에서 충분한 준비가 되어 있어야 기회가 찾아온다는 사실을 명심해야 한다.

바로 지금부터 시작하기

한 심리학자는 성공하는 사람들의 정신세계를 오랫동안 연구한 끝에 그들이 지닌 두 가지 본질적 힘을 발견했다. 하나는 엄격하고 치밀한 논리적 사고 아래 일에 매진한다는 것이고, 다른 하나는 돌발적이고 강렬한 영감이 발동하면 그 즉시 행동에 옮긴다는 것이다. 운명을 바꿀 수 있는 영감이 현실 속에서 분출될 때 대부분의 사람은 습관처럼 그것을 질식시키고 원래의 생활패턴으로 돌아간다. 한마디로, 항상 하던 대로 한다는 것이다.

한 번은 월터 B. 피트킨Walter B. Pitkin(미국 콜롬비아대학에서 철학과 심리학을 가르친 교수로 《인생은 사십부터Life Begins at Forty》란 책으로 이름을 알렸다-역주) 교수가 할리우드에 들렀다가 한 젊은 팬으로부터 꽤 의미 있는 제안을 받았다. 그곳에 있던 사람들 모두 젊은이의 생각에 주의를 기울였으며 생각해볼 만한 가치가 있다고 여겼다. 사람들은 신중히 고려하고 토론한 뒤 어떻게 할지 다시 결정하자고 했다.

하지만 다른 사람들이 그의 제안을 어떻게 할지 고민하고 있을 때 피트킨은 수화기를 들어 바로 월가에 전보를 쳐 이 제안에 대해 열렬히 설명했다. 덕분에 그는 뜻밖에도 천만 달러의 영화 투자 계약을 따냈다. 만약 그가 남들처럼 행동에 나서기를 미뤘다면 이 제안은 그들의 신중한 토론 속에 좌절돼 처음의 빛을 잃고 말았을 것이다. 반면 피트킨은 즉각 행동에 나설 줄 알았다. 그는 평생 자신의 영감을 기르고 믿어왔으며 가장 든든한 카운슬러로 여겼다. 많은 사람이 그의 명확하고 빠른 일 처리를 부러워했지만, 사실 그는 오랜 기간 훈련을 통해 지금 바로 행동하는 습관을 키운 것이다.

괴테도 말하지 않았던가. "하고 싶은 일이 무엇이든 바로 지금 시작하라. 대담함 속에는 천재성과 능력, 마력이 있다. 핵심은 미루지 말고 실천하는 것이다. 실천하는 과정 가운데 당신의 마음은 점차 성숙해진다." 그러니 갑자기 새로운 영감이 떠올랐을 때 놓치고 싶지 않다면 바로 그 영감을 기록해야 한다. 오늘 할 일을 내일로 미루거나 내일도 하지 않는 사람은 게을러지기 십상이며 질질 끄는 버릇이 생기기 쉽다. 조금만 지체하고 있으면 원래 엄청나게 뛰어난 구상도 순식간에 아무런 가치가 없어지고 만다.

안타깝게도 사람들은 누구나 어떤 일을 할 때 많든 적든 시간을 끄는 경향이 있다. 또한 시간을 끄는 방법이나 정도도 제각각이다. 어떤 이들은 잡다한 일을 하느라 업무에 집중하지 못한다. 그들은 상사가 재촉해야 간신히 일을 하는 스타일로 자기 스스로 시작하는 것을 어려워한다. 또 어떤 이들은 계획만 반복적으로 세우며 극단적인 완벽주의를 지향한다. 그들은 행동을 실행에 옮기지 못한 채 '완벽한' 계획을 수립한다며 시간을 끈다. 즉각 행동에 옮기기로 결심했지만 실천 방법을 찾지 못하는 유형도 있다. 또한 어떤 이들은 꾸물거리는 것이 고질병이 되어 오랫동안 문제를 끌며 결정하지 못하기도 한다. 이런 일이 계속되면 기분이 무기력해져 어떤 일에도 흥미를 느끼지 못하고 인생의 꿈도 사라지고 만다. 모든 일이 다 준비된 뒤 행동하려 하면 당신의 일은 아마 영원히 '시작'될 수 없을 것이다.

바로 지금 행동하고 실천하는 것은 오늘날 성공한 인물들의 신념 중 하나다. 그 어떤 계획이나 청사진도 당신의 성공을 보장해주지 않는다. 많은 기업이 오늘의 성취를 이룰 수 있었던 것은 일을 시작하기에 앞서 계획을 잘 세웠기 때문이 아니라 행동하면서 하나씩 조정하고 실천했기 때문이다. 본래 모든 계획에는 약점이 있게 마련이다. 계획이란 종이에나 존재하는 것이다. 계획은 실천하는 도중에 수정할 수 있으니 바로 실천에 옮겨라! 당신의 목표에 따라 지금 행동하라. 행동이 없다면 제아무리 좋은 계획도 허튼 꿈에 불과하다.

운이 트이는 비밀, 감정투자

미국의 한 유명 잡지는 발간사에 다음과 같은 글을 실었다. '못 믿겠다면 예전의 경험을 떠올려보라. 원래 당신 혼자 힘으로 완성했다고 생각했던 일들도 사실 뒤에서 누군가 도움을 줬다는 사실을 발견하게 될 것이다. 그러므로 많은 사람들과 만나는 장소에서 당신은 가능한 한 자신의 진정한 모습과 재능을 드러내 쓸모 있는 제의를 많이 받도록 해야 한다. 인맥의 힘을 무시하지 말라. 그렇지 않으면 당신은 자신에게 도움이 될 큰 힘을 놓칠 수 있다.'

사람이 걷는 길이 항상 평탄할 수는 없으며 울퉁불퉁한 것은 자연스러운 일이다. 그렇다면 어떻게 해야 이런 굴곡을 순탄하게 만들 수 있을까? 당신에게 운이 없다면 노력과 고생을 반복해야만 성공에 이를 수 있다. 반면 당신에게 운이 있다면 단숨에 성공에 이를 수는 없어도 지름길로 갈 수는 있을 것이다. 그렇다면 누가 이런 운을 당신에게 선사하겠는가?

미국의 배우 커크 더글러스Kirk Douglas도 실의에 빠져 있던 젊은 시절이 있었다. 어느 날 그는 열차를 탔다가 우연히 좋은 인연을 만나게 됐다. 옆자리에 앉은 부인과 긴 여정을 함께하면서 시간을 보낼 요량으로 먼저 친근하게 말을 건 것이다. 며칠 뒤 커크 더글라스는 한 영화사의 초대를 받아 사무실에 들렀는데 알고 보니 그 부인이 유명한 영화 제작자였다. 그는 이 영화 제작자를 알게 된 덕분에 많은 인맥을 쌓을 수 있었고 자신의 연기를 보여줄 기회를 얻어 배우로서 성공할 수 있었다.

인맥의 힘은 실로 엄청나다. 아무리 능력이 대단한 사람도 행운의 여신을 만나지 못하면 어떤 일을 완수해내기 어렵다. 만약 성공으로 향하는 길 위를 더 빨리 달리고 싶다면 무엇보다 인맥을 활용할 줄 알아야 한다. 실제로 '운'이라는 것은 대부분 인맥에서 비롯된다. 그래서 옛말에 "하수는 자신의 힘을 쓰고, 중수는 남의 힘을 쓰며, 고수는 남의 지혜를 쓴다."라고 하지 않던가. 타인의 힘과 재능을 잘 활용할 줄 알면 좀 더 쉽게 성공에 이를 수 있다. 하지만 인맥은 하루아침에 형성되는 것이 아니며, 오랫동안 관리해야 한다.

이를 위해 필요한 게 '감정 투자'다. 감정 투자란 간단히 말해 처세에 있어 남에게 더 많은 관심과 도움을 주는 것을 뜻한다. 아무리 큰 풍랑을 만난다 해도 서로 알아줄 사람이 있으면 장사는 안 될지라도 인정은 남길 수 있다.

사실 오랫동안 서로 믿고 돌봐주는 관계를 유지하기란 여간 어려운 일이 아니다. 이를 위해서는 꾸준한 감정 투자가 있어야 한다.

특히 비즈니스계에서 자신의 이익만 챙기면 서로 의심하기 쉽다. 그 결과 인연이었던 관계가 적이 되고, 인정이 적의로 변하기도 한다. 심지어 사랑하는 사람도 가장 미워하는 사람이 될 수 있으며 이는 우리 주변에서 흔히 볼 수 있는 일이다. 서로 가장 미워하는 라이벌도 원래는 매우 가까운 동료였던 경우가 많다. 이렇게 반목하게 된 원인은 누구도 정확히 이야기하지 못하며 남는 것은 서로에 대한 질책과 원망뿐이다.

그렇다면 어째서 이렇게 되는 걸까? 이는 많은 사람들이 일단 관계가 안정되고 나면 더 이상 서로를 지켜주려 하지 않거나 쌍방의 관계에서 세심한 부분을 신경 쓰지 못하기 때문이다. 예를 들어 받는 것을 당연하게 여긴다든지, 설명해야 할 상황을 설명하지 않는다든지 하는 것들 말이다. '어차피 우리는 사이가 좋은데 설명하든 안 하든 뭐 그리 중요한가?'라는 식으로 생각하고 이런 일이 반복되면 갈등이 쌓여 관계에도 틈이 생기게 마련이다.

감정은 교류에서 생겨난다. 만약 인맥을 넓혀 사람들에게 대접받고 싶다면 그들 스스로 기꺼이 희생하게 해야 한다. 이를 움직일 수 있는 힘은 바로 감정이다. 남이 나에게 어떻게 해주길 바란다면 내가 먼저 남에게 어떻게 해줘야 한다. 먼저 사랑과 진심을 나눠줄 때 더 큰 효과를 거둘 수 있는 법이다.

이는 일이든 생활이든 마찬가지로 감정은 사람의 마음을 움직일 수 있는 가장 효과적인 도구다. 감정이 없는 사람은 생활에 맛이 없을뿐더러 생존에도 문제가 생길 수 있다. 감정투자는 장사와 같아서 반드시 자신의 밑천을 쓸 줄 알아야 한다. '사전에 투자'를 해야 '사후에 보답'을 받을 수 있는 것이다.

정확한 타이밍을 읽는 법

언젠가 한 기자가 헐리웃의 명연기자 찰스 코번Charles Douville Coburn (미국의 영화배우로 《신사는 금발을 좋아한다》, 《알렉산더 그레엄 벨 이야기》 등에 출연했다-역주)에게 물었다. "사람이 큰일을 하려면 가장 필요한 게 무엇일까요? 두뇌? 정신력과 체력? 아니면 교육일까요?" 그 말에 찰스 코번은 고개를 저었다. "그런 것들이 큰일을 하는 데에 도움이 될 수는 있겠죠. 하지만 저는 그보다 중요한 것이 있다고 생각하는데 바로 정확한 타이밍을 노리는 것이랍니다."

찰스 코번의 이 말은 매우 일리가 있다. 만약 당신이 적당한 타이밍이 왔을 때 그 존재를 구별해낼 줄 알고, 타이밍을 놓치기 전에 행동에 나설 줄 안다면 아무리 복잡한 문제도 크게 단순화시킬 수 있을 것이다.

자신의 목표를 마음속 깊은 곳에 묻고 조용히 때를 기다리는 것도 직장생활에서 살아남을 수 있는 지혜 중 하나다. 어느 회사에 새로운 팀장이 왔다. 대부분의 직원들은 그의 등장을 환영했다. 그가 매우 능력있는 사람이란 소문을 들은 터라 회사 업무를 전문적으로 정리해줄 수 있으리라 생각했기 때문이다. 하지만 하루 이틀이 지나도 새로 온 팀장은 가만히 사무실에 앉아 밖으로 나오지를 않았다. 그러자 잔뜩 긴장했던 일부 게으른 직원들은 예전보다 더 게으름을 피우기 시작했다.

하지만 3개월 뒤, 새 팀장은 숨겨뒀던 발톱을 드러냈다. 그는 업무에 부적합한 직원들을 일률적으로 해고하고, 능력 있는 직원들을 승진시켰다. 조치는 빠르게 이뤄졌고 판단은 정확했다. 3개월 동안 특별한 능력을 보여주지 않았던 그는 그야말로 완벽히 다른 사람으로 변신했다.

연말 송년회 모임에서 그가 술을 마시며 말했다. "제 친구 가운데에 한 명이 언젠가 큰 정원이 딸린 집을 사게 됐습니다. 그 친구는 이사를 가자마자 정원 전체를 정리하기 시작했다더군요. 잡초나 볼품없는 나무는 단숨에 뽑아버리고 자기가 새로 사온 화초를 심었죠. 그런데 나중에 예전 집주인이 집에 들렀다 깜짝 놀라 물었다더군요. 그 비싼 모란꽃들은 전부 어디 갔냐고 말이죠. 그제야 친구는 자기가 모란꽃들을 잡초로 착각해 뽑아버린 것을 알고 후회했답니다. 그 친구는 자기가 좋은 것과 나쁜 것도 제대로 구분하지 못해 함께 뽑아버렸다고 생각했죠. 나중에 친구는 다시 정원이 딸린 집을 사게 됐지만 어수선한 정원에 조금도 손대지 않고 가만히 기다렸습니다. 겨울에는 쓸모없는 나무라고 생각했던 것들이 봄이 되자 무성하게 꽃을 피우기 시작했다더군요. 또 봄에는 들풀이라 생각했던 것들이 여름이 되니 꽃밭을 이뤄 예쁘게 피어났고요. 반 년 동안 아무런 변화도 없던 작은 나무도 가을이 되니 나뭇잎이 붉게 물들었답니다. 늦가을이 되어서야 친구는 어떤 것들이 쓸모없는 식물인지 확실히 구분할 수 있게 됐죠. 친구는 그때 비로소 잡초들을 정리하고 귀중한 풀과 나무들을 남겨두었답니다."

여기까지 말한 팀장이 잔을 높이 들며 말했다. "이 자리에 계신 모든 분과 건배를 하고 싶군요. 만약 우리 사무실이 하나의 정원이라면 여러분은 모두 귀중한 나무들입니다. 귀중한 나무는 금세 열매를 맺지 않습니다. 오랫동안 지켜봐야 그 가치를 알아볼 수 있죠." 새로 온 팀장은 그렇게 적당한 때를 기다렸던 것이다.

정확한 때를 노리는 능력을 갖추려면 두 가지 사항에 주의해야 한다. 먼저 인내가 필요하다. 섣부른 행동은 종종 아니 한 것만 못하다. 특히 분노나 두려움, 질투나 미움에 사로잡혔을 때에는 절대로 무슨 일을 하거나 어떤 말을 하지 않도록 하라. 둘째, 미래는 결코 꽉 닫힌 책이 아니며, 대부분의 경우 앞으로 일어날 일은 지금 일어난 일에 의해 결정된다. 따라서 현재의 형세와 상황에 대해 정확히 분석하고 파악하며 앞으로의 계획과 방안을 설계해 그것들의 실현 가능성을 점검해야 한다.

공을 독점할 때의 위험성

한 회사에 매우 능력 있는 팀장이 있었다. 그는 자신이 맡은 업무에서 큰 성과를 거뒀고 덕분에 회사로부터 큰 상을 받게 됐다. 그 일로 그는 잠시 즐거웠지만 고작 한 달 뒤 미소를 잃어버리고 말았다. 상사를 비롯해 같은 부서의 동료들이 알게 모르게 그를 괴롭혔기 때문이다. 이는 그가 혼자서 공을 독점하려는 잘못을 저지른 결과였다. 그는 상을 받으면서 사장님에게 따로 보너스를 받았을 뿐만 아니라 직원들 앞에서 업무 성과에 대한 칭찬을 들었다. 하지만 그는 그 자리에서 상사와 부하직원들의 도움에 대해 감사하지 않았을 뿐더러 받은 보너스로 밥도 한 번 사지 않았다. 사람들은 대놓고 뭐라 할 수 없지만 마음이 편치 않았고 그에게 거리를 두기 시작했다. 그렇게 그는 직원들과 멀어지게 된 것이다.

그가 맡은 업무에서 그의 공이 가장 큰 것은 사실이었다. 하지만 사람들은 좋은 일이 있을 때 특정 누군가가 그 일의 유일한 공신이라고 생각하지 않는다. 자신도 함께 고생했다고 생각한다. 따라서 이 팀장처럼 혼자 공을 독점하려 할 경우 남들의 불편한 시선을 받게 마련이다. 특히 그의 상사는 더욱 불안해질 수밖에 없다. 행여 자신의 권력을 잃을지도 모른다고 걱정한 상사는 자기 자리를 단단히 하기 위해 팀장을 들볶아댔고, 상사의 홀대와 동료들의 냉대를 견디기 어려웠던 그는 결국 2개월 뒤 스스로 사표를 내고 말았다.

사실 이런 결과를 불러오게 된 근본적인 원인은 팀장 자신에게 있다. 그는 결코 다른 직원들의 기분을 무시하지 말았어야 했다. 사람들 누구나 남의 성공에 자신도 얼마 정도의 공로와 고생을 했다고 생각하게 마련인데 그는 어리석게도 혼자 영광을 차지한 채 놓으려 하지 않았다. 누구도 이런 이기적인 태도를 좋아하지 않는다.

영광을 다른 사람들에게 돌리는 것은 현명한 처세법이며, 공을 독식하는 것은 이기적이고 어리석은 짓으로 당신의 인간관계에 위기를 가져올 뿐이다. 만약 영광을 제대로 누리고 싶다면 다음 세 가지를 잘 기억해야 한다.

우선 동료들의 격려와 도움에 감사할 필요가 있다. 모든 것이 자신의 공이라 생각하지 말며, 특히 당신을 발탁하고 지도하며 권한을 부여해준 상사에게 감사해야 한다. 실제로 그들로부터 많은 도움을 얻었다면 감사는 당연한 일이다. 혹여 동료들의 도움이 제한적이고 상사도 역할을 제대로 하지 못했다 해도 역시 감사해야 한다. 그들이 있었기에 당신의 성취도 가능했을 것이다.

둘째, 함께 나눠야 한다. 말로 하는 감사도 일종의 나눔이다. 이런 나눔은 무한히 범위를 넓힐 수 있다. 또한 실질적으로 나누는 방법도 있다. 다른 사람들이 요구하지 않는다 해도 당신 스스로 함께 나누면 곁에 있는 사람들은 존중받는다고 느끼게 된다. 만약 당신의 영광이 많은 사람들의 적극적인 도움으로 완성된 것이라면 더더욱 나눔을 잊지 말아야 한다. 실질적인 나눔에도 여러 방식이 있는데 작게는 함께 간식거리를 나누거나 크게는 식사 한 끼를 대접할 수도 있을 것이다. 어쨌든 이렇게 당신의 영광을 함께 나누면 사람들과 관계가 틀어질 일이 없어진다.

    셋째, 겸손함을 잊지 말자. 사람이 영광을 누리다 보면 종종 '나는 누구인가?'를 잊고 자만하게 되기 십상이다. 그들은 당신의 오만함을 참아내면서도 당장 뭐라고 말하지 못한다. 지금 당신은 아무것도 눈에 보이지 않기 때문이다. 하지만 그들은 서서히 알게 모르게 당신을 압박하기 시작해 함께 일하려 하지 않고 결국 당신을 막다른 곳에 몰아넣을 것이다. 그러므로 어떤 일로 영광을 누리게 됐을 때일수록 더 겸손해야 한다.

    겸손할 수 있는 방법은 여러 가지가 있지만 무엇보다 두 가지를 잊지 말아야 한다. 첫째, 사람들에게 더 예의를 갖추고 영광스러운 일이 많을수록 고개를 더 숙여라. 둘째, 자신이 이룬 영광을 자꾸 언급하지 말라. 그럴수록 자화자찬이 될 뿐이다. 어차피 당신의 영광은 모두가 알고 있는데 다시 말할 필요가 있겠는가.

실수를 대하는 우리의 자세

"간혹 실수를 하는 것은 크게 질책할 일이 아니다. 다만 실수를 처리하는 태도를 보면 그가 어떤 사람인지 정확히 알 수 있다."라고 마쓰시타 고노스케松下幸之助('경영의 신'이라 불린 일본 가전업체 마쓰시타 전기산업의 창업자-역주)는 말한 바 있다. 사장은 자신의 실수가 무엇인지 알고 제때 그 실수를 만회하려고 하는 직원을 좋아한다. 실수를 저지르고 변명만 하는 직원은 사장의 반감을 살 뿐이다.

명문대학을 졸업해 학식이 뛰어나고 경험이 풍부한 엔지니어가 있었다. 한 공장에 스카우트된 그는 공장장의 신임을 받아 큰일을 많이 맡게 됐다. 하지만 그는 여러 차례 일을 그르쳤고 모든 실패의 원인은 그의 실수 때문이었다. 그는 그럴 때마다 갖가지 이유를 대며 자신을 변명했다. 기술에 대해 잘 몰랐던 공장장은 이렇다 할 반박도 하지 못한 채 그의 변명만 듣고 있어야 했다. 이런 일이 반복되자 공장장은 자신의 실수를 인정하지 않고 남에게만 책임을 전가하는 그의 태도에 분노하며 결국 그를 해고해버렸다.

한 회사의 직원으로서 업무 중에 실수를 저지르는 것은 피할 수 없는 일이다. 이럴 때 대부분의 사람은 자신이 잘못한 줄 알면서도 이를 인정하지 못하고 실수의 이유를 다른 요인으로 미룬다. 또 어떤 이들은 업무 중에 발생하는 작은 문제들에 대해 얼렁뚱땅 넘어가려 한다. 그들은 흔히 '내가 심각한 실수를 저질렀다면 인정하지만 사소한 실수를 저질렀다면 굳이 따져서 긁어 부스럼 만들 필요가 없지 않나?'라고 생각한다. 만약 당신도 업무상 실수에 대해 이렇게 생각한다면 이는 매우 잘못된 일이다. 업무에는 작은 일이 없으며, 작은 실수도 있을 수 없다. 1%의 실수가 종종 100%의 실패를 불러오기 때문이다.

당신이 잘못을 저질러 처벌을 피할 수 없음을 안다면 한시라도 빨리 자신의 잘못을 인정하는 것이 가장 좋은 방법이다. 스스로 질책하는 것이 남에게 욕을 먹는 것보다는 훨씬 낫지 않은가. 상사가 발견하기 전에 먼저 실수를 인정하면 대부분의 경우 관대한 용서를 받을 수 있다.

한 회사의 회의에서 중요한 문서 몇 장이 빠진 자료가 참석자들에게 전달됐다. 문서 몇 장이 회의에 심각한 영향을 주지는 않았지만 이 자료의 프린트를 맡았던 젊은 여직원은 상사로부터 호된 꾸지람을 들었다. 여직원은 그 자리에서 정중하게 사과하며 자료를 완벽하게 다시 프린트해 회의에 참석했던 이들에게 전하게 해달라고 상사에게 부탁했다. 그녀의 이 한 마디에 상사는 그녀를 달리 보게 됐다.

그녀가 사과를 했을 뿐만 아니라 자신의 과실을 만회할 수 있는 방법을 직접 제시하며 업무에 대한 강한 책임감을 드러냈기 때문이다. 이 일로 여직원은 오히려 상사에게 좋은 인상을 남길 수 있었다.

실수를 저질렀다면 도망치려는 소극적인 태도를 보이면 안 된다. 당신은 실수를 발견했을 때 자신이 어떻게 해야 가능한 한 잘못을 만회할 수 있을지 생각해야 한다. 이렇게 실수를 인정하고 책임지려 할 경우 실수는 당신의 발전에 장애물이 아닌 앞으로 나아갈 수 있는 추진력이 되어줄 것이다. 이를 통해 당신은 끊임없이 또한 더 빠르게 성장할 수 있다.

세상의 모든 일에는 양면성이 있으며 실수 역시 마찬가지다. 관건은 당신이 이 실수를 어떤 각도에서 보고, 어떤 태도로 처리하느냐이다. 혹 다른 사람들 앞에서 실수를 인정하는 것이 두렵다면 다음과 같이 해보라.

(1) 당신의 잘못을 다른 이에게 꼭 알려야 한다면 어설픈 핑계를 대기보다 용감하게 나서서 상대가 떠벌리기 전에 조금이라도 빨리 자신의 행동에 책임을 져라.

(2) 업무 중에 잘못을 저질렀다면 즉각 상사에게 보고하라. 한바탕 욕은 먹겠지만 당신은 상사의 마음속에 정직한 사람으로 각인되어 앞으로 더 신임을 받게 될 것이다. 이럴 경우 당신은 잃는 것보다 얻는 것이 많아진다.

(3) 만약 당신의 실수가 다른 사람의 업무 성과에 영향을 미친다

면 상대가 발견했든 못했든 먼저 사과하고 잘못을 인정하라. 괜히 자신을 변호하고 책임을 미룰 경우 상대의 화를 돋울 뿐이다.

제 2 장

'누가
숨어 있을까?

심리학으로 내 마음 이해하기

나는 누구이고, 누가 나인가? : 자기 지각

나를 탐색하는 과정 : 조해리의 창

나는 삶을 어떻게 대하는가? : 성격

이드, 에고, 슈퍼에고 : 인격의 구성

된다고 말하면 할 수 있다 : 긍정적 자기암시

나의 역할 수행하기 : 사회적 역할

숨겨진 내 마음 읽기 : 꿈의 의미

습관적으로 지고 있는 짐 : 관습적 사고

나에 대한 관대한 기준 : 자기 관용

체계화와 감각기관의 협조 : 기억의 법칙

외부자극을 필요로 하는 심신 : 감각박탈

나는 누구이고, 누가 나인가? : 자기 지각

사람들이 앓는 마음의 병 대부분은 다음의 세 가지 문제에서 비롯된다. '나는 누구인가?', '나는 어디에서 왔는가?', '나는 어디로 가야 하는가?'

'나는 누구인가?'는 자신의 외모를 포함해 체질, 행동거지, 성격적 특징, 기질의 유형, 능력, 취미, 맡고 있는 사회적 역할 등에 관한 인식을 말한다. '나는 어디에서 왔는가?'는 출생지는 물론 가정환경, 학력, 근무 경력, 다양한 경험, 현재의 지식수준, 능력, 사회적 지위 등에 관한 인식을 말한다. '나는 어디로 가야 하나?'는 자신의 미래에 대한 설계를 가리키며 경제나 정서, 사회적 성취 등의 방면에서 이르고 싶은 어떤 목표 및 실현의 구체적인 방법을 포함하고 있다.

이런 문제들은 크게 봤을 때 자기 지각self-perception의 범위에 속한다. 자기 지각이란 사실 사람들이 흔히 말하는 '자아 인식'으로, 자신에 대한 필요, 동기, 태도, 감정 등의 심리상태와 인격의 특징에 대한 인식과 판단을 가리킨다. 이것은 자아와 관련된 관념일 수도 있으며 자기 인식과 관련된 직관일 수도 있다. 하지만 관념이든 직관이든 우리의 행위에 영향을 미친다.

사실 우리가 겪는 대부분의 일은 자기 지각과 관련이 있다. 우리 주위에도 자신의 성격이나 타고난 재능, 기질 등을 잘 알지 못한 채 맹목적으로 직업을 구하는 사람이 한둘이던가? 인생을 계획하는 일도 마찬가지로 자기 지각이 관련되어 있다. 나는 무엇 때문에 일하는가? 내 경제조건으로는 어떤 집을 살 수 있는가? 나는 삶에 대해 어떤 요구를 하는가? 나는 이상을 위해 어떤 대가를 지불할 수 있는가? 이런 문제에 대해 정확히 알고 있지 않으면 당신의 상황은 금세 엉망이 될 수도 있다.

다른 사람과의 관계도 자기 지각과 깊은 관련이 있다. 친구나 동창, 동료, 스승과 제자, 상사와 부하직원 등 우리는 수많은 사람들 앞에서 서로 다른 신분이 된다. 동료에게 친한 친구처럼 자신을 이해해 달라고 하거나 부하직원이나 상사에게 자신의 사적인 일을 해달라고 하면 대부분의 경우 곤란한 지경에 처하기 십상이다. 기본적인 사회 역할에 따른 규범화된 행동도 알지 못하면 스스로 화를 자초하게 되는 것이다. 이처럼 개인의 자기 지각이 결여되어 있으면 어떤 일을 해도 성공할 수 없다.

대학을 졸업하고 남들이 부러워하는 공무원이 된 젊은이가 있다. 하지만 그는 좋은 직장에서 일하면서도 여전히 열등감에 빠져 있었다. 자신은 외진 산골마을 출신인데다 집안도 가난하고 든든한 연줄조차 없으니 동료나 친구들과 비교했을 때 '타고난 흙수저' 같았기 때문이다. 그런 이유로 그는 서른 살 가까이 되도록 연애 한 번 못해 봤으며 여자들이 자기를 무시할까봐 걱정했다. 또한 자신이 세련되고 자신만만한 요즘 여자들과 어울리지 않는다고 생각했다. 사실 그의 주변 사람들은 한결같이 그의 능력을 높이 샀으며, 그를 마음에 둔 여자도 있었다. 그 자신만 그 사실을 알지 못했다. 그가 자신에 대해 '가난한 산골 촌놈'이란 인식에서 벗어나지 못했기 때문이다. 그는 항상 자신에게 부정적인 평가를 내렸고 이는 심리적인 문제로 이어졌으며 더 나아가 정상적인 정신생활이나 감정에도 영향을 끼쳤다. 이 모든 일은 그 스스로 객관적이고 정확하게 '자기 지각'을 하지 못했기 때문이었다.

이 사람이 이런저런 이유로 일자리를 잃고 막노동으로 먹고 살게 됐다고 가정해보자. 만약 그가 '가난한 집에서 공부나 간신히 한' 자신의 출신에 집착한다면 매일 사회가 불공평하다며 욕하고 인재를 못 알아본다며 한탄할 것이다. 하지만 이렇게 세상만 탓하고 착실하게 일하지 못하는 사람이 어떻게 곤경에서 벗어날 수 있겠는가?

자신을 정확히 인식하기란 결코 쉬운 일이 아니다. 일상생활 속에서 사람은 매순간 자신을 반성할 수 없으며, 항상 객관적으로 자기를 관찰할 수도 없다. 바로 그렇기 때문에 개인은 외부의 정보를 빌려 자신을 인식할 필요가 있다. 하지만 외부 세계는 늘 복잡하고 다변하기 때문에 개인이 자신을 인식할 때 외부 정보의 암시를 받기 쉬우며, 그 때문에 자신을 명확히 인지하지 못할 수도 있음에 주의해야 한다.

나를 탐색하는 과정 : 조해리의 창

미국의 심리학자 조셉 루프트Joseph Luft와 해리 잉햄Harry Ingham은 자아의 인식에 관한 이론을 제시한 바 있는데, 이를 '조해리의 창Johari Window'이라 부른다. 그들은 자기 스스로에 대한 인식이 끊임없는 탐색의 과정이라 여겼는데, 이 이론에 따르면 모든 사람의 자아는 '공개된 자아(타인과 내가 모두 아는 자아), 눈먼 자아(타인은 아는데 나는 모르는 자아), 숨겨진 자아(타인은 모르는데 나만 아는 자아), 미지의 자아(타인과 나 모두 모르는 자아)' 네 가지로 구성되어 있다. 그래서 타인과 숨겨진 자아를 나누고, 타인의 피드백을 통해 눈먼 자아를 감소시킬수록 사람은 자신에 대한 이해를 더욱 객관화할 수 있다고 보았다. 그렇다면 어떻게 해야 자신에 대해 인식할 수 있을까? 자신을 인식하는 데에는 대개 다음과 같은 세 가지 방법이 있다.

1 나와 타인의 관계를 통해 자아를 인식한다

우리는 유년에서부터 성년에 이르는 동안 관계의 폭을 점차 넓혀간다. 현명하고 사고에 능숙한 사람은 이런 관계 속에서 충분한 경험을 획득하고 자신의 필요에 따라 앞날을 계획한다. 다만 타인과의 관계에서 자신을 인식할 때에는 아래 사항을 주의해야 한다.

첫째, 타인에 대한 기준이 변할 수 있는 것인가, 변할 수 없는 것인가? 내가 남보다 못하다고 생각하는 사람은 종종 상대의 신체조건이나 외모, 가정배경 등 변하지 않는 조건을 비교 대상으로 삼는다. 대다수의 사람에게 이는 바꾸기 어려운 조건이기에 비교를 한다는 것 자체가 아무 의미 없다.

둘째, 어떤 사람과 비교할 것인가? 자신과 조건이 비슷한 사람과 비교할 것인가 아니면 마음속의 우상 혹은 자기보다 못한 사람과 비교할 것인가? 합리적인 비교 대상을 확립하는 것이 자신에 대한 인식을 위해 특히 중요하다.

2 나와 일의 관계를 통해 자아를 인식한다

'나'와 일의 관계를 통해 자신을 인식한다는 것은 일의 경험 속에서 자기를 이해한다는 뜻이다. 우리는 자신이 한 일이나 성과, 성취를 통해 자신이 가지고 있는 장점과 약점을 발견할 수 있다. 현명하고 지혜로운 사람은 성공이나 실패의 경험 모두를 새로운 성공을 위한 밑거름으로 사용할 줄 안다. 그들은 자신을 잘 이해하며 강인한 성격과 배움에 능한 특징을 갖추고 있기에 다시 실패의 전철을 밟지 않을 수 있다. 반면 연약한 사람은 실패의 부정적인 요소만 보기 때문에 다시 실패할 수밖에 없다. 그들은 실패 속에서 교훈을 얻거나 전략을 바꿔 성공을 추구하지 못하며, 좌절한 뒤에 형성된 실패를 두려워하는 심리 때문에 현실의 곤경이나 도전에 감히 맞서지 못한다. 그래서 그들은 성공할 수 있는 수많은 기회를 놓치기도 한다. 자만심이 큰 사람에게는 성공이 실패의 근원이 되기도 한다. 한두 번의 성공으로 거만해진 나머지 이후에 어떤 일을 할 때 자기 역량을 발휘하지 못해 더 많은 실패를 겪는 것이다.

3 나와 자신의 관계를 통해 자아를 인식한다

'나'와 자신의 관계를 통해 자아를 인식하기란 보기에는 쉬울 것 같지만 사실 실천하기 매우 어려운 일이다. 이를 위해 우리는 다음의 몇 가지 각도에서 자기 인식을 시도할 수 있다.

첫째, 자신의 눈 속에 비친 나를 보라. 개인의 눈으로 관찰한 객관적인 나 즉, 신체, 용모, 성별, 나이, 직업, 성격, 기질, 능력 등을 살펴볼 수 있다.

둘째, 남의 눈 속에 비친 나를 보라. 다른 사람과 만날 때 당신에 대한 다른 사람의 태도나 감정에서 비춰지는 나를 느끼면 된다. 다양한 관계와 유형의 사람들일수록 당신 자신에 대한 반응과 평가는 다르게 마련이다. 이는 다수에게서 반사된 자신에 대한 인식을 귀납하는 것이다.

셋째, 자기 마음속의 나는 자신에 대한 기대를 가리키며 이상적인 나이기도 하다. 자신의 마음을 들여다보며 스스로에게 자주 물어보라. "내가 지금 하고 있는 일은 내가 진정으로 하고 싶은 일인가? 내가 지금 얻으려고 노력하는 것은 내가 진정으로 원하는 것인가? 내가 지금 살고 있는 삶은 내가 정말 원하는 삶인가?"

사람은 자신을 제대로 인식할 때에만 더 나은 자신이 될 수 있다. 그러려면 스스로 좋아하고 잘하는 일과 우리의 생명력이 십분 드러나는 일을 해야 한다. 또한 자신에게 아름다운 경험이 될 수 있는 일을 해야 한다. 세속적 의미의 성공을 거두기 위해, 더 나아가 스스로 온전함과 행복감을 느끼기 위해, 생명의 충만한 의미를 누리기 위해서 말이다.

나는 삶을 어떻게 대하는가? :
성격

성격이란 현실에 대한 태도와 행동방식 가운데 비교적 안정적이고 핵심적 의미를 지닌 개개인 심리의 특징을 말한다.

학습과 업무에 성실하고, 뜻이 맞는 친구와 친근하게 지내며, 자신에게 늘 겸손하고 신중한 남자가 있다고 해보자. 이렇게 일과 학습, 친구와 자신에 대해 드러나는 안정적인 태도와 상응하는 행동방식이 있고, 이것이 생활 속에서 지속적인 행동으로 드러난다면 이런 태도와 행동방식은 이 남자의 성격적 특징을 구성하는 것이 맞다. 이에 비해 간혹 어떤 사물에 대해 나타나는 태도와 일시적인 행동은 그의 행동에 대한 특징을 구성한다고 말할 수 없다. 예를 들어 평소 모든 일이 걱정인 사람이 있다고 해보자. 그도 화가 나는 상황에서는 뜻밖의 무모한 행동을 할 수 있다. 하지만 그렇다고 그를 용감한 사람이라고 말할 수는 없다.

성격은 개인의 심리적 특징 가운데 흥미, 능력, 기질 등과 서로 영향을 끼치며 핵심작용을 하기도 한다. 성격은 흥미의 발전 방향을 좌우하며, 능력의 발전 방향이나 수준을 제약하기도 한다.

성격은 타고난 것이 아니라 후천적으로 얻어지는 것이다. 성격은 가정과 학교, 사회 교육의 영향 아래 자신의 실천을 통해 점차 발전해간다. 성격은 일단 형성되면 비교적 안정적으로 유지되지만 그렇다고 완전히 바꿀 수 없는 것은 아니다. 실제로 개인의 성격은 항상 사회적 경험 가운데 자기 조정을 통해 발전하고 바뀌어나간다. 그러므로 성격은 적응성이 있는 편이라 하겠다.

성격의 유형을 구분하는 이론은 많지만 그 중에서도 MBTI The Myers-Briggs Type Indicator 성격유형이론이 현재 국제적으로 가장 권위 있고 보편적으로 사용하는 이론이다.

모든 사람의 성격은 4가지 차원으로 구분되며 각각 양극적 경향으로 나뉘는데 이를 '선호' 경향이라 한다. 예를 들어 당신이 외향성 쪽에 가깝다면 "당신은 외향성을 선호한다."라고 할 수 있다.

(1) 외부와의 상호작용의 정도 및 에너지의 방향에 따라 : (E)외향성 / 내향성(I)
(2) 자연스럽게 집중하는 정보 유형에 따라 : (S)감각 / 직관(N)
(3) 결정하고 결론을 내는 방법에 따라 : (T)사고 / 감정(F)
(4) 목적과 방향에 대한 생활양식에 따라 : (J)판단 / 인식(P)

생활 속에서 각 차원의 두 경향은 당신에게 모두 존재한다. 다만 그 중 한 경향이 더 자연스럽고, 쉬우며, 빠르고, 편한 것이다. 사람들 모두 오른손, 왼손을 쓰지만 왼손이 익숙한 사람은 왼손잡이, 오른손이 익숙한 사람은 오른손잡이가 되는 것처럼 말이다. 마찬가지로 당신의 성격 유형도 어느 한쪽이 사용하기 더 자연스럽고, 쉬우며, 빠르고, 편한 것뿐이다.

이드, 에고, 슈퍼에고 : 인격의 구성

세상에 인격이 건강하지 않다는 말을 듣기 좋아하는 사람은 없다. 만약 당신이 다른 사람들로부터 인격에 결함이 있다는 평가를 받게 된다면 당신은 아마도 본능적으로 "당신의 인격이야말로 문제가 있군요."라고 되받아칠 것이다. 그렇다면 인격이란 대체 무엇일까?

심리학적인 입장에서 '인격'이란 한 개인의 독특한 사유와 감정, 행동 양식을 가리킨다. 모든 사람은 저마다의 재능과 가치관, 감정 및 습관으로 구성되어 있는데 이런 특징이 남과 다른 자신을 만든다. 인격은 독특성뿐만 아니라 안정성도 갖추고 있는데 이를 통해 당신이 예전에 어떠했는지, 현재와 미래에 어떠할지가 결정된다.

심리학자 프로이트Sigmund Freud(오스트리아의 신경과 의사로 정신분석의 창시자이다-역주)는 인격을 '이드Id(원자아)'와 '에고Ego(자아)', '슈퍼에고Super-ego(초자아)' 세 부분으로 구분했다. '이드'는 인격의 구조 가운데 가장 원시적인 부분으로, 태어나면서부터 존재한다. 이드를 구성하는 성분은 인간의 가장 기본적인 필요인 배고픔, 목마름, 성(性)의 세 가지이다. 이드의 필요가 발생했을 때 개체는 즉각적인 만족을 요구한다. 따라서 인성을 지배하는 원칙으로 봤을 때 이드는 '쾌락원칙'의 지배를 받는다. 예를 들어 갓난아기는 배가 고프다고 느낄 때 즉시 젖을 먹기를 요구하며 엄마의 형편 따위는 고려하지 않는다.

'슈퍼에고'는 인격의 구조 가운데 관리의 지위가 가장 높은 부분으로, 개체가 생활할 때 사회와 문화, 도덕, 규범의 교육을 통해 서서히 형성된다. 슈퍼에고는 두 가지 중요한 부분으로 구성되는데 하나는 자아이상 Ego Ideal이다. 이는 자신의 행동이 이상적인 기준에 부합하기를 요구한다. 또 다른 하나는 양심 Conscience으로 자신의 행동이 잘못을 하지 않도록 규정한다. 따라서 슈퍼에고는 인격의 구조 가운데 도덕을 담당하며, 인성을 지배하는 원칙으로 봤을 때 '완벽원칙 perfection principle'의 지배를 받는다.

'에고'는 개체가 태어난 뒤 현실 환경 속에서 이드로부터 분화돼 발달한다. 이드의 각종 필요는 현실에서 즉각적인 만족을 얻기 힘들 때가 많다. 따라서 어떻게 해야 현실에서 만족을 얻을 수 있는지 학습해야 하는 것이다. 인성을 지배하는 원칙으로 봤을 때 에고는 '현실원칙'의 지배를 받는다. 이외에도 에고는 이드와 슈퍼에고 사이에 끼어 완충과 조절의 기능을 하기도 한다.

사람이 자신의 분노를 억누르면 화가 나도 무슨 말을 해야 할지 말아야 할지를 안다. 이것은 에고가 통제하고 억제하기 때문이다. 스스로 완벽을 추구하고 자신에 대한 요구가 엄격해 조금의 실수도 용납하지 못하는 사람은 슈퍼에고가 지나치게 강해 종종 지난날의 잘못에 대해 후회하고 자책하며 우울함을 느낀다. 반면 평소 자주 초조해하며 자기 마음 내키는 대로 하는 사람은 이드가 지나치게 강해 에고가 현실에서 힘을 발휘하지 못하는 경우이다.

스스로 온전하고 건강한 인격을 갖추고 싶다면 '에고'와 '이드', '슈퍼에고' 이 셋의 관계가 평형과 협조를 이루는 방법을 배워야 한다. 일단 이 셋의 관계가 균형을 잃거나 무너지면 심리적 문제가 나타나기 쉬우며 인격 발달에도 위협이 될 수 있다. 이들의 균형을 지키려면 다음 몇 가지 사항을 주의해야 한다.

1   지나치게 자신을 내버려두거나 욕망을 즉각적으로 만족시키지 말라

사람은 쉽게 자신을 응석받이로 만들고 방종하는 고등동물이다. 음식은 맛있을수록 좋고, 옷은 화려할수록 좋으며, 집은 넓고 편안할수록 좋고, 돈지갑은 무거울수록 좋으며, 다른 사람들로부터 떠받들어질수록 좋다. 이런 동기가 부추겨지면 사람은 어떤 방법을 통해서든 자신이 '추구하고' 싶은 모든 것을 얻으려 한다. 하지만 사람의 욕망은 끝이 없으며 자신을 완전히 만족시키는 것은 불가능하다. 실제로 자신에게 지나친 자유를 줄수록 받게 되는 속박도 많아진다.

2   자신에게 지나치게 높은 도덕성을 강요하지 말라

자신에게 너무 엄격한 행동 기준을 강요하는 사람들도 있다. 이런 이들은 일단 자신의 기대치에 이르지 못하면 강한 압박감을 느껴 기분이 침체되고 이는 다시 일과 생활에 영향을 미친다. 하지만 우리는 성인聖人이 아니다. 능력이 부족하거나 잘못을 저지를 때가 반드시 있다. 우리가 이루고자 하는 많은 목표는 하루아침에 이루어질 수 없으므로 스스로 압박감을 줄이는 방법을 배워야 한다.

3 자신의 감성지수를 높여 평상심을 유지하라

감성지수EQ, emotional quotient란 사람의 '정서와 감정'을 측정하고 묘사하는 일종의 지표다. 이를 통해 감정의 자기 통제성은 물론이고 인간관계의 처리능력, 좌절에 대한 수용력, 자아의 이해 정도 및 타인에 대한 이해와 관용을 확인할 수 있다. 감성지수가 낮은 사람은 처세능력이 떨어지고 인간관계가 긴장되어 있으며 쉽게 조급해 한다. 반면 감성지수가 높은 사람은 비교적 건강한 정서를 갖고 있으며 인간관계가 양호하고 어떤 일을 만나든 쉽게 마음의 여유를 찾는다.

된다고 말하면 할 수 있다 :
긍정적 자기암시

1968년, 하버드대학교의 심리학과 교수인 로버트 로젠탈Robert Rosenthal이 조교와 함께 시골의 한 초등학교에 찾아왔다. 그는 1학년에서 6학년까지 각 학년 당 3개 반을 선택해 언어능력과 추리능력에 관련된 테스트를 진행했다. 그 다음 로젠탈은 '가장 발전 가능성이 있는 학생들'이라는 칭찬과 함께 교사들에게 명단을 건넸다. 그러면서 실험의 정확성을 지키기 위해 그 학생들에게 이 사실을 절대 알리지 말라고 당부했다.

8개월 뒤, 이 초등학교를 다시 찾은 로젠탈 교수는 테스트에 참여했던 학생들에게 똑같은 테스트를 진행했고 매우 놀랄 만한 결과를 얻었다. 명단에 있던 학생들의 성적이 큰 폭으로 향상됐으며 자신감이 높아지는 등 각 방면에서 뛰어난 발전을 보인 것이다. 이를 확인한 로젠탈 교수는 그제야 명단의 학생들이 테스트를 통해 특별히 선택된 것이 아니라 임의로 선택된 것임을 밝혔다. 로젠탈의 말은

'권위적인 거짓말'에 불과했던 것이다. 그렇다면 대체 어떻게 거짓말이 진짜가 됐을까?

심리학자 프로이트는 "인간에게 암시란 가장 간단하고 전형적인 조건반사다."라고 말한 바 있다. 심리기제의 측면에서 암시는 주관적인 의향에 따라 내용이 확인된 가설이다. 따라서 특별한 근거가 없다 해도 주관적으로 확인했기에 인간의 심리는 그 내용을 현실화하려고 최선을 다하게 된다.

앞선 사례에서 로젠탈 교수의 '거짓말'은 암시적인 작용을 했다. 교사들은 명단의 학생들이 발전 가능성이 높다고 믿게 됐으며 실제로 그들에게 큰 기대를 걸었다. 이런 기대심리가 교사들의 감정과 언어, 행동을 통해 무의식중에 학생들에게 전달돼 놀라운 성과로 이어진 것이다.

여기에서 언급해야 할 또 다른 심리용어가 바로 긍정적 존중positive regard이다. 이는 본래 심리치료를 위한 개념으로, 심리상담사나 치료사가 도움이 필요한 사람에게 긍정적인 태도로 그의 장점을 강조하는 기법이다. 이를테면 도움이 필요한 사람의 행동 가운데 긍정적인 면을 선택해 이를 치료의 목적으로 이용하는 것이다. 이런 긍정적 암시는 우리의 일상에서도 얼마든지 활용할 수 있으며, 무엇보다 누가 해주기를 기다릴 필요 없이 스스로에게 실행할 수 있다. 예를 들어 어떤 도전을 하게 됐을 때 자기 자신에게 이렇게 말하는 것이다. "난 할 수 있어!", "하늘은 스스로 돕는 자를 돕는다!", "내가 최고야!" 이런 말들을 하다 보면 실제로 큰 힘을 얻을 수 있다. 수많은 성공 전문가들이 긍정적인 마음가짐으로 자신을 격려하라고 하는 것이 바로 이런 의미다.

긍정적 암시를 활용하는 사례는 우리 주변에서도 흔히 볼 수 있다. 이를테면 운동선수의 성적이 세계기록에 근접했을 때 곁에 있는 코치는 조용히 암시를 주듯 말한다. "넌 할 수 있어. 넌 분명 세계 1등이 될 거야!" 이런 암시는 운동선수의 모든 잠재능력을 일깨워 시합에서 진짜 1등을 할 수 있는 효과를 발휘한다.

기업의 경영 과정도 마찬가지이다. 다른 사람을 임용할 때는 상대의 능력을 믿고 그에게 긍정적인 기대를 전달해야 한다. 직원이 더 많이 발전하길 원한다면 훌륭한 리더로서 부하 직원에게 긍정적인 기대를 드러내야 한다. 반대로 리더가 자신의 부하 직원을 죄다 밥통이라 생각하고 아무 쓸모도 없다며 자주 질책하면 부하 직원은 정말 아무 짝에도 쓸 데 없는 회사의 부채가 되고 만다.

이 법칙은 부부 사이의 조화로운 관계에도 영향을 미친다. 불평이나 지적이 아니라 자신이 기대하는 방향으로 상대가 따라오도록 긍정적 암시를 주는 것이다. 이를테면 당신은 상대가 당신이 바라는 일을 하도록 격려하고 그(그녀)가 해내면 매우 잘했으며 정말 좋은 남편(아내)이라고 칭찬해준다. 이런 일이 오랫동안 반복되면 그(그녀)는 실제로 당신의 뜻대로 바뀌게 된다. 당신의 기대를 상대가 알게 하고 더불어 상대가 할 수 있다는 것을 당신이 믿고 있음을 느끼게 해야 한다.

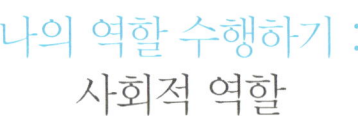

나의 역할 수행하기 :
사회적 역할

스탠퍼드대학교 심리학 교수였던 필립 짐바르도Philip George Zimbardo의 감옥 실험은 '역할'의 치명적인 위력을 확인하는 계기가 됐다. 이미 잘 알려진 이 실험의 개요는 이렇다. 필립 짐바르도는 심리적으로 건강한 젊은이들을 무작위로 모집했고, 교도관과 수감자로 역할을 분류했다. 물리적 폭력을 사용하지 말라는 지시가 있었지만 불과 몇 시간 만에 교도관 역할을 맡은 젊은이들은 공격적으로 변했고, 수감자 역할을 맡은 젊은이들은 수동적으로 변했다. 이 때문에 2주를 계획했던 실험은 5일 만에 중단되고 말았다.

이렇듯 우리는 맡은 역할에 따라 자신도 모르는 사이에 행동이 바뀐다. 이를테면 역할의 주인이 아닌 노예가 되는 것이다. 이에 영국의 희곡작가 셰익스피어도 "전 세계는 하나의 무대이고, 모든 남자와 여자는 연기자이며, 작가 자신의 입구와 출구가 있다. 한 사람은 이 무대 위에서 일생 동안 수많은 역할을 연기한다."라고 말한 바 있다.

이런 개념을 좀 더 구체화시킨 것이 사회심리학자들이다. 이들은 사회적 상호작용의 과정을 분석하는 중에 '사회'란 무대와 연극의 무대가 매우 흡사하다는 사실을 발견했고, 극중의 '역할'이란 개념을 가져와 '사회적 역할social role'이란 개념을 탄생시켰다. 사회적 역할이란 개체와 그의 사회적 지위, 신분에 맞는 행동방식과 그에 상응하는 심리상태를 가리킨다. 사회적 역할은 특정한 지위에 있는 개체의 행동에 대한 기대로, 사회적 집단 형성의 기초가 되기도 한다.

미국의 유명 심리학자 데이비드 마이어스David G. Myers(미국 미시간 주 호프컬리지의 심리학과 교수-역주)는 이에 대해 다음과 같이 언급한 바 있다. "성별의 사회화는 남자와 여자에게 서로 다른 역할을 부여했다. 사회는 여자에게 '뿌리'의 역할을, 남자에게 '날개'의 역할을 맡겼다. 그 때문에 나라마다 문화적 차이가 크다 해도 한 가지 문화만은 비슷한데, 여성은 더 많은 가사와 후대 양육의 책임을 지고 있으며, 남성은 외부세계에서 일을 하는 경우가 많다." 이것이 과거 우리 사회가 남성과 여성에게 규정했던 성 역할이었던 셈이다.

현실생활에서 우리는 개체로서 사회에서 생활하고 있다기보다는 각자의 역할을 맡은 동물로 살고 있다. 우리는 매일 사회 문화가 규정한 역할에 따라 일을 처리한다. 연로한 부모님 앞에서 우리는 자녀로서 보호를 받고 필요할 때는 그들을 보살핀다. 또한 공공장소에서는 성인으로서 사회를 버티는 힘이 된다. 상사 앞에서는 직원으로서의 역할을 맡아 일을 하고 자신의 가치를 실현하려 노력한다. 뿐만 아니라 우리는 부하직원들 앞에서 리더의 역할을 맡아 더 많은 권리를 누리는 동시에 더 많은 의무를 지기도 한다. 결혼을 하면 배우자와 가정을 지키는 역할을 맡는다. 또한 아이가 생기면 부모로서 후대를 기르는 역할을 수행한다.

　이렇듯 각각의 역할은 우리에게 특정한 책임과 의미를 부여한다. 한 개인이 자신의 역할에 대한 인식이 부족하면 각 역할의 균형을 잃어버려 생활에 큰 영향을 미치고 만다. 물론 모든 사람이 언제나 자신의 사회적 역할을 잘 연기할 수 있는 것은 아니다. 우리는 역할을 연기하는 과정에서 종종 갈등과 장애를 겪게 되며 심지어 실패를 하기도 하는데, 이를 역할 부적응이라 한다. 심리학에서는 이런 역할 부적응을 '역할 갈등, 역할 불명확, 역할 중단, 역할 실패' 등으로 구분한다.

　많은 사람들이 자신의 사회적 역할에 대한 인식이 부족해 순조로운 역할 전환을 하지 못하는 경우가 종종 있다. 이는 생활에 부정적인 영향을 미칠 수밖에 없다. 그런 의미에서 우리의 역할이 사회의 기대에 부합할수록 우리는 이 사회에서 제대로 자리 잡을 수 있다.

숨겨진 내 마음 읽기 :
꿈의 의미

무역회사에 다니는 A는 최근 며칠째 계속 악몽을 꾸고 있다. 자려고 눈만 감으면 중학교 시절 시험장으로 돌아가 무슨 말인지도 모를 문제가 적힌 시험지를 보고 있는 게 아닌가. 그녀는 어찌할 바를 모르고 불안과 절망에 시달리다 잠에서 깨어나는데 그럴 때마다 온몸이 땀으로 흠뻑 젖어 있다. 시험을 볼 일이 전혀 없는데, 왜 이런 꿈을 계속 꾸는 걸까?

정신분석학의 창시자 프로이트는 어떤 사람의 꿈을 알면 그의 마음속 깊은 곳에 자리 잡은 갈등과 욕망도 알 수 있다고 했다. 꿈은 무의식중에 억압된 갈등과 욕망을 반영하기 때문이다.

잠재의식은 '감정의 쓰레기통'에 비유할 수 있다. 도덕의식이 허락하지 않는 본능이나 비이성적 욕망, 그와 관련된 경험이 억눌려 잠재의식 속으로 스며드는 것이다. 그런데 꿈속에서는 '감정의 쓰레기통'을 억압하는 의식의 힘이 약해지고, 잠재의식의 활동이 활발해진다. 하지만 반휴식 상태인 '의식'이란 경찰은 여전히 꿈에서도 잠재의식의 출구를 지키고 있다. 잠재의식 속의 욕망과 갈등, 감정 및 잡다한 것들은 변장을 한 채 의식이란 경찰이 지키는 관문을 통과해 수면 위로 떠오른다. 그러므로 우리가 꿈속에서 보는 앞뒤가 전혀 맞지 않은 장면들은 각기 숨겨진 의미를 지닌다.

만약 어떤 꿈속 세계가 지금 당신의 꿈에 반복적으로 나타난다면 특별히 주의할 필요가 있다. 앞서 이야기한 A는 결국 주말에 짬을 내어 심리학을 공부하는 친구를 만났다. 그 친구는 그녀의 꿈을 설명하며 말했다. "네가 시험을 볼 일이 없는데도 이런 꿈을 꾸는 건 현실 생활에서 어떤 압박감을 느끼고 있다는 뜻일 거야. 이런 압박감과 불안을 이완시키기 위해서 네 잠재의식이 기억 속에서 압박감과 비슷한 성질의 정서를 찾아내 대신하려 하는 거지. 그러니까 시험이라는 것은 가짜이고, 이런 기분과 압박감이 진짜인 거야." A는 친구의 말에 고개를 끄덕였다. 사실 요즘 줄곧 회사에서 연말에 있을 고과로 걱정하고 있었기 때문이다. 자기 딴에는 이런 압박감이 드러나지 않게 잘 숨겼다고 생각했는데 꿈을 통해 그 스트레스가 배출된 것이다.

A처럼 대부분의 사람들에게는 좀처럼 잊을 수 없는 악몽이 있다. 이는 어린 시절의 경험이거나 불쾌했던 체험으로, 즐거웠던 꿈은 금세 사라져 기억하기가 쉽지 않다. 꿈속에 나타나는 인물도 대부분은 현실에 있는 인물의 변형이 많은데, 헤어진 연인이나 친구, 사장, 고객 등의 모습으로 나타나기도 한다. 따라서 꿈속의 사람과 사물을 분석할 때는 압박감을 줄이기 위해 종종 다른 사물로 바꿔 등장할 수

있음에 주의해야 한다.

어떤 꿈들은 사람을 불쾌하게 만들긴 하지만, 그럼에도 꿈은 우리에게 필수적인 심리활동이다. 꿈은 생물체의 정상적인 활력을 보증하기 때문이다. 이는 실험을 통해서도 증명됐는데, 잠을 자는 사람이 꿈을 꿀 때 반복적으로 깨워 꿈이 이어지지 못하게 하면 인체에 일련의 생리적 이상이 나타난다고 한다. 이를테면 혈압, 맥박, 체온은 물론이고 피부 전기반응Galvanic Skin Reflex(자율신경기능검사의 하나-역주) 능력이 올라가는 추세를 보이며, 운동신경계통의 기능도 약화된다. 더불어 초조불안, 긴장, 분노, 환각, 기억력 장애 등 불량한 심리적 반응을 일으키기도 한다.

꿈은 인체와 심리세계의 균형을 조절하기도 한다. 사람은 꿈을 꿀 때 우측 대뇌반구의 활동이 우세해지며 각성한 뒤에는 좌측 대뇌반구의 활동이 우세해진다. 생물체의 24시간 활동 과정에서 각성과 꿈이 교차되며 신경조절과 정신활동이 균형을 이루는 것이다. 그러므로 꿈은 인체와 심리세계의 균형을 조절하는 한 방식이라 할 수 있다.

이에 반해 꿈을 꾸지 않는다는 것은 대뇌가 손상을 입었다든지 병이 있다는 징조다. 꿈은 대뇌의 건강한 발육과 정상적 사고의 유지를 위해 꼭 필요하기 때문이다. 만약 대뇌의 조절중심에 손상이 생기면 꿈을 꿀 수 없거나 꿈이 불완전한 토막으로 나타나게 된다.

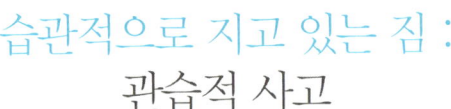

습관적으로 지고 있는 짐 : 관습적 사고

영국의 한 신문사에서 높은 상금을 내걸고 정답을 찾는 문제를 냈다. 그 문제는 다음과 같았다. '바람이 부족한 열기구에 인류의 흥망과 관련된 과학자 세 명이 타고 있다. 열기구가 추락하기 전에 반드시 한 명을 떨어뜨려 무게를 가볍게 해야 한다. 세 명 중 한 사람은 환경 전문가로 그의 연구를 통해 환경오염으로 죽음의 위기에 처한 수많은 생명을 구할 수 있다. 다른 한 사람은 핵 전문가로 그에게는 전 세계적인 핵전쟁을 막고 지구를 파멸에서 구해낼 능력이 있다. 마지막 사람은 식량 전문가로 그는 불모지에서 곡물이 자라게 해 수억 명에 달하는 사람들을 기아에서 구해낼 수 있다.'

상금이 많은 만큼 신문사에 도착한 답들도 매우 다양했다. 하지만 거액의 상금을 탄 사람은 어린 사내아이였다. 아이의 대답은 바로 '가장 뚱뚱한 사람을 떨어뜨려야 한다'였다.

이 이야기에서처럼, 어쩌면 복잡한 것은 문제가 아니라 그 문제를 보는 눈일지도 모른다. 사람들은 어떤 문제를 고려할 때 자신이 평생 쌓아온 경험과 지식을 그 문제에 적용하려 하는데, 이것이 바로 사람들이 지고 있는 '관습적인 사고'라는 짐이다.

사람은 관성慣性의 동물이다. 변화에 저항하는 것은 자연스러운 반응이자 필연적인 과정이다. 새로운 사물을 받아들인다는 것은 과거의 것을 포기하고 지난날의 생활패턴을 바꾼다는 의미이기 때문이다. 오늘날 우리는 전화를 사용하는 것에 익숙해져 전화 없이는 정상적으로 일하거나 생활할 수 없다. 하지만 알렉산더 그레이엄 벨 Alexander Graham Bell이 처음 전화를 발명했을 때만 해도 사람들은 어떻게 전선이 가득 찬 상자로 말을 할 수 있느냐고 그를 비웃었다.

만약 당신이 생각을 바꾸려 하지 않는다면 그것은 이미 습관이 됐기 때문일 것이다. 혹은 실패가 두려워 새로운 것을 시도하기를 반대하는 것일 수도 있다. "사람들도 다 이렇게 하는데.", "내가 이 일을 쭉 해오면서 이런 일은 들어본 적이 없는데……." 일단 이렇게 자신을 제한하며 낡은 규칙만 지키려 하면, 새롭고 흥미로운 조합과 규칙을 깨는 혁신은 영원히 두각을 나타낼 기회를 얻을 수 없다. 이렇게 변화에 저항하는 마음가짐은 앞으로 나아가려는 당신의 걸음을 얽어매게 된다.

경영계에는 오랫동안 전해 내려오는 이야기가 하나 있다. 한 젊은 포병 장교가 부임한 지 얼마 되지 않아 하위 부대의 포병 훈련 상황을 점검했다. 그는 여러 부대에서 한 가지 같은 상황을 발견했다. 바로 훈련을 할 때마다 사병 한 명이 꼭 대포의 포신 아래 꼼짝하지 않고 서 있는 것이었다. 장교는 도무지 그 상황을 이해할 수 없어 부하에게 물었더니 '훈련 규칙에 따른 것'이란 대답이 돌아왔다. 이상하게 여긴 장교가 여러 차례 군사 문헌을 찾은 끝에 이 문제의 정답을 알아냈다. 비 기계화 시대에는 대포를 마차에 싣고 전방으로 이동해야 했는데 포신 아래 있는 사병은 말을 끄는 밧줄을 잡는 임무를 맡고 있었다. 그는 대포를 쏘고 나면 반동력으로 생긴 거리의 오차를 조정하고 다시 조준하는 데에 걸리는 시간을 줄여야 했다. 하지만 오늘날 대포는 기계화와 자동화 수준이 높아져 더 이상 이런 역할이 필요하지 않게 됐다. 그럼에도 훈련 규칙이 제때 조정되지 않아 여전히 포신 아래 사병이 서 있었던 것이다. 매우 오랜 기간 동안 포병의 훈련 규칙은 비기계화 시대의 규칙을 고수하고 있었던 셈이다. 젊은 장교는 이 사실을 국방부에 보고하고 표창을 받았다.

우리의 생활 속에서도 '말을 끌지 않는 사병'은 어디에나 존재한다. 한때 빛났던 기업이나 조직, 개인이 지난날의 영광을 뒤로 하고 사람들의 시야에서 사라지는 것은 어쩔 수 없는 환경에 처했기 때문이 아니라 시대의 발전과 변화를 제때 따라잡지 못했기 때문이다. 과거의 경험에만 매여 옛날 규칙만 따르면 앞으로의 발전 방향을 민감하게 파악할 수 없으며 문제를 돌파하거나 혁신할 수 없다. 관습적인 사고의 속박에 매여 있으면 내일의 기회를 잃을 수밖에 없고 스스로 성장할 공간도 잃고 만다.

나에 대한 관대한 기준 :
자기 관용

생활 속 보편적 현상 중 하나가 대부분의 사람들이 자신을 나쁜 사람이라고 생각하지 않는다는 것이다. 스스로 나쁜 짓을 했다고 해도 그들은 자신을 위한 변명거리를 찾거나 무의식중에 남에게 책임을 밀어버린다. 이것이 바로 '자기 관용의 법칙'이다.

    사람은 본래 원인과 결과를 따지기를 좋아한다. 심리학에서는 이를 '귀인歸因, attribution'이란 전문용어로 부른다 문제의 원인을 찾는다는 것이다. 듣기에는 간단해 보이지만 실제로 귀인의 과정은 매우 복잡하며 일련의 심리활동이 관련돼 있다. 심리학자들은 한 가지 사건을 두고도 입장이 다르면 서로 다른 귀인을 한다는 사실을 발견했는데, 귀인은 일반적으로 내부귀인과 외부귀인으로 나뉜다. 내부귀인이란 개체 내부에 존재하는 원인으로 성격과 인품, 동기, 태도, 정서, 마음의 상태, 노력의 정도 등 개인의 특징을 가리킨다. 또한 외부귀인이란 행동이나 사건이 발생하게 한 외적 조건으로 배경과 기회,

타인의 영향, 임무의 난이도 등이 포함된다.

예를 들어보자. 일로 한창 바쁜 오전, 문서 담당자가 잃어버린 자료 때문에 부서 업무 전체가 중단됐다. 이럴 때 당신은 무슨 생각을 할 것 같은가? 아마 대부분의 사람들과 마찬가지로 마음속 분노를 참지 못하고 자료를 보관하는 담당자에게 문제가 있다고 생각할 것이다. 그 사람 때문에 직원 모두 기한을 맞추지 못해 보너스가 깎이게 될 수 있다고 염려하기 때문이다. 하지만 만약 당신이 그 문서 담당자라면, 당신은 무슨 생각을 할 것 같은가?

이 예에서 알 수 있듯 우리는 다른 사람의 문제에 대해 귀인을 진행할 때 외부의 요인을 매우 소홀히 한다. 그 문서 담당자에게 어떤 특별한 사정이 있는지 전혀 고려하지 않는다. 하지만 똑같은 일이 자신에게 일어나면 상황이 정반대가 된다.

이를테면 월급이 깎이게 된 사람은 대부분 회사의 처사가 너무 하다고 생각한다. 경기가 안 좋을 때 직원의 월급을 깎으면 그 원인이 자기 때문이라 생각하는 사람은 매우 적다. 본인의 자존심이 위협받게 될 때 우리는 본능적으로 자신에게 유리한 귀인의 방식을 선택하며 월급이 깎인 원인을 외부적 요인(경기가 좋지 않다든지 하는)으로 돌리려 한다. 자신의 능력이 다른 동료보다 부족하다고 생각하면 자존심에 큰 타격을 입게 되기 때문이다. 그러나 반대로 월급이 오른다는 소식을 들을 경우 우리는 본능적으로 자신의 능력이 남들보다 강해 월급이 올랐을 것이라 여긴다.

대부분의 사람은 자신의 잘못에 대해 '이유가 있어 일이 생겼다', '실수했지만 그럴 만한 이유가 있다'라고 생각하며 모든 책임을 외적 요인(외부 환경 혹은 다른 사람의 영향 같은)으로 미룬다. 언제나 자신은 깨끗하다고 생각하는 것이 보편적인 자기 관용 법칙의 경향이다. 이는 인성의 고질적인 특징 때문인데, 남의 잘못은 쉽게 발견해도 자신의 문제는 잘 보지 못한다는 것이다.

우리는 자신이 얼마나 이기적인지, 질투가 심한지 등을 잘 인식하지 못한다. 반면 다른 사람이 우리에게 이런 행동을 하면 매우 격하게 반응한다. 다른 사람과 문제가 생겼을 때 우리는 객관적인 입장에서 누가 잘하고 잘못한 것인지를 판단하기 어렵다. 그저 자신의 입장에 서서 자신과 갈등이 있는 사람이 나쁜 사람이라고 생각할 뿐이다. 사실 상대도 바로 그렇게 당신을 볼 것이다. 하지만 우리는 남의 눈에 자신이 '나쁜 사람'으로 비치는 모습을 쉽게 상상하지 못한다.

"나는 하루에 세 번 나를 반성한다."라는 증자의 말처럼 나 자신을 반성하는 태도는 스스로의 문제를 발견하도록 해주고, 이는 우리 삶을 긍정적으로 바꿔줄 것이다.

체계화와 감각기관의 협조 :
기억의 법칙

한 가지 기억력 테스트를 해보자. 20개의 명사를 보고 1분 안에 외우는 것이다. 이 중에는 서로 관련 없는 '초등학생', '우산', '콜라' 같은 단어도 포함되어 있다. 대답하는 순서는 뒤섞여도 상관이 없다. 그 결과는 어떨까?

분명 개중에는 "콜라를 좋아하는 초등학생이 우산을 들고……." 라는 식으로 외우는 사람이 있을 것이다. 아무 상관없어 보이는 단어를 함께 배열할 때, 우리는 자연스럽게 몇몇 단어를 한 팀으로 묶는다. 이런 무의식적인 행동을 '기억의 체계화'라고 한다.

생활 속에서 기억력은 매우 중요한 능력이다. 사람들 사이에서 난처하지 않게 해줄뿐더러 수많은 유용한 지식을 장악할 수 있도록 도와준다. "모든 지식은 결국 기억이다."라는 영국의 철학자 프랜시스 베이컨 Francis Bacon의 말처럼 말이다.

기억은 내용에 따라 다음 몇 가지로 나눌 수 있다. 바로 이미지

기억과 언어 기억, 정서의 기억, 운동의 기억 등이 그것이다. 예를 들어 어디 여행이라고 하면 어떤 풍경이 떠오르는 것이 이미지의 기억이며, 추상적인 개념에 대한 기억이 언어 기억이다. 또한 특정 상황에서의 감정이나 기분을 통해 기억하는 것을 정서의 기억이라 한다. 또 오래전 배운 스키나 수영을 지금도 할 수 있는 것을 운동의 기억이라 한다.

그렇다면 어떻게 기억해야 가장 좋은 효과를 볼 수 있을까? 기억은 반드시 시간을 많이 들인다고 큰 효과를 볼 수 있는 것은 아니다. 일반적으로 무턱대고 외우면 효과가 더 좋지 않다.

교육은 지식의 체계를 바탕으로 한다. 심리학자들은 개인이 배운 지식을 더 잘 이해하고 기억하려면 그 지식을 하나의 체계 안에 담아둬야 한다고 말한다. 이를테면 서로 관련 있고 비교할 수 있는 지식은 더 쉽게 기억할 수 있다. 또한 정보를 수집하는 데에 참여하는 감각기관이 많을수록 정보는 풍부해지며 배운 지식도 견고해진다. 다양한 감각기관이 함께 기억에 참여하면 하나의 감각기관만 고군분투하며 기억할 때보다 효과가 좋다는 것이다.

중국 송宋나라의 대학자 주희朱熹(송나라 시대의 유학자로 주자朱子라고도 하며 주자학을 집대성했다-역주)도 "책을 읽는 데는 세 가지 방법이 있으니 마음과 눈, 입을 집중해야 한다. 마음이 있지 않으면 눈으로 자세히 보지 않게 된다. 생각을 하나로 집중하지 않으면 대충 소리 내어 읽는 것에 지나지 않아 절대로 기억할 수 없으며 외웠다 해도 오래 가지 못한다. 세 가지 중에 마음을 집중하는 것이 가장 중요한데 마음이 집중하고 있다면 눈과 입이 어찌 집중하지 않을 수 있겠는가?"라고 말한 바 있다. 주희의 말 속에는 이미 두 가지 감각기관인 시각과 청각의 협동작용이 포함되어 있는데, 훗날 심리학자들은 이런 주희의 이론이 정확했음을 증명했다.

실제로 미국의 한 심리학자는 다음과 같은 실험을 했다. 그는 IQ가 비슷한 10명의 학생을 두 조로 나눠 첫 번째 조가 있는 방에는 의자 5개와 성경책 5권만 줬다. 또한 두 번째 조가 있는 방에는 5권의 성경 외에도 종교 관련 화첩을 놓아뒀으며 종교음악도 함께 틀어줬다. 그는 두 조의 학생들에게 성경책을 외우도록 했는데, 두 번째 조 피실험자들의 성적이 첫 번째 조보다 월등히 뛰어났다.

심리학에 따르면 사람의 여러 감각기관을 통해 얻는 지식은 기억의 효과가 다르다고 한다. 일반적으로 사람은 청각을 통해 얻은 지식의 15%를 기억할 수 있으며, 시각을 통해 얻은 지식의 25%를 기억할 수 있다. 하지만 청각과 시각이 결합되면 얻은 지식의 65%를 기억할 수 있다. 다시 말해 감각기관이 서로 협조해 효과를 발휘하면 단독으로 운용하는 결과보다 훨씬 좋다는 뜻이다.

어떤 사람은 아는 것이 적지 않은데 모든 지식이 기억 속에만 있어서, 막상 무엇인가를 기억해야 할 때는 떠올리지 못하고 필요하지 않을 때 떠올리곤 한다. 또한 어떤 사람은 아는 것은 많지 않지만 아는 지식 모두를 활용해 기억 속에서 언제든 필요한 것을 끄집어낼 줄 안다. 이런 두 사람의 차이는 기억의 법칙을 제대로 이해하고 있는지, 머릿속에 합리적인 지식 체계가 세워져 있는지에 달려 있다.

외부자극을 필요로 하는 심신 :
감각박탈

어린 시절 눈을 가리고 제한된 감각으로만 친구를 찾아야 하는 '숨바꼭질' 놀이를 할 때 당신은 재미를 느꼈을 것이다. 하지만 심리학자들이 하는 '숨바꼭질' 실험에서는 그리 재미를 느낄 수 없을 것이다.

캐나다의 심리학자 도널드 헵Donald O. Hebb(심리학자인 동시에 뇌과학의 선구자로 시냅스를 처음 제시했으며 기억 연구로 유명하다-역주)은 자신의 팀과 함께 '감각박탈' 실험을 처음으로 진행한 바 있다. 그들은 피실험자에게 반투명한 보안경을 끼워 아무것도 보지 못하게 했다. 또한 매우 두꺼운 장갑을 손에 끼워 아무것도 만질 수 없게 했다. 더불어 귀에 귀마개를 해 아무것도 듣지 못하게 했다. 그런 다음 피실험자를 작은 방으로 데려가 밥을 먹고 화장실에 가는 시간 외에는 되도록 침대에 누워 있게 했다. 헵 박사의 실험에서 피실험자는 12, 24, 48시간에 한 번씩 간단한 숫자 세기, 글자 수수께끼, 단어 조합 등을 테스트해야 했다. 그 결과 격리되어 있는 시간이 길어질수록 테스트의 성적이 떨어졌다. 어떤 피실험자는 주의력에 문제가 생겼으며 쉽게 흥분했다. 뿐만 아니라 지나치게 예민해지고 긴장과 초조함에 시달렸으며 기분이 안정되지 못하고 생각이 더뎌지는 증상이 나타났다. 심지어 착각을 하거나 환각을 보는 경우도 있다. 측정기를 통해 그들의 뇌파가 격리 전보다 눈에 띄게 느려지는 모습이 보였다. 격리 시간이 더 길어졌다면 아마 견디지 못하고 실험을 그만두겠다는 사람이 생겼을지 모른다.

이 실험이 이를 수 있는 극단적 결과는 무엇일까? 독일의 파시스트들은 한때 다음과 같은 실험을 진행한 적이 있다. 그들은 두 사람을 각자 다른 방에 넣고 외부세계와 완전히 단절시켜버렸다. 꽤 오랜 시간이 지난 뒤 한 사람은 완전히 미쳐버렸고, 다른 한 사람은 자신과 체스를 두다 일류 체스 선수가 되어 있었다.

이런 실험들을 통해 우리는 사람이 외부세계로부터 지속적인 자극을 받지 못하면 몸과 마음이 비정상적으로 변한다는 사실을 확인할 수 있다. 이 법칙을 바로 '감각박탈의 법칙 sensory deprivation'이라 한다.

'감각박탈의 법칙'의 예는 우리의 생활에서도 자주 볼 수 있다. 레이더 감시원이나 장거리 운전기사는 업무가 무미건조하고 오랜 시간 동안 변화가 없기 때문에 미세한 감각박탈 상황에 빠지기 쉽다. 이로 인해 그들은 실제로는 존재하지 않는 것을 보거나 알 수 없는 이유로 사고를 일으키기도 한다. 때로 고층 아파트에서 아무런 소리도 들리지 않는 방에 혼자 있다 보면 문득 강렬한 불안감을 느끼게 되는데 이 역시 감각박탈 때문이다. 남극 탐사대원이 장기간 눈으로 덮인 땅의 흰 색만 보고 다른 색을 보지 못하면 설맹증에 걸리기 쉽다. 이 또한 감각박탈로 생긴 생리장애이다.

이처럼 감각이란 일종의 간단한 심리활동이지만 그 역할은 매우 중요하다. 우선 감각은 대뇌에 내외부 환경의 정보를 제공한다. 감각을 통해 사람은 외부 사물의 각종 속성을 이해할 수 있으며 유기체와 환경의 균형을 보증할 수 있다. 다시 말해 감각은 인식의 시작이자 지식의 원천이라 하겠다.

어느 철학자는 흉한 것을 봤을 때 눈으로 볼 수 있음에 기뻐하고, 좋지 않은 냄새를 맡았을 때 코로 냄새를 맡을 수 있음에 기뻐하라고 했다. 이 철학자의 말처럼, 만약 우리에게 감각기관이 없다면 우리는 행복이 무엇인지 결코 알 수 없을 것이다. 그러니 부디 감각을 소중히 여기고 생활 속에서 아름다운 것들을 마음껏 느껴보면 어떨까.

제 3 장

1분만
더 시간을
준다면

:

심리학으로 대인관계의 폭 넓히기

처음 뵙겠습니다 : 초두 효과

익숙할수록, 친할수록 : 최신 효과

나와 비슷한 사람이 주는 안정감 : 유사의 법칙

서로의 장점을 나눈다 : 상호보완의 법칙

얻으려면 베풀 것 : 호혜의 원칙

들어주기의 힘 : 소통의 법칙

상대로부터 감사한 마음을 얻는 법 : 체면 효과

어느새 당신이 좋아졌다 : 단순노출 효과

상황에 맞는 분위기 연출 : 분위기 효과

인간관계의 윤활유 : '모르는 척'의 효과

사람을 만족시키는 칭찬 : 볼링 효과

처음 뵙겠습니다 : 초두 효과

면접을 보거나 누군가와 첫인사를 하는 등 새로운 환경에 적응해야 할 때, 흔히 이런 충고를 한다. "다른 사람에게 좋은 첫인상을 줘야 해."

첫인상은 최초의 인상이라고도 하며 낯선 두 사람이 처음 만났을 때 느끼게 되는 인상을 가리킨다. 그렇다면 첫인상은 얼마나 오랫동안 영향을 미치는 걸까? 한 심리학자가 이에 대한 실험을 진행했다.

그는 짐이란 소년의 하루를 묘사한 두 문단의 글을 썼다. 그 중 한 문단을 보면 짐은 활발하고 외향적인 사람으로 친구들과 함께 공부하고 스스럼없이 대화하며 얼마 전 알게 된 소녀와도 곧잘 인사를 나눈다고 묘사됐다. 하지만 다른 문단에서 짐은 말없고 내향적인 사람으로 표현됐다. 심리학자는 실험에 참가한 한 무리에게는 짐이 외향적인 사람이란 문단의 글을 먼저 읽게 하고 내향적인 사람이란 문단의 글을 나중에 읽게 했다. 또한 다른 무리에게는 짐에 관한 글을 반대 순서로 읽게 했다. 그런 다음 모든 사람에게 짐의 성격적 특징에 대해 평가해달라고 부탁했다.

그 결과 외향적인 사람이란 글을 먼저 본 사람의 78%는 짐을 열정적이고 외향적인 사람이라 평가했다. 반면 내향적인 사람이란 글을 먼저 본 사람 중 18%만이 짐을 외향적인 사람이라 여겼다. 실험에 참가한 이들은 자신도 모르게 처음 접한 정보에 따라 다른 사람의 인상을 평가하고 만 것이다.

이와 같은 사례를 통해 알 수 있듯이 첫인상은 매우 중요하다. 당신을 보며 만들어진 사람들의 첫인상은 쉽게 바꿀 수 없다. 게다가 사람들은 굳이 더 많은 이유를 찾아내면서까지 자신이 받았던 첫인상을 고집하고자 한다. 당신이 첫인상과 다른 특징을 보여도 사람들은 한동안 당신에 대한 첫 평가를 바꾸지 않을 것이다. 이렇게 사람들의 만남에서 발휘되는 첫인상의 작용을 바로 '초두 효과'라 한다.

사실 사람들은 무엇이 됐든 '처음'이란 것에 대해 타고난 흥미를 보이며 오랫동안 기억하는 특성이 있다. 그래서 처음은 기억해도 두 번째는 기억하지 못하는 것이다. 실제로 당신은 다양한 첫 번째를 기억하고 있을 것이다. 세계에서 제일 높은 산봉우리나 미국의 초대 대통령, 처음으로 달에 발을 내딛은 사람 등을 척척 읊을 수 있다. 하지만 두 번째는 아마 몇 가지 떠올리지 못할 것이다.

사람들은 실생활에서도 첫 번째 선생님, 처음 출근한 날, 첫 사랑 등 첫 번째에 각별한 애정을 보이지만 두 번째에 대해서는 뚜렷한 인상이 없다.

그만큼 첫인상은 중요하며, 다른 사람들에게 좋은 인상을 주려면 무엇보다 말과 행동을 조심해야 한다. 유머가 있으면서 소탈하며 거만하지 않은 말투에 교양 있게 행동하는 사람은 다른 이들에게 기억에 남을 만큼 좋은 인상을 남긴다. 뿐만 아니라 자신을 수양하고 지식을 풍성하게 하는 것도 매우 중요하다. 학식이 깊고 예의가 바르며 문제에 대한 독특한 견해와 과감한 일 처리 능력을 갖춘 사람은 쉽게 타인의 마음을 얻을 수 있다. 물론 이 모두는 꾸준히 갈고 닦을 때 가능한 일이다.

이처럼 초두 효과는 사람들 사이의 일상적인 만남에서 매우 미묘한 작용을 하므로 제대로만 활용할 줄 알면 자신에게 도움이 되는 원활한 대인관계를 맺을 수 있다.

익숙할수록, 친할수록 :
최신 효과

우리는 새것만 좋아하고 옛것을 싫어하는 사람을 종종 질책하곤 한다. 그런 행동이 부도덕하다고 생각하기 때문이다. 하지만 사람을 사귐에 있어 많은 사람들에게 이와 똑같은 습성이 존재한다. 그들은 새로운 정보를 중시하면서 오래된 정보를 소홀히 한다.

새로운 정보는 오래된 정보에 비해 교류활동에 더 큰 영향을 미친다. 갑작스러운 '정보'는 익숙해진 인식과 이미지에 질적 도약을 가져온다. 이는 초두 효과와 상반되는 것으로 심리학에서는 '최신 효과Recency Effect'라 한다.

그렇다면 초두 효과와 최신 효과는 서로 자기모순이 있는 것이 아닌가? 사실 이 둘은 각자의 적용 범위가 다를 뿐이다. 심리학자들에 따르면 일반적으로 두 가지 모순되는 정보가 연속으로 나타났을 때는 초두 효과가 돋보인다. 반면 두 가지 모순된 정보가 끊겨서 나타날 때는 최신 효과가 더 눈에 띈다. 또한 낯선 사람과 만날 때는 초두 효과의 영향이 크고, 익숙한 사람과 만날 때는 최신 효과의 영향이 크다.

실제로 우리의 생활 속에는 다양한 최신 효과의 사례가 있다. 예를 들어 어떤 사람이 잘못을 저지르면 그에 대한 사람들의 일관된 견해가 달라지기도 한다. 어느 텔레비전 프로그램의 진행자는 평생 명성을 누리며 살았지만 말년에 난처한 지경에 빠지게 됐다. 지저분한 사생활이 폭로되면서 명성에 큰 흠집이 생겼기 때문이다. 이것이 바로 최신 효과의 작용이다. 오랫동안 우정을 지켜온 친구 사이에도 작은 의견 차이나 오해로 관계가 끝장나기도 한다. 부부도 싸움을 벌이면 순간적인 화를 참지 못해 원래 상대에게 있던 장점이나 사랑 따위는 잊어버리고 이혼만 생각하게 되는데 이 역시 최신 효과가 초래한 것이다.

최신 효과는 대화를 나눌 때도 적용된다. 마지막 말이 전체 이야기의 분위기를 결정하는 것이다. 예를 들어 선생님이 학생과 상담을 하다가 "네가 원하는 학교로 시험을 봐도 큰 문제가 없을 것 같은데. 합격률은 조금 낮지만."이라고 말했다고 가정해보자. 반대로 선생님이 "합격률은 조금 낮지만 네가 원하는 학교로 시험 봐도 큰 문제없을 거 같은데."라고 말했다고 해보자. 이 두 말은 똑같은 의미로 문장의 배열 순서를 달리했을 뿐이다. 하지만 각각의 말이 사람들에게 주는 인상은 완전히 다르다. 전자는 비관적인 인상을 주고, 후자는 낙관적인 인상을 준다.

선생님이 학생을 혼내거나 상사가 부하직원을 지적할 때도 말의 순서에 신경을 써야 긍정적인 최신 효과를 누릴 수 있다. 이를테면 엄격하게 지적한 뒤에라도 우리는 상대의 기분을 위로하는 말을 잊지 않아야 한다. "…… 어쩌면 내 말이 좀 무거웠을지 모르겠군요. 하지만 조금만 더 내 마음을 이해해주면 좋겠어요.", "……미안하다. 방금은 내가 너무 흥분했던 것 같애. 우리 파이팅하자!" 이런 말로 이야기를 마무리하면, 혼이 난 가운데도 격려를 받았다는 느낌을 함께 받게 된다. 지적은 엄격했지만 다 나를 위한 것이라 생각하게 되는 것이다.

최신 효과는 우리에게 인간관계에서 밑천에만 의지할 것이 아니라 시시때때로 긍정적인 표현을 하고, 이미 세워진 이미지를 유지하는 것이 중요하다는 사실을 일깨워준다.

오래된 친구 사이에는 초두 효과를 언급할 이유가 없다. 하지만 어떤 만남에서 최신 효과가 발생할지는 예측하기 어렵다. 딱 한 번의 말이나 행동에 감정이 상해도, 지난날의 표현은 우습게 폄하될 수 있다. 그러므로 친한 사이일수록 행동을 조심해야 하며 지켜야 할 예의를 잊어서는 안 된다.

나와 비슷한 사람이 주는 안정감 : 유사의 법칙

어느 심리학자가 다음과 같은 실험을 했다. 그는 몇몇 젊은이들에게 가장 친한 친구를 떠올리게 하고, 그 친구와 자신이 어디가 비슷하고 다른지를 설명하도록 했다. 대부분의 사람은 자신과 친구의 비슷한 점을 쉽게 이야기했다. "우리는 성격이 내성적이고, 성실한 편이에요. 둘 다 클래식 음악 듣기를 좋아하고요.", "우리는 둘 다 활달한 편이에요. 친구 사귀기를 좋아하고, 함께 운동을 하기도 하죠." 반면 다른 점을 말하는 데 있어서는 한참을 생각하거나 간신히 말하는 듯한 모습을 보였다.

'유유상종'이란 옛말도 있듯이, 본래 사람은 자신과 비슷한 사람에게 더 쉽게 마음을 열곤 한다. 이와는 반대로 취향이 맞지 않으면 친구가 되기 힘들다. 본래 친구였다 해도 뜻이 다르다는 사실을 알게 되면 서로 낯선 사람이 되기 십상이다. 중국 한漢나라 시대의 '할석단교割席斷交'란 이야기가 이를 잘 보여준다.

관녕管寧과 화흠華歆은 젊은 시절 매우 친한 친구였다. 함께 밥을 먹고, 함께 살며, 함께 공부도 했다. 그러다 한 번은 두 사람이 함께 잡초를 뽑게 됐는데 관녕이 금을 줍게 됐다. 하지만 그는 혼잣말로 "뭔가 딱딱한 것이 걸리더니 금덩이였군." 하며 계속 잡초를 뽑았다. 하지만 관녕이 금을 주웠다는 소리를 들은 화흠은 얼른 달려와 흥분한 눈빛으로 금을 손에 쥐고 욕심을 드러냈다. 이에 관녕이 화흠을 질책하며 말했다. "재물이란 것이 자신이 열심히 고생해 얻는 것이 아닌가? 도덕이 있는 사람이라면 불의한 재물을 탐하지 않는 걸세." 화흠은 그런 관녕의 생각에 동의하지 않았지만 말하기가 뭐해 대꾸하지 못했다.

얼마 뒤, 그들은 한 돗자리에 앉아 공부를 하게 됐다. 그런데 갑자기 밖이 떠들썩하더니 연주 소리가 들리고 사람들의 웅성거리는 소리가 들려 왔다. 두 사람이 창으로 다가가 보니 어느 고관이 그곳을 지나는데 화려한 옷을 입은 무리가 위풍당당하게 뒤를 따르고 있었다. 그 모습을 본 관녕은 금세 자리로 돌아와 계속 공부를 했지만 호화스러운 행렬에 마음을 빼앗긴 화흠은 공부를 집어치우고 거리로 나가 구경에 열심이었다.

화흠의 이런 모습을 본 관녕은 매우 실망하고 말았다. 화흠이 돌아오자 관녕은 칼을 꺼내 그들이 앉아 있던 돗자리를 절반으로 가르며 말했다. "우리 두 사람은 뜻하는 바와 취향이 너무 다르네. 이제부터 우리는 이렇게 나뉜 돗자리처럼 더 이상 친구가 아닐세."

일상생활 속에서 우리는 종종 이런 경우를 볼 수 있다. 인생관이

나 종교, 취미, 사회 문제에 대한 견해가 일치하는 사람들은 서로 말이 잘 통하고 사이가 좋게 마련이다. 유사성은 태도나 신념, 취미, 기호, 가치관 등 여러 방면을 포함한다. 같은 나이나 성별, 학력, 경험이 있는 사람들도 쉽게 친해진다. 행동의 동기나 입장의 관점, 처세에 대한 태도, 추구하는 목표가 일치하는 사람들은 더 쉽게 서로를 의지한다.

그렇다면 사람들은 어째서 자신과 비슷한 사람을 좋아할까? 우선 사람들은 자신과 비슷한 관점을 가진 사람과 만날 때 상대로부터 인정받기 쉬우며 '자신이 옳다'라는 안정감을 느낄 수 있다. 비슷한 두 사람은 말다툼을 할 일이 적고 상대의 지지를 얻기 쉽다. 다시 말해 서로에게 상처를 줄 일이 적으니, 비교적 쉽게 안정감을 느낄 수 있는 것이다. 또한 비슷한 사람들은 쉽게 집단을 이룰 수 있다. 유사성이 있는 사람들끼리 집단을 이루면, 이를 통해 외부세계에 반응하는 능력을 키우고 자신들의 반응이 옳다는 확신을 얻는다.

서로의 장점을 나눈다 :
상호보완의 법칙

살다 보면 우리는 특징이 비슷한 사람들끼리 서로 끌릴 뿐만 아니라 서로 차이가 큰 사람끼리도 비교적 친밀한 관계를 맺는 모습을 종종 볼 수 있다. 취미, 기질, 성격, 능력, 특기, 관념 등의 방면에서 차이가 있지만 쌍방의 필요와 만족을 위해 서로 보완하는 관계가 되는 것이다. 이처럼 사람은 인정을 받고 싶은 욕구가 있을 뿐만 아니라 상대로부터 자신이 부족한 것을 얻고 싶은 욕구도 있다.

그렇다면 상호보완의 법칙과 유사의 법칙은 서로 모순이 되지 않을까? 둘은 결코 서로에 모순이 되지 않는다. 차이가 있다고 반드시 서로 보완되는 것은 아니기 때문이다. 서로 돕기 위한 전제조건은 쌍방이 만족을 얻을 수 있어야 한다는 것이다. 만약 이 조건을 만족시킬 수 없다면 상반된 특성은 서로에게 도움이 되지 않으며 오히려 미워하고 배척하게 될 수도 있다. 이를테면 고상함과 저속함, 장중함과 경박함, 진심과 허위 등이 어떻게 함께할 수 있겠는가? 이들은 뜻이 달라 함께 일을 도모할 수 없는 관계일 뿐이다.

또한 서로 비슷하다는 조건은 인생관이나 처세 원칙, 인생의 목표 등 비교적 큰 사항에 해당된다. 이런 점이 다르면 서로 이해하기 어렵고 상대에게 끌리지도 않는다. 반면 서로 보완할 수 있다는 것은 비교적 작은 사항이나 구체적인 특징에 해당된다.

서로 보완한다는 것은 일반적으로 두 가지 상황으로 나눌 수 있다. 하나는 사귀는 한쪽이 다른 한쪽의 어떤 필요를 만족시킬 수 있거나 어떤 단점을 보완할 수 있어야 한다는 것이다. 이럴 경우 전자가 후자에 대해 매력을 느끼게 마련이다. 이를테면 능력이 부족하고 특기가 없으며 생각이 느린 사람은 능력이 있고 특기가 있으며 생각이 활발한 사람에게 매력을 느낄 수 있다. 또한 의존성이 강한 사람은 독립적인 사람과 함께 있고 싶어 한다. 또 성격이 급한 사람은 성격이 온화한 사람과 좋은 친구가 되고 싶어 한다. 뿐만 아니라 주도형의 사람은 수동형의 사람과 서로 잘 어울린다. 예를 들어 주도형 사람끼리 부부가 된다면 그 가정이 평화로울 수가 없다.

서로 보완할 수 있는 또 다른 상황은 다른 사람의 어떤 특징이 당신의 이상을 만족시켜 그에 대한 호감도가 올라갔을 때다. 이를테면 학력을 중시하는데 배움이 짧은 사람이 학력이 높은 친구를 좋아하는 식이다.

사람들은 누구나 타고난 특징을 갖고 있게 마련이며 성격은 쉽게 변하지 않는다. 따라서 우리는 종종 삶의 반려자나 사업 파트너를 찾을 때 자신의 약점을 보완해줄 사람을 찾게 된다.

A는 사람들과 말다툼하는 일이 많은 매우 제멋대로인 사람이다. 대신 그가 찾은 아내는 털털하고 마음이 넓은 여자였다. A가 그녀를 좋아하게 된 것은 그녀가 항상 차분하게 그의 보조를 맞춰줬기 때문이었다. 그녀와 있으면 그는 항상 안심할 수 있었다.

사업을 할 때도 서로를 보완할 수 있는 파트너를 찾는 것은 매우 중요한 일이다. 빌 게이츠도 처음에는 직접 마이크로소프트사를 운영했지만 시간이 길어질수록 자신에게 경영 능력이 부족하다는 점을 깨달았다. 게다가 그가 진정으로 흥미 있어 하는 것은 소프트웨어 개발이었다. 소프트웨어 개발에 전력을 다 할 수 없었던 그는 점점 일에 대한 흥미를 잃어갔다. 그 때문에 그는 경영 부문에 전문적인 인재를 기용해야겠다는 필요성을 느꼈다. 빌 게이츠는 이 일의 적임자로 하버드대학교 동창인 스티브 발머 Steve Ballmer를 점찍었다. 마침 스티브 발머는 경영에 있어 타고난 재능을 갖추고 있었다. 그는 누구보다 열정적인 사람으로 다른 사람들에게 많은 영향력을 끼쳤고 직원들의 적극성을 이끌어낼 줄 알았다. 그에게 경영자 자리는 딱 맞는 옷과 같았다.

빌 게이츠에게는 번거롭고 지겨웠던 경영이란 업무가 발머에게는 흥미진진한 일이었던 셈이다. 이렇게 두 사람은 서로를 보완하는 좋은 관계를 맺어 두 배의 효율을 발휘하며 회사를 성공으로 이끌 수 있었다.

얻으려면 베풀 것 : 호혜의 원칙

제1차 세계대전 중에 몇몇 독일 특수병의 임무는 적의 후방에 깊숙이 침투해 사병을 잡아온 뒤 취조를 하는 것이었다. 당시 전쟁은 참호전으로, 대대가 양군이 대치하는 최전방을 뚫고 사람이 없는 지역을 차지하기가 쉽지 않았다. 하지만 사병 한 명이 몰래 적의 참호로 숨어들어가기란 상대적으로 쉬웠다. 참전한 쌍방 모두 이 방면의 특수병을 두어 적군의 사병을 잡아서 취조를 하곤 했다.

이전에 이미 여러 차례 이 임무를 성공했던 독일의 특수병이 또다시 적진으로 출발했다. 그는 숙련된 솜씨로 양군 사이의 지역을 넘어 적군의 참호에 침투했다. 마침 한 사병이 무기를 내려놓은 채 먹을 것을 쥐고 홀로 있었다. 아직 먹던 빵을 손에 쥐고 있던 그는 갑자기 나타난 적을 보고 자신도 모르게 빵을 건넸다.

눈앞의 독일 병사는 순간 그의 행동에 마음이 흔들렸고 매우 뜻밖의 결정을 내렸다. 적군의 사병을 포로로 잡지 않고 자신의 진지로 돌아가기로 한 것이다. 그대로 돌아가면 자신이 얼마나 질책을 당할지 알고 있었지만 말이다.

그렇다면 이 독일 병사는 어째서 그렇게 쉽게 빵 하나에 감동한 것일까? 사실 사람의 심리란 참 미묘한 것이다. 사람에게는 일반적으로 다른 사람으로부터 이득을 얻거나 호의를 받으면 상대에게 보답하고 싶어 하는 심리가 있다. 독일 병사가 적으로부터 얻은 것은 어쩌면 그에게는 필요도 없었을 빵 한 덩어리였지만, 그는 상대로부터 선의를 느꼈다. 이 선의에 어떤 간청이 포함되어 있었다고 해도 말이다. 게다가 매우 자연스럽게 표현되었기에 일순간에 그의 마음을 흔들 수 있었다. 그는 자신에게 잘해준 사람을 포로로 잡아가 심지어 그의 목숨까지 빼앗을 수는 없다고 생각했을 것이다.

사실 이 독일 병사는 상대의 은혜에 반드시 보답하려는 '호혜의 법칙'에 좌우된 것이다. 이는 인간사회의 뿌리 깊은 행동 규범이다.

어느 심리학 교수는 작은 실험을 통해 이 법칙을 증명했다. 그는 일면식도 없는 사람들 중에 임의로 몇 명을 뽑아 크리스마스 카드를 보냈다. 보내면서도 답장을 기대하진 않았지만, 뜻밖에도 카드를 받은 대부분의 사람이 답장을 보내왔다. 비록 그들이 그를 알지 못했음에도 불구하고 말이다. 재미있는 점은 그에게 답장을 보낸 사람들이 이 낯선 교수가 누구인지 알아보지도 않았다는 것이다. 그들은 카드를 받았기 때문에 자연스럽게 답장을 한 것뿐이다.

이 실험은 호혜의 법칙이 어떻게 작용하는지를 증명한다. 다른 사람에게서 이득을 얻으면 우리는 어떻게든 상대에게 보답하고 싶어 한다. 만약 누군가 우리를 한 번 도와줬다면 우리도 그를 한 번 돕거나 선물을 보낼 수 있으며 식사를 대접할 수도 있다.

제때 보답을 하지 않으면, 당신에게 번거로운 일이 생길 수도 있다. 이를테면 당신이 마음의 빚을 진 채 계속 있었는데 상대가 갑작스레 도움을 요청했다. 이럴 경우 쉽게 거절을 할 수도 없다. 다시 말해 본인의 자유를 어느 정도 유지하기 위해서라도 마음의 빚은 지지 않는 것이 좋다.

물론 매우 친밀한 친구 사이라면 바로 보답을 하지 않아도 된다. 너무 서둘러 보답을 하려 하면 친구 입장에서는 오히려 낯설게 느낄 수도 있기 때문이다. 하지만 그렇다고 보답을 하지 말라는 뜻은 아니다. 다만 조금 시간의 여유를 두고 보답한다든지, 기회가 있을 때 보답하라는 것이다.

친구 사이에도 우정을 지키려면 호혜의 법칙을 따라야 하며 사랑하는 사람 사이에도 마찬가지다. 사랑도 받은 만큼 주는 것이 중요하며 서로 간에 균형을 맞출 필요가 있다. 만약 이 균형이 심각하게 무너진다면 그 관계도 틈이 벌어질 수밖에 없다.

들어주기의 힘 :
소통의 법칙

한 젊은이가 소크라테스를 찾아가 강연술을 배우고 싶다며 가르침을 청했다. 그는 자신의 뛰어난 말솜씨를 자랑하기 위해 쉬지 않고 계속 떠들어댔다. 끝까지 다 듣고 있던 소크라테스는 그에게 두 배의 수업료를 요구했다.

젊은이는 깜짝 놀라 물었다. "어째서 제게는 두 배의 수업료를 달라고 하십니까?" 그러자 소크라테스가 대답했다. "내가 두 가지 과목을 가르쳤기 때문이네. 하나는 어떻게 해야 입을 닫는지에 대해, 다른 하나는 어떻게 해야 강연을 할 수 있는지에 대해서 말이네."

만약 다른 사람이 당신을 좋아하고 존중하며 어디서든 칭찬해주길 바란다면 여기 한 가지 방법이 있다. 바로 참을성 있게 상대방의 말을 들어주는 것이다. 그가 무슨 말을 하든 흥미진진해 하며, 또 그가 무슨 말을 할지 알아도 결코 가로막지 말아야 한다. 제아무리 억지를 부리고 완고한 사람도 끈기 있게 열심히 들어주면 그의 마음을 녹여 순한 고양이처럼 만들 수 있다.

칼은 한 연회에서 유명한 식물학자를 만났다. 사실 칼은 그 전에 이 식물학자에 대해 알지 못했지만 몇 마디 이야기를 나눠보니 매우 재미있는 사람 같았다. 그래서 아예 의자에 앉아 그가 들려주는 대마며 인도 화초, 실내 정원 등에 관한 이야기를 귀 기울여 들었다. 그 식물학자는 칼에게 감자와 관련된 아주 놀라운 이야기를 들려주기도 했다. 칼은 그렇게 아무것도 하지 않고 이 식물학자의 이야기만 몇 시간 동안 열심히 들었다. 그런데 연회가 끝나갈 무렵 식물학자는 모든 사람들에게 칼이 연회에서 '가장 재미있는 이야기꾼'이라고 칭찬했다. 아무 말도 하지 않고 듣기만 한 칼이 '이야기꾼'이라니 의아하게 느낄 수도 있다. 하지만 이는 경청이야말로 사람과의 교류이며 대화라는 뜻이다.

사람은 언제나 자기 자신에게 먼저 관심을 갖는다. 어른일수록 다른 사람의 인정과 칭찬을 더 필요로 한다. 그 때문에 현명한 사람은 인내심 있는 청중이 되어 남을 격려하며 자신을 드러낼 줄 안다. 경청하는 것은 당신이 그의 관점에 관심이 있고, 그의 말하는 방식을 좋아하며, 그 사람 자체를 좋아한다는 뜻이다.

그러므로 심리학에서 인간관계를 위한 가장 중요한 원칙은 '좋은 청중이 되어라. 타인을 격려하며 자신을 이야기하라'는 것이다. 매력이 넘치는 사람들은 대부분 남의 이야기를 잘 들어줄 줄 안다. 남의 말을 잘 들어주는 사람은 말을 잘하는 사람보다 상대를 더 쉽게 감동시키며 가까운 사이처럼 느껴지게 한다. 그렇다면 어떻게 해야 상대의 말을 경청할 수 있을까?

첫째, 집중하라. 경청을 할 때는 온 정신을 모아 집중을 해야 한다. 이를 위해 상대와 자주 눈을 마주치며 그의 말에 고개를 끄덕이고 "그래요.", "맞아.", "아!" 등의 맞장구를 쳐줘야 한다. 하지만 그렇다고 남의 말을 중간에 끊거나 함부로 끼어들면 안 된다. 꼭 끼어들어야 한다면 먼저 상대에게 사과를 하고 그의 동의를 구해야 한다. 이를테면 "미안한데 한 가지 문제를 언급해도 될까?"라든지 "내가 잠깐 말을 해도 될까?" 같은 말을 건네는 것이 좋다.

둘째, 겸손하라. 이야기를 나눌 때 상대의 관점을 존중해야 하며 그의 견해에 동의하지 않더라도 중간에 말을 끊으면 안 된다. 꼭 말을 해야 한다면 상대의 이야기가 끝난 뒤 간단하고 명확히 자신의 관점을 밝히는 것이 좋다. 특히 상대가 아직 자신의 뜻을 정확히 표현하지 않았을 때 서둘러 자신의 입장을 밝히거나 상대의 흠을 잡으려 하면 안 된다.

셋째, 인내하라. 이야기를 나눌 때는 자신의 기분을 컨트롤할 줄 알아야 한다. 때로는 상대의 지나치게 긴 발언이나 본인이 좋아하지 않은 화제로 지루함을 느낄 수도 있다. 하지만 이럴 때 자기 기분을 컨트롤해 직접적으로 드러내지 않아야 한다. 인내심 있게 끝까지 들어주는 것이 말하는 사람에 대한 존중이다. 특히 상대가 의견이 있을 때는 끈기 있게 들어줘야 그가 당신에게 불만을 품지 않게 되며 문제 해결에 도움을 줄 수 있다.

상대로부터 감사한 마음을 얻는 법 : 체면 효과

어느 날 밤, 데일 카네기가 한 연회에 참석했는데 그의 오른쪽에 앉아 있던 친구가 유머러스한 이야기를 들려줬다. 또한 그는 "일은 사람이 벌이지만 그 일이 이루어지게 하는 것은 하늘이다."라는 뜻의 말을 하며 이 구절이 《성경》에서 나온 것이라고 소개했다. 하지만 카네기는 친구의 말이 틀렸다는 것을 알고 있었다.

아는 척을 하고 싶었던 카네기는 그 자리에서 친구의 말을 바로잡았다. 그 말에 수치심을 느낀 친구는 즉각 반박했다. "뭐라고? 셰익스피어? 그럴 리 없네. 절대로 그럴 리 없어." 그 친구는 당황한 채 얼굴이 붉으락푸르락했다.

그때 카네기의 왼쪽에는 오랜 친구 프랭크 가몬드가 앉아 있었다. 카네기는 오랫동안 셰익스피어의 작품을 연구해온 그에게 도움을 청했다. 그러자 가몬드는 탁자 밑으로 카네기의 다리를 툭 차며 말했다. "데일, 자네가 틀렸네. 저 친구가 맞았어. 그 말은 《성경》에서 나왔다네."

집으로 돌아가는 길에 카네기가 물었다. "프랭크, 자네는 그 말이 셰익스피어 작품에서 나왔다는 걸 분명 알고 있지 않나."

프랭크는 카네기를 바라보며 말했다. "물론이지. 《햄릿》 5막 2장에 나온다네. 하지만 데일, 우리는 연회의 손님일 뿐이네. 어째서 우리가 그의 실수를 증명해야 한단 말인가? 그렇게 한다고 그가 자네를 좋아하겠나? 그 친구는 자네의 의견을 묻지 않았네. 그런데 어째서 그의 체면을 지켜주지 않았나?"

얕잡아보는 눈빛이나 불만어린 말투, 성가신 몸짓 등 당신이 어떤 방식으로 친구의 잘못을 지적했다 해도 난감한 결과를 불러올 수 있다. 당신이 그의 지혜와 판단력을 부정한다는 것은 그의 명예와 자존심을 공격하고 그의 감정을 상하게 하는 일이기 때문이다. 상대는 자신의 견해를 바꾸려 하지 않을 것이며 오히려 반격을 하려 할 것이다.

심리학 연구에 따르면, 어떤 사람도 많은 사람 앞에서 자신의 잘못이나 비밀이 '폭로'되기를 원하지 않는다. 일단 사실이 폭로되고 나면 사람은 난감함이나 분노를 느끼게 된다. 그러므로 사람을 만날 때는 어떤 특별한 필요가 있지 않는 한, 상대가 잘못한 민감한 부분을 건드려 사람들 앞에서 망신을 주는 일이 없도록 해야 한다.

프랭크가 카네기에게 건넨 인생의 교훈은 '그리 중요하지 않은 작은 잘못이라면 대세에 지장을 주지 않으니 굳이 고치려 하지 말고 상대의 체면을 세워줘라'는 것이다. 이렇게 하면 훈훈한 대화 분위기도 그대로 유지할 수 있고 남들에게 좋은 인상을 심어주며 자신의 인기도 올릴 수 있는 뜻밖의 수확을 얻을 수 있다.

사람이라면 누구나 남들 앞에서 글씨를 잘못 읽거나 비전문적인 이야기를 한다든지 상대의 이름이나 직책을 잊어버리는 등 작은 실수를 저지를 수 있다. 우리가 상대의 이런 상황을 발견했을 때 대세에 문제가 되는 일이 아니라면 크게 떠들거나 일부러 남들이 알게 할 필요가 없다. 당신의 그런 행동으로 인해 금방 지나쳤을 문제가 크게 부각될 수도 있기 때문이다.

그럴 경우 상대를 난감하게 할 뿐만 아니라 그의 자존심을 다치게 할 수 있다. 그로 인해 그는 당신에게 반감을 느낄 것이며 당신을 야박한 사람이라 생각할 것이다. 또한 이후로는 경계심을 품고 당신과 거리를 두려 할 것이다.

어느새 당신이 좋아졌다 : 단순노출 효과

1960년대, 미국의 심리학자 로버트 자이언스 Robert Zajonc 는 다음과 같은 실험을 했다. 그는 피실험자들에게 몇 장의 사진을 보여줬는데 어떤 사진은 20여 회, 어떤 사진은 10여 회, 또 어떤 사진은 1, 2회만 보여준 뒤 피실험자에게 사진을 선호하는 정도를 평가하게 했다. 그 결과 피실험자들은 한두 차례 본 사진보다 여러 차례 본 익숙한 사진을 좋아했다. 다시 말해 본 횟수가 늘어날수록 선호하는 정도도 늘어난 것이다. 이렇게 익숙한 것일수록 더 좋아하는 현상을 심리학에서는 '단순노출 효과 Mere Exposure Effect'라고 한다.

사람의 마음은 견고하면서도 부드러운 매우 기묘한 존재다. 그 때문에 좋아하는 것 같은 감정적 요소는 자신도 모르는 사이에 생겨나게 된다. 부딪치거나 얼굴을 보고 말하는 횟수가 많아질수록 좋아질 확률도 높아진다.

어느 사회심리학자는 이 효과를 증명하기 위해 다음과 같은 실험을 했다. 그는 한 대학의 여학생 기숙사에서 몇몇 방을 골라 서로 다른 맛의 음료수를 나눠줬다. 그런 다음 여학생들에게 음료수를 마시기 위해 다른 방에 가도 좋다고 했다. 대신 다른 사람들과 이야기는 나누지 못하게 했다. 일정한 시간이 지난 뒤 심리학자는 여학생들 사이에 익숙하고 좋은 정도를 평가하게 했다. 그 결과 자주 만난 사이일수록 서로에게 호감을 느끼는 정도가 높았으며 만나는 횟수가 적거나 만나지 못한 사이일수록 서로 호감을 느끼는 정도가 낮았다.

눈을 감고 가만히 생각해보라. 자주 접촉한 사람일수록 익숙하고 더 좋게 느껴지지 않는가? 처음 봤을 때 뚜렷한 인상을 받지 못했거나 내 스타일이 아니라고 생각했던 이성이었는데, 매일 같이 얼굴을 보는 시간이 길어지면서 매력적으로 느껴진 경험이 있지 않은가?

A와 B, C 세 사람은 고등학교 때 한 반에서 공부한 좋은 친구 사이다. 하지만 대입시험을 본 뒤 A와 B는 같은 대학에 갔고, C만 다른 도시에 있는 대학에 가게 됐다. A와 B는 매주 4, 5회 정도 학교에서 만났으며 가끔은 약속을 해서 함께 놀러 가고 밥을 먹었다. 때로는 교정에서 우연히 마주치기도 했다. 반면 C는 새 학교에서 많은 새 친구를 사귀었으며 A, B와는 방학 때나 고향에서 만나 며칠 즐겁게 놀았다. 그 결과 세 사람은 여전히 좋은 친구였지만 어느새 A와 B의 관계가 더 친밀해졌으며 C는 알 수 없는 낯설음을 느낄 수밖에 없었다.

인간관계에서 상대와 가까워지고 싶다면 자신이 그 사람에게 익숙해지도록 해야 한다. 좋아하는 이성이 있다면 수시로 만날 기회를 만들어야 한다. 이를테면 상대방이 자주 가는 식당에 일부러 찾아가 함께 밥을 먹다 보면 언젠가 기회가 생기게 마련이다. 또한 상사의 중시나 칭찬을 받고 싶다면 반드시 그에게 자주 보고를 해야 한다. 업무가 시작될 때 먼저 보고를 하고, 업무가 어느 단계에 이르렀을 때 시간 맞춰 보고를 하라. 뿐만 아니라 일이 어느 정도 진행됐을 때 타이밍을 맞춰 보고하고, 일을 마쳤을 때 즉각 보고하라.

이렇게 자주 보고를 하면 상사와 접촉할 기회도 얼굴을 보는 횟수도 많아져 상사가 당신을 이해할 기회도 많아진다. 상사와 익숙할수록 그가 당신을 좋아할 가능성도 높아진다. 그럴 경우 당신을 중용할 확률도 높아진다. 어찌 됐든 얼굴을 자주 볼수록 기회는 커지는 것이다.

상황에 맞는 분위기 연출 :
분위기 효과

영화에서 배경음악으로 분위기를 돋우는 것처럼 사람끼리 사귀는 장소에서도 종종 분위기를 만들 필요가 있다. 분위기는 교제의 윤활유와 같아서 만남이 순조롭게 진행되도록 해준다.

한 전문가가 학술회의에서 강연을 하게 됐다. 하지만 그가 장소에 도착하고 보니 청중이 10여 명 밖에 되지 않는다는 것을 알게 되었다. 조금 난처했지만 그렇다고 강연을 하지 않을 수도 없었다. 그는 임기응변을 발휘해 "회의의 성공이 꼭 사람의 숫자에 달린 것은 아니죠. 오늘 여기 오신 분들은 소수정예의 엘리트이시니 제가 강의하기에 더 좋을 거라 생각합니다."라고 말했다.

그의 이 말에 사람들은 웃음을 터뜨렸고 덩달아 분위기도 좋아졌다. 덕분에 전문가는 열정적인 강연을 펼칠 수 있었고 매우 성공적으로 강연을 마무리할 수 있었다.

연출과 연설의 현장에서는 분위기 효과 atmosphere effect가 무엇보다 중요하다. 분위기가 열렬할수록 청중이나 관중이 가득 차 연설이나 연출도 성공하기 쉽다. 만약 후끈한 분위기를 제대로 조성하지 못하고 현장이 썰렁하면 당신의 연설 내용이 아무리 훌륭해도 실패한 연설로 남기 십상이며 원하는 선전 효과를 누릴 수 없다. 하지만 현장의 상황이 그리 좋지 않을 때도 연설자나 연기자가 앞서 언급한 전문가처럼 자신의 역할에 몰입해 열정을 불태우고 기교를 선보이며 청중이나 관중에게 적극적인 자극을 주면 차가운 분위기도 다시 되살릴 수 있다.

마찬가지로 생활 속 여러 장소에서도 분위기를 살려야 할 때가 있다. 어떤 사업가는 회의실에서는 매우 엄숙하고 이성적이지만, 사교적인 장소에서는 마음을 열고 사람들과 술을 마시며 노래를 부르고 다양한 유머를 던진다. 그의 이런 모습도 사실은 분위기를 만들기 위한 것이다. 비즈니스 사교활동은 정식 회의의 연장선에 있으면서도 또 정식 회의가 아니기도 하다. 정식 회의를 대신할 수 있는 것은 아니지만 정식 회의에서 꺼내기 어려웠던 말을 꺼낼 수 있기 때문이다. 그러므로 사교적인 장소든 회의실이든 상황에 맞춰 대처할 줄 아는 사람이 진정으로 능력 있는 사람이라 할 수 있다.

분위기는 어떤 물건에 의해 조성되기도 한다. 이를테면 입춘을 앞두고 '입춘대길'이란 글씨를 문 앞에 써 붙이면 그것만으로도 그럴듯한 분위기를 느낄 수 있다. 가게가 새로이 문을 열면 분위기를 조성하기 위해 사람들이 보낸 화환을 가게 앞에 세운다. 사람들의 주목을 받아 고객을 끌어 모으는 광고 효과를 누리기 위해서다. 이렇게 하면 자신의 어떤 기분을 표현할 수 있을뿐더러 더 많은 사람들에게 일종의 변형된 광고 선전 효과를 얻을 수 있다.

남녀의 교제에 있어서도 분위기는 두 사람의 감정이 발전하는 데에 매우 중요한 역할을 한다. 성심리학자에 따르면 일정한 색깔과 냄새, 환경 혹은 이미지와 소리는 사람의 정욕에 불을 붙일 수 있다. 연인들은 보통 공원 구석이나 고요한 숲속, 나무 그늘 아래의 의자나 개울가의 잔디밭 같은 정취가 있고 조용한 곳에서 만나기를 좋아한다. 대자연과 접하면 마음이 탁 트여 생명에 대한 사랑과 아름다운 인생에 대한 바람이 절로 불러일으켜져, 남녀가 서로 마음에 담아둔 말을 마음껏 드러낼 수 있기 때문이다. 보다 친밀한 관계의 연인은 조용한 카페나 술집 등을 선택하는데 그런 곳은 조명이 부드럽고 적당한 음악이 함께 있기 때문이다. 더불어 꽃향기가 나는 차나 커피, 와인을 마시면 짙은 정과 사랑을 쉽게 느낄 수 있다.

인간관계의 윤활유 :
'모르는 척'의 효과

청나라의 문인 정판교鄭板橋(중국 청나라의 문인으로 이름이 섭燮이고, 호가 판교이다-역주)는 말했다. "영리함에도 크고 작음의 구분이 있고, 멍청함에도 진짜와 가짜의 구분이 있는데 작은 영리함에 큰 멍청함은 진짜 멍청함에 가짜 지혜다. 반면 큰 영리함에 작은 멍청함은 가짜 멍청함에 진짜 지혜다. 멍청한 척하는 것은 어려운 일인데, 이는 큰 지혜가 어려운 멍청함 속에 숨겨져 있기 때문이다."

모르는 척하는 것은 무지가 아니다. 현명한 처세를 위해서는 멍청한 척, 모르는 척할 줄도 알아야 한다. 그 때문에 정판교도 멍청한 척하기 힘들다고 말한 것이다.

회사 동료 사이에는 종종 정상적이지 않은 경로로 소식이나 정보를 접할 때가 있다. 이런 경우 간혹 모르는 척해야 할 필요가 있는데 그러려면 영리하고 유연하게 대처해야 한다. '알면서도 말하지 않는 것'은 그 중에서도 매우 수준 높은 모르는 척의 방법으로 자기 입을 달고 말하고 싶은 욕심만 억누르면 된다. 간혹 동료가 직접적으로 언급할 경우 다른 곳을 보며 말을 돌리는 것이 좋다. 동료가 알려달라며 조바심을 낸다면 차라리 모른다고 말해야 한다. 이와 같은 모르는 척은 실제로 일이 생기기 전에 예방을 하기 위한 것이다. 이렇게 하면 더 많은 시간을 두고 어떤 중요한 일에 집중할 수 있으며 이는 승리를 위한 책략이 될 수 있다.

또 다른 방법으로는 '수동적으로 모르는 척하기'가 있다. 어떤 일의 진상에 대해 정확히 모르지만 좀 더 알고 싶다든지 이 일이 매우 중요한데 사방이 함정이라 빠질까봐 두려울 때 사용할 수 있는 방법이다.

간혹 당신으로부터 정보를 얻으려 하는 동료는 모든 상황을 파악하고 있으면서도 더 많은 사실이나 핵심을 확인하려 한다. 이럴 때 당신이 역으로 그에게서 정보를 얻어내려면 더욱 더 모르는 척할 줄 알아야 한다. 이를테면 반문을 하는 식으로 "정말?", "그래?"라고 물으며 더 알고 싶은 눈으로 바라보거나 동료가 계속 말을 하도록 유도해보라. 어쩌면 그는 참지 못하고 자기가 아는 내용을 다 이야기해줄지도 모른다.

예를 들어 회사에 팀장 자리가 공석이 되자 누구를 그 자리에 앉힐 것인지를 두고 의견이 분분했다. 하지만 당신은 정식으로 어떤 언질도 듣지 못했다. 그런 날이 이어지며 당신이 속을 태우고 있을 때 한 동료가 당신에게 물었다. "언제 밥 살 거야? 금방 승진할 거잖아." 이럴 때일수록 당신은 모르는 척을 해야 한다. "내 주제에 무슨. 자네가 나한테 임명장을 줘야지." 그러자 동료가 득의만만하게 말한다. "이번에는 내가 정말 자네 임명장을 줄지도 모르지." 얼마 뒤 그는 정말 사장으로부터 팀장 임명장을 받았다. 이는 매우 뛰어난 처세의 방법이다. '모르는 척'을 통해 당신은 주도적인 상황을 만들 수 있을 뿐만 아니라 동료 사이에서 큰 심리적 압박을 느끼지 않을 수 있다.

자신의 능력을 자랑하기 좋아하는 동료 앞에서 모르는 척하면 얻을 수 있는 이점이 많다. 이를테면 동료가 당신을 경계하거나 질투하지 않으며, 당신에게 주의가 집중되거나 괴롭힘을 당하는 일이 없다. 하지만 안타깝게도 오늘날의 사람들은 남에게 어리석어 보일까 봐 자신의 하찮은 영리함을 모두 드러내고 싶어 한다. 이렇게 잠시 자신의 재능을 뽐낸 결과는 모두의 표적이 되는 것뿐이며 이로 인해 엄청난 심리적 부담을 지게 된다.

물론 가끔은 모르는 척이 아니라 아는 척을 해야 할 때도 있다. 재무부의 주임이 웃으며 당신에게 물었다. "듣자 하니 다음 달부터 보너스가 조정된다면서?" 아니, 어떻게 당신이 이 일에 대해 듣지 못한 걸까? 하지만 실제로 그런 일이 일어났다. 하지만 그렇다고 당신이 "못 들어봤는데요."라고 말한다면 이는 회사 소식에 어둡다는 뜻이 되며 사장의 측근이 아닌 것처럼 보이게 되니 얼마나 바보 같은 일인가. 이때 당신이 "벌써 소문이 그렇게 크게 났어요? 아직 마지막 결정이 난 것도 아닌데 정보가 빠르시네요."라고 말한다면 어떨까. 이는 모르는 척하면서도 또한 아는 척하는 것으로 동료와 함께할 수 있는 심리적 전술이다.

사람을 만족시키는 칭찬 : 볼링 효과

두 명의 볼링팀 코치가 각자의 선수들을 가르치고 있었다. 양팀 선수들은 모두 1프레임에 여덟 핀을 넘어뜨렸다. 이때 A코치는 자기 선수에게 말했다. "잘했어! 여덟 핀이나 쳤다." 그의 칭찬에 선수는 신이 나 다음에는 더 힘을 내 남은 두 핀도 쓰러뜨려야겠다고 생각했다. 반면 B코치는 자기 선수에게 말했다. "뭐하는 거야? 아직 두 핀이나 남았잖아." 선수는 코치의 질책에 속상해하며 '여덟 핀이나 쓰러뜨린 것은 안 보이나?'라고 생각했다. 이후 A코치가 가르친 선수는 성적이 꾸준히 향상됐지만 B코치가 가르친 선수는 갈수록 성적이 떨어졌다.

　이것이 바로 볼링 효과다. 칭찬과 격려는 사람의 힘을 북돋워 갈수록 감춰진 잠재력을 발휘하게 하지만 질책과 비판은 사람의 힘을 빠지게 해 점점 더 좌절감과 위축감을 느끼게 한다.

　미국의 유명한 기업가 메리 케이 애시도 칭찬의 효과에 대해 다음과 같이 말한 바 있다. "뛰어난 관리자가 되려면 칭찬이 사람을 성공하게 만드는 가치 있는 일임을 알아야만 한다. 칭찬은 효과적이면서도 믿을 수 없는 힘을 내게 하기 때문이다." 실제로 서양의 많은 기업가들이 이런 칭찬의 효과를 매우 중시하며 다양한 방식으로 직원들을 칭찬한다. 때로는 말로 또 때로는 글로 부하직원을 칭찬하며 정신적이거나 물질적인 방법으로도 그들의 적극성을 이끌어낸다. 칭찬은 자신의 가치를 깨닫게 하며 자신감을 강화시킨다. 보잘 것 없는 성적이라 해도 다른 사람의 주목을 받을 경우 사람은 자신감을 갖고 더 힘든 일에 도전하려 한다.

칭찬은 일종의 강한 심리적 암시로 그 힘은 모든 사람이 깜짝 놀랄 정도다. 하버드대학교 벌허스 프레더릭 스키너Burrhus Frederic Skinner(미국의 신행동주의 심리학자로 티칭머신과 스키너상자의 고안으로 유명하다-역주) 교수는 실험을 통해 이 점을 충분히 증명했다. 그는 칭찬이 어떤 행동들의 발생을 유발한다고 생각했다. 실제로 실험 결과, 동물의 대뇌는 '격려'라는 자극을 받으면 대뇌 피질이 각 시스템의 '적극성'을 이끌어냈다. 이를 통해 행동의 변화가 일어나고 능동적으로 움직이는 결과가 나타났다.

하지만 대부분의 경우, 관리자들은 제때 칭찬해주는 것을 그리 신경 쓰지 않는다. 오히려 다른 사람들의 뛰어난 업무 성과에 대해 지나치게 냉정히 판단하며 당연한 것으로 치부하기도 한다. 뿐만 아니라 개인의 차이나 성과를 얻기 위해 쏟은 저마다의 노력을 무시하고 모두 같은 수준에 올라야 한다고 생각하기도 한다.

이런 상황이 일어나는 이유는 매우 다양하다. 격려가 사람에게 미치는 촉진 효과를 알지 못해서이기도 하고, 업무 중에 칭찬의 효과를 소홀히 하기 때문이기도 하다. 이런 리더는 엄격하기만 할 뿐 격려가 부족한 사람일 수 있다. 셰익스피어는 "우리가 받는 칭찬은 우리 행위의 임금이다."라고 말한 바 있다. 그의 말에 따르면 사람은 누구나 다른 사람에게 '임금'을 지불하는 사람일 수 있다. 그렇다면 리더도 아랫사람들에게 이 '임금'을 기꺼이 지급해야 옳다. 그런데 우리가 주변에서 흔히 듣는 불평은 무엇인가? "이렇게 많이 했는데 잘한다는 말 한마디 없어." 사람들은 '임금'을 받고 싶어 하는데 지불해야 하는 사람은 지나치게 인색하다.

칭찬이 사람의 행위에 깊은 영향을 미치는 것은 칭찬이 고차원의 욕구를 만족시키기 때문이다. 일반적으로 고차원의 욕구는 쉽게 만족시킬 수 없지만 칭찬은 부분적으로나마 만족을 느끼게 한다. 그 결과 주도적이고 적극적인 행동을 촉진시킬 수 있는 것이다. 물론 칭찬은 격려 수단으로서 물질적 보상과 결합될 때 더 큰 효과를 발휘한다. 그러나 행동과학의 연구에 따르면 물질적 격려(자금 같은)는 사용하는 시간이 길어질수록 효과가 떨어진다고 한다. 특히 수입 수준이 높아지면 더욱 그렇다고 한다. 반면 정신적 격려에 대한 욕구는 보편적이고 장기적인 것으로 사회가 발전할수록 더욱 필요하다. 부디 칭찬의 효과를 중시하고 제대로 활용할 수 있길 바란다.

제4장

늘 반대하는 사람이 있다면

: 심리학으로 사람의 마음 꿰뚫기

적을 친구로 만드는 기술 : 심리적 준비

적재적소에 인재 활용하기 : 개인 맞춤 분류

상대가 무엇을 원할까? : 매슬로우 욕구단계이론

속마음을 드러내는 또 다른 언어 : 신체언어

복잡하고 미묘한 정보 통로 : 얼굴 표정

나와 상대와 거리 : 인사 방법

대세를 따르려는 사람의 마음 : 군중심리

사람이 많을수록 적어지는 것 : 책임감 분산

사람에 따른 말의 무게 : 권위의 효과

타인에 대한 근거 없는 평가 : 고정관념

적을 친구로 만드는 기술 : 심리적 준비

일적으로 얽힌 관계에 있어서는 아무리 싫다고 하더라도 관계를 계속 이어나갈 수밖에 없다. 그러므로 당신이 일을 할 때 어떤 사람의 협조가 매우 중요한데 사사건건 부딪힌다면 적을 친구로 만드는 일이 매우 중요하다. 이는 쉬운 일은 아니지만 불가능한 일도 아니다.

이를 위해 가장 유용한 방법은 자신을 반대하는 사람의 심리를 파악해 그렇게 된 원인을 분석하는 것이다. 그런 다음 문제에 맞는 해결법을 마련해 '적'을 겨냥하면, 심리적 소통과 인정의 목적을 달성하고 진정으로 적을 친구로 만들 수 있다.

누군가 당신의 잘못을 크게 질책할 때 당신은 화를 내기에 앞서 평상심을 되찾고 그의 그런 행동이 당신에 대한 관심이라 생각해보라. 이런 시각으로 문제를 이해하고 해결하면 잘못에 대해 끊임없이 언쟁을 벌이는 것보다 도움이 많이 된다. 만약 당신이 상대의 말속에 숨겨진 긍정적 요인을 하나하나 찾아낼 수 있다면 서로 척을 지는 상황은 많이 줄어들 수 있다. 공격하려는 마음이 줄어들면 직접적으로 문제를 마주할 용기가 생기며 합리적인 방법을 찾아 그 문제를 해결하려 노력하게 된다. 이를 위해 우선 원인을 분석하며 어떤 일이나 말이 상대의 심기를 거스른 것인지 스스로 생각해보라. 그렇지 않고 무작정 상대의 행동을 추궁하면 그의 '반감'에 더 불을 지펴 갈등을 격화시킬 수밖에 없다.

문제를 해결하려는 마음가짐이 있다면 상대에게 정확한 원인을 물어야 한다. "나는 어떻게 된 건지 잘 모르겠는데 나한테 어떤 문제가 있는지 알려줄래?" 만약 상대가 말조차 하려 하지 않는다면 당신에 대한 적의가 상당히 깊다는 뜻이다. 이럴 경우 차라리 당신은 직접적으로 상대에게 말하는 것이 낫다. "나한테 불만이 있는 것 같은데 내 생각에는 좀 더 허심탄회하게 이야기하는 게 좋을 것 같아." 이렇게 말해도 꼼짝하지 않는다면 상대에게 완곡하게 경고해도 좋다. 만약 상대가 당신에 대해 불리한 말을 한 것을 인정하지 않는다 해도 당신은 굳이 정곡을 찌를 필요는 없다. 상대는 이미 심리적으로 자신의 말과 태도에 부적절한 점이 있음을 느꼈을 것이기 때문이다. 이때 당신은 "아마 내가 오해했나 보네. 하지만 앞으로 무슨 문제가 있으면 나한테 직접 말해주면 좋겠어."라는 정도로만 이야기하면 된다. 이렇게 말하는 당신의 목적은 상대에게 당신이 결코 좌시하지 않겠다는 의사를 밝히는 것이다. 이때 당신의 심리적 우세는 이미 확립됐으며 당신은 상대에게 갈등을 해결하려는 신호를 보낼 수 있다.

상대가 당신을 '적'으로 여기고 있다면, 그는 가급적 당신과 같은 장소에서 마주치려 하지 않을 것이다. 그러므로 얽힌 갈등을 풀고 싶다면 먼저 신호를 보내 상대와 만날 기회를 찾는 것이 좋다. 따뜻한 눈빛으로 바라보며 그의 반응을 살펴보라. 난감해하는가? 아니면 어색해한다든지 눈빛을 피하는가? 그것도 아니면 눈을 부라리고 당신을 노려보는가? 노려보는 것만 아니라면 두 사람 사이에는 아직 희망이 있다.

만약 상대에게 직접적으로 당신의 뜻을 전달하는 것을 심리적으로 받아들이기 어렵다면 제3자의 도움을 빌려도 된다. 어쩌면 당신이 갑자기 자신의 뜻을 밝히면 상대는 당신의 본심이 무엇인지 의심할 수도 있다. 그럴 때는 다른 동료와 이야기를 할 때 그에 관한 좋은 이야기를 몇 마디 한다든지 두 사람의 관계를 아는 사람에게 후회의 뜻을 토로하면 언젠가 상대의 귀에 들어가게 될 것이다. 당신의 속내를 듣게 되면 그도 상응하는 심리적 반응을 보일 수밖에 없다.

사실 대부분의 경우 관계가 경직되는 것은 커다란 원칙적인 문제 때문이 아니라 평소 작은 일들이 쌓이기 때문이다. 그러므로 당신은 우선 작은 일을 중시할 줄 아는 심리적 기제를 배양하도록 해야 한다.

적재적소에 인재 활용하기 :
개인 맞춤 분류

무능력한 사람은 항상 전통적인 방식으로 문제를 보는 데에 익숙해져 있다. 그들은 동료에게서 단점을 발견하면 지레 '사형'을 판결해 버린다. 반면 현명한 사람들은 인재를 활용하는 법을 알아 그 장점을 이용한다. 그들은 자신의 혜안으로 동료의 장점을 발견하며 그 장점을 제대로 써먹는다.

 어느 경영자 모임에서 사장 몇 명이 자신이 회사를 경영하며 깨달은 바에 대해 이야기하기 시작했다. 그 중 한 사장이 말했다. "우리 회사에 인재가 되기는 글러먹은 직원 셋이 있는데 기회가 있으면 쫓아낼 생각이라네. 한 녀석은 하루 종일 이게 나쁘다 저게 나쁘다 트집만 잡아대고, 한 녀석은 걱정이 많아 만날 공장에 무슨 일이 생길까봐 난리고, 또 한 놈은 출근도 안 하고 밖에서 빈둥댈 때가 많다니까."

 그 말을 들은 다른 사장이 잠시 생각을 하더니 그에게 말했다.

"그럼 그 직원들을 우리 회사에 보내줄 수 있겠나?"

세 직원은 다음 날 새로운 회사에 출근하게 됐고, 새 사장은 그들에게 해야 할 일을 나눠줬다. 그는 트집 잡기를 좋아하는 직원에게는 제품의 품질을 관리하는 업무를 맡겼으며, 큰일이 일어날까봐 걱정하는 직원에게는 보안시스템 관리 업무를 맡겼고, 밖에 나다니기 좋아하는 직원에게는 상품 홍보를 맡겨 하루 종일 외부에서 뛰어다니게 했다.

세 사람은 자신의 적성에 딱 맞는 임무가 주어지자 흥분을 감추지 못하며 신나서 일자리로 달려갔다. 얼마 뒤, 이 세 사람이 열심히 일한 덕에 공장의 경영 성과는 눈에 띄게 상승했다.

사람을 안다는 것은 그 사람을 이해한다는 뜻으로 그에 대해 고찰하고 식별하며 선택하는 것을 가리킨다. 적재적소에 활용한다는 것은 사람을 제대로 활용할 줄 안다는 뜻으로 적당한 곳에 그를 사용하는 것을 가리킨다. 그러니 사람을 잘 알아 적재적소에 활용한다는 것은 진지하게 직원을 고찰해 확실히 그를 이해하고 모든 직원이 적당한 자리에서 자신의 장기와 재주를 발휘하게 하는 것을 말한다. 이는 좋은 관리자가 해야 할 근본적인 임무 가운데 하나다. 업무는 사람에 따라 요구가 다르며 재능과 직무가 어울려야 한다. 그러므로 직원에게 직무를 맡길 때는 그를 자극해 본인의 장점을 충분히 발휘할 수 있게 해야 한다. 본인이 잘 할 수 있는 직무를 맡겨야 힘에 부치는 일을 꾸역꾸역하거나 할 일 없이 놀지 않게 된다. 재능을 살려주면 자연히 업무에 적극적으로 임하게 되며 관리 효과도 반드시 향상된다.

카네기는 오랜 경험을 바탕으로 일자리에 따라 요구되는 재능이 다르며 각각의 인재에 따라 일해야 할 업무가 다르다는 사실을 지적했다. 어떤 사람이 모든 국면을 총괄해 볼 줄 알고, 조화롭게 지휘할 줄 알며, 사람을 잘 알아볼 줄 알고, 큰 재능과 전략이 있는 인재라면 전략기획실에서 경영 업무를 보게 해야 한다. 반면 생각이 많고, 흥미가 폭넓으며, 지식이 깊고, 종합적인 분석능력이 있으며, 직언을 할 줄 알고, 실용주의 정신이 강하며, 사리사욕이 없는 우수한 인재는 회사의 브레인으로 삼는 것이 옳다. 또한 성격이 정직하고 공정하며, 사람에게 쉽게 다가가는 사람은 감독 업무를 맡기면 뛰어난 성과를 만들어낼 수 있다. 그 밖에도 상사의 의도를 미리 파악할 줄 알고, 상사의 지시를 충실히 이행하며, 매사에 열심히 일하되 불평이 없는 인재는 경영자의 비서 업무를 맡기면 분명 잘 해낼 수 있다. 이처럼 우리는 인재의 성향이나 능력에 따라 구별해 대우할 줄 알아야 하며 각자에게 어울리는 자리를 맡겨야 한다.

리더라면 사람들이 지닌 다양한 재능을 구별해 그들에게 가장 어울리는 자리에서 그 재능을 발휘할 수 있게 해줘야 한다. 당연히 리더는 사람을 볼 때 평온한 마음과 넓은 안목으로 사적인 감정 없이 공정하게 대해야 한다. 절대 한쪽 눈으로만 사람을 보거나 색안경을 쓰고 판단하면 안 된다. 보다 다양한 경로와 단계, 시각으로 이해하고 고찰해야 인재를 제대로 활용할 수 있다.

상대가 무엇을 원할까? : 매슬로우 욕구단계이론

에이브러햄 매슬로우Abraham H. Maslow는 미국의 유명한 사회심리학자이자 인격이론가였으며 비교심리학자였다. 그의 욕구단계이론과 자아실현이론은 인본주의 심리학의 중요한 이론으로, 심리학 중에서도 특히 경영심리학에 많은 영향을 끼쳤다. 매슬로우는 사람을 '욕구의 동물'로 여겼다. 사람은 다양한 욕구를 가지고 있으며 계속해서 새로운 목표를 찾는다는 것이다. 그가 말한 인간의 욕구는 다음 5단계로 나뉜다.

- 1단계 생리적 욕구 : 이는 사람이 자신의 생존을 유지하기 위한 가장 기본적인 욕구다. 의식주와 성性 등에 관한 욕구로 사람을 행동하게 하는 가장 큰 원동력이다.
- 2단계 안전의 욕구 : 사람 자신의 몸에 대한 안전은 물론이고 생활의 안정 및 고통이나 위협, 질병을 피하려는 등의 욕

구를 말한다.
- 3단계 애정과 소속의 욕구 : 이 욕구는 두 방면의 내용을 포함한다. 하나는 애정의 욕구로 우정과 사랑에 관한 것이며, 다른 하나는 소속의 욕구로 어떤 무리에 속하고 싶은 감정을 말한다.
- 4단계 존중의 욕구 : 모든 사람은 자신의 안정적인 사회적 지위를 바라며, 개인의 능력과 성취가 사회로부터 인정받길 원한다.
- 5단계 자아실현의 욕구 : 이것은 인간이 바라는 가장 높은 단계의 욕구로 개인의 이상이나 포부의 실현과 개인 능력의 최대치 발휘를 통해 자기 능력에 걸맞는 모든 일을 이루고 싶어 하는 욕구를 가리킨다.

매슬로우의 욕구단계이론에 따르면 어떤 사람이든 다양한 단계의 욕구를 갖고 있으며 가장 기본적인 생리적 욕구가 만족되면 더 높은 단계의 욕구를 이루고 싶어 한다.

그런 의미에서 경영자나 관리자는 부하직원들이 바라는 서로 다른 단계의 욕구를 감안해 적당한 격려 조치를 취해야 한다. 특히 가장 기본적인 급여와 대우의 욕구가 만족되면 그 다음에는 그들의 심리적 욕구에 더 많은 신경을 써야 한다. 심리적 욕구는 한 직원의 업무효율에 더 쉽게 영향을 끼치기 때문이다.

1981년, 미국 매사추세츠의 한 종이상자 공장 직원들은 시장이 위축되면서 자신의 앞날을 걱정하고 있었다. 당시 65%의 직원들은 경영진이 직원을 존중하지 않는다고 느꼈고, 56%의 직원들은 업무에 대해 비관적이라고 했으며, 79%의 직원들은 뛰어난 업무 성과를 올려도 정당한 보상을 받지 못한다고 생각했다. 이에 이 회사의 경영진은 '100점 클럽' 계획을 발표했다. 어떤 직원이든 한 해 동안 업무 성적이 평균 수준보다 높으면 그에 상응하는 점수를 주기로 했다. 예를 들어 안전 무사고에 20점, 개근에 25점 등 매년 한 차례 결산을 해 결과를 직원들의 집으로 보내줬다. 그 중에서도 100점을 받은 직원들에게는 작은 선물을 증정하기도 했다.

　1983년, 공장의 제품 생산율은 16.5% 향상됐으며 품질 오류율이 40% 하락했고 직원들의 불만의견도 72%나 감소했다. 덕분에 생산 사고로 인한 손실 시간도 43.7% 줄어들었으며 공장은 매년은 100만 달러의 이윤을 창출하게 됐다. 1983년 연말 평가회의의 발표에 따르면 86%의 직원들이 경영진이 직원을 매우 존중한다고 생각했으며, 81%의 직원들이 자신의 업무로 인정받고 있다고 느끼고, 79%의 직원들이 자신의 업무와 조직의 성과 사이에 밀접한 관련이 있다고 여겼다.

　이처럼 사람들은 누구나 심리적인 만족을 필요로 하며 존중받고 신임 받는 심리적 기분을 느끼고 싶어 한다. 그리고 이를 위한 전제조건은 정서적으로 매우 중요시하고 있음을 직원이 느낄 수 있어야 한다는 것이다.

속마음을 드러내는 또 다른 언어 :
신체언어

어느 날 오전, 비서인 A는 서류를 들고 사장실에 들어갔다. 그런데 그녀는 뜻밖의 실수로 사장의 찻잔을 엎어 그의 옷을 젖게 하고 말았다. 그녀는 일순간 어찌할 바를 모르다 사장의 날벼락이 떨어지기를 기다렸다. 그런데 사장은 한 마디 말도 없이 그녀를 향해 차갑게 눈을 흘기며 나가라는 눈치를 줬다. 두 달 전에도 A는 업무상의 실수로 예전 사장에게 호되게 혼난 적이 있다. 하지만 그때는 사장실을 나설 때 오히려 마음이 홀가분했다. 하지만 이번에는 상황이 완전히 달랐다. 신임 사장은 아무 말도 하지 않았지만 그 불만스러운 눈빛은 그녀의 마음을 불안하게 만들었다.

우리도 가끔 이런 상황을 만나게 될 때가 있다. 노발대발 화를 내는 사람은 차라리 무섭지 않다. 반면 무표정하고 냉랭한 얼굴로 쳐다보는 사람은 춥지도 않은데 한기를 느끼게 한다. 이는 도대체 무엇 때문일까?

누구나 알다시피 언어는 사람들이 흔히 사용하는 소통의 도구다. 언어는 인류의 오랜 역사 속에서 발전하고 형성됐으며, 매우 복잡한 사상과 감정을 교류할 수 있는 도구다. 그런데 언어 외에도 사람에게는 다른 교류의 도구가 있으니 바로 신체언어 body language 다. 이를테면 미소, 눈빛, 동작 하나에도 어떤 감정과 생각, 태도가 담겨있다.

그렇다면 어떤 교류 방식이 미치는 효과가 더 크고, 교류의 정보가 많을까? 아마 대부분의 사람들이 언어라고 대답할 것이다. 하지만 사실은 그렇지 않다. 어느 심리학자의 연구에 따르면 놀랍게도 사람들의 소통은 얼굴을 마주하고 이야기하는 것보다 그들의 자세, 태도, 위치, 타인과의 거리 등을 통해 더 많이 이뤄진다고 한다. 정확히 말해 사람들 사이의 교류는 65% 이상 비언어 방식인 신체언어로 진행된다.

이는 매우 믿기 힘든 이야기일 수 있다. "우리가 매일 그렇게 떠들어대는데 손짓발짓 한 번이 더 쓸모가 있다고?" 하지만 이는 사실이다. 말로 하는 언어와 달리 사람의 신체언어는 무의식적이고, 사상의 진실성을 반영한다. 그 때문에 사람들의 주목은 끌지 못하지만 소리 없이 언어보다 더 많은 정보를 전달한다.

이것이 A가 전임 사장보다 새로운 사장을 두려워한 이유다. 전임 사장은 말로써 자신의 나쁜 기분을 전달했으며 이를 통해 A는 이 일이 이미 끝났음을 알았다. 하지만 신임 사장이 선택한 '신체언어'는 그의 불만만 드러냈을 뿐 문제를 어떻게 처리하겠다는 표현이 모호했기 때문에, 잘못을 묻지 않겠다는 것인지 나중에 책임을 묻겠다는 것인지 알 수 없었던 것이다.

　이외에도 신체언어는 다른 장점이 있는데 바로 그 진실성이 비교적 분명하다는 것이다. 거짓말은 우리의 생활에서 흔히 볼 수 있는 것이지만 신체언어는 말로 하는 언어처럼 쉽게 사람을 속이기 어렵다. 신체언어는 사람의 무의식을 드러내 컨트롤하기가 어렵기 때문이다.

　이와 관련해서 한 가지 재미있는 연구 결과가 있다. 영국의 심리학자 모리스는 연구를 통해 "인체에서 대뇌와 거리가 먼 부위일수록 신뢰도가 높다."고 밝혔다. 우리는 다른 사람들과 함께 있을 때 그들의 얼굴을 가장 주의 깊게 본다. 게다가 우리도 남들이 우리의 얼굴을 자세히 본다는 것을 알고 있다. 그렇기 때문에 얼굴을 찌푸렸다 웃었다 하며 교묘히 거짓말을 한다. 하지만 대뇌에서 가장 멀리 있는 발은 대부분의 사람들이 살피지 않기 때문에 얼굴이나 손에 비해 훨씬 진실하다는 것이다.

　사람들과의 교류하는 경험이 늘어날수록 우리는 신체언어의 비밀을 명확히 파악할 수 있어야 한다. 은연중에 상대의 신체언어를 관찰해 상대의 진실한 의도를 이해해야 한다. 사회 경험이 많은 사람으로서 우리는 더더욱 상대가 하는 말을 그대로 믿을 것이 아니라 신체언어를 통해 그의 진짜 생각을 판단해야 한다.

복잡하고 미묘한 정보 통로 :
얼굴 표정

미국의 심리학자 폴 에크먼Paul Ekman(현재 캘리포니아대학교 명예교수로 얼굴 표정이나 몸짓 같은 비언어적 커뮤니케이션 분야의 세계적 전문가-역주)의 연구에 따르면 얼굴 표정은 기본적으로 '놀라움, 행복, 화, 슬픔, 혐오, 두려움' 등 6가지로 나눌 수 있다. 그는 전 세계의 모든 사람들이 이 6가지 감정의 얼굴 표정을 똑같이 짓는다는 사실을 발견했다.

1966년, 그는 백인들의 사진 몇 장을 들고 뉴기니 섬을 찾았다. 그곳은 석기시대 부락처럼 낙후해 세상과 단절되어 있었기에 섬사람들이 한 번도 백인을 본 적이 없었다. 하지만 그들은 백인들의 표정이 무슨 뜻인지 매우 정확히 구별해냈다.

또한 그는 태어나자마자 눈이 멀어 다른 사람의 얼굴 표정을 본 적이 없는 사람도 같은 얼굴 표정으로 자신의 뜻을 전한다는 사실을 발견했다. 과학적으로 증명된 바에 의하면 사람의 얼굴 표정은 7천여 개의 근육으로 컨트롤된다. 이렇게 근육의 다양한 결합으로 사람은 두 가지 감정을 동시에 표현할 수도 있다. 이를테면 화를 내면서 상대를 하찮게 보는 표정을 짓는다든지, 분노하면서 싫어하는 표정을 함께 지을 수 있는 것이다.

사람의 얼굴 표정을 통해 우리는 개인의 심리를 파악할 수 있으며, 그가 어떤 사람인지 알아챌 수 있다. 모든 사람의 표정 뒤에는 그의 생활과 경험, 학식과 소양, 마음가짐과 인격이 숨겨져 있기 때문이다.

여기서 우리가 말하는 얼굴은 사람의 생김새만을 말하는 것이 아니라 얼굴 표정을 주로 가리킨다. 인체에서 얼굴은 내면이 드러나는 표면적 척도이자 정신적으로 균형미를 얻을 수 있는 핵심이다. 우리가 말하는 '얼굴색'도 정적인 생김새가 아닌 동적인 얼굴 표정을 가리키는 것이다. 얼굴 표정은 풍부한 인생의 자태이자 교제의 예술이다. 사람들의 얼굴색은 감정이 되기도 하고, 신분이 되기도 하며, 교양이나 기질적 특징, 표현능력이 되기도 한다. 예를 들어 얼굴이 빨개지면 보통 쑥스럽다든지 흥분했다는 뜻이다. 반면 얼굴색이 푸르게 되거나 하얗게 되면 화가 나거나 놀라 비정상적으로 긴장했다는 뜻이다.

얼굴의 눈썹, 눈, 코, 입은 더욱 풍부하고 세심하며 미묘하게 다양한 표정의 변화를 드러낸다. 이를테면 눈썹 사이를 찡그리면 동의하지 않는다든지, 걱정스럽다든지 매우 화가 났다는 의미다. 또한 눈썹을 치켜 올리면 흥분했거나 놀랐다는 뜻이며, 눈썹이 오르락내리락하면 환영한다든지 강한 어조로 말하는 것을 뜻한다. 눈썹을 치켜 올리는 동작이 오르락내리락할 때보다 느리거나 눈썹을 치켜 올린 뒤 잠시 머물렀다 아래로 내리면 놀랐다거나 슬프다는 뜻이다.

얼굴 표정에 있어 입의 효과도 결코 가볍게 볼 수 없다. 사람들은 대부분 눈으로 말하는 것에 대해서는 잘 알지만 입의 효과는 얕잡아보는 경향이 있다. 미국의 한 심리학자는 눈과 입 표정의 효과를 연구하기 위해 여러 기분이 표현된 많은 사진을 가로로 잘라 새롭게 조합한 뒤 한 장 한 장의 사진으로 만들었다. 예를 들어 고통스러운 눈과 기쁜 입을 하나의 사진으로 만든 것이다. 실험 결과 사진을 본 사람들은 눈보다 입의 표정에 많은 영향을 받았다. 다시 말해 입으로 눈보다 더 많은 기분을 표현할 수 있다는 것이다. 문제는 눈과 입을 비교했을 때 어느 것의 표현력이 더 강한가가 아니라 우리의 입은 말소리를 내지 않고도 '말'을 할 수 있다는 것이다. 이를테면 입술을 가만히 다물고 있으면 침착하고 단정하며 자연스럽다는 뜻이며, 입을 반만 벌리고 있으면 의문이 있다든지 이상하거나 조금 놀란 것이다. 만약 입을 완전히 벌리고 있다면 끔찍하게 놀랐다는 뜻이다. 또한 입꼬리가 올라가 있으면 선의와 예의, 기쁨을 뜻하며, 입꼬리가 내려가 있으면 고통과 아픔, 어쩔 수 없다는 의미다. 입술이 뾰로통하게 나와 있으면 화가 났거나 불만이 있다는 뜻이고, 입술을 꼭 다물고 있으면 분노나 저항 혹은 결심이 이미 섰다는 뜻이다.

이상을 통해 알 수 있듯 얼굴 표정은 매우 복잡하고도 미묘한 정보를 전달해 당신이 상대의 심리를 꿰뚫어볼 수 있게 한다.

나와 상대의 거리 : 인사 방법

미국 루이빌대학교의 심리학자 스탠리 박사는 한 사람의 인사말을 통해 그 사람의 소양을 이해할 수 있다고 했다. 성격을 드러낼 수 있는 인사말이란 당신이 방금 어떤 사람과 알게 됐을 때 혹은 익숙한 사람과 마주쳤을 때 그가 자주 사용하는 말을 일컫는다. 행동심리학자인 스탠리 박사는 흔히 볼 수 있는 인사말 몇 가지를 예로 들어 성격적 특징을 설명한다.

(1) "안녕!" – 이런 사람은 냉정하고 보수적인 편이며, 업무에 성실하고, 빈틈이 없으며, 자신의 감정을 잘 다스릴 줄 안다. 또한 별 것 아닌 일에 잘 놀라지 않으며, 친구들의 신뢰가 깊다.

(2) "어이!" – 이런 사람은 명랑하며, 힘이 넘치고, 사람들의 주목을 받길 좋아한다. 솔직하고, 생각이 예민하며, 창의력이 풍부한데다 유머감각도 있다. 더불어 사람들의 다양한 견해

에 귀를 기울일 줄 안다.

(3) "저기!" – 이런 유형의 사람은 수줍음이 많고, 감상적이다. 실수할까 두려워 새로운 시도를 잘 하지 못하지만, 가족이나 친한 친구와 함께 있을 때는 열정적인 모습을 보여주기도 한다.

(4) "왔어!" – 이런 유형의 사람은 일처리가 과감하며 다른 사람들과 자신의 기분과 생각을 나누기를 좋아한다. 또한 모험을 즐기고, 실패에서 교훈을 얻을 줄 안다.

(5) "반가워!" – 이런 사람은 성격이 활달하고 사람들에게 친절하며 겸손하다. 또한 다양한 일에 참여하기를 좋아하며 수수 방관하는 일이 없다. 이런 유형의 사람은 대단한 낙관주의자로 종종 공상에 빠지며 감정적으로 일하는 편이다.

(6) "뭐 새로운 일 있나?" – 이런 종류의 사람은 야심이 만만하며 모든 일을 끝까지 파고든다. 또한 물질적 향락을 추구해 이를 위해 최선을 다한다. 상대의 이야기에 귀를 기울이지만 자신의 태도를 정확히 밝히지는 않는다.

(7) "너는 어때?" – 이런 사람은 남 앞에 나서기를 좋아하며, 기회가 있을 때마다 사람의 주목을 끌려 한다. 어떤 행동을 하기에 앞서 여러 번 고려하며 쉽게 실행에 옮기지 않지만, 일단 어떤 임무를 맡으면 최선을 다해 몰두하며 결과가 원만하게 이뤄지기 전까지 쉬지 않는다.

또한 스탠리 박사는 인사할 때 두 사람의 거리가 그들의 심리적 거리를 드러낸다고 지적했다. 우리는 누군가와 서로 인사를 나눌 때 자신과 상대가 유지하는 거리를 관찰해 그의 심리상태가 지닌 특징을 파악할 수 있다. 이를테면 상대가 인사를 할 때 일부러 뒤로 물러난다면 이는 경계심과 겸손, 염려 등의 감정을 드러내는 것이다. 또한 어떤 사람들은 자주 함께 일하며 술도 여러 번 마셨음에도 볼 때마다 일관된 인사를 건네는데, 이런 사람은 자기방어의 성향이 강한 편이라고 한다.

이밖에도 두 사람이 악수하는 방법을 보고도 서로의 성격을 알아볼 수 있다. 악수를 할 때 상대의 손을 꽉 잡는 사람은 성격이 주도적이고 강직하며 자신감이 넘친다. 반면 악수할 때 손에 힘이 들어가지 않는 사람은 성격이 연약하고 활력이 부족하다. 또한 많은 사람들과 만나는 장소에서 처음 보는 사람들과도 빈번하게 악수하는 사람은 자기표현욕과 사교적 능력이 강한 편이다. 또한 악수를 할 때 상대를 주시한 뒤 악수를 하는 사람은 상대방의 심리가 자기보다 열세에 처하기를 바라는 것이다.

대세를 따르려는 사람의 마음 :
군중심리

여러 사람이 모여 회의를 하다 표결에 붙이기로 했다. 하지만 막상 표결을 하려니 다들 조용하다. 결국 어떤 한 사람이 침묵을 깨고 말했다. "나는 찬성……." 뒤이어 다른 사람도 말을 덧붙인다. "나도 비슷하게 생각하니까 찬성……." 이런 상황이라면 아마 당신도 "나도 그렇게 생각했어."라고 할 것이다. 대세를 따르는 현상은 어디에서나 누구에게나 일어난다.

심리학에 따르면 개인의 관념과 행동은 집단의 인도 혹은 압력을 받는다. 이때 사람에게는 다수의 사람과 같은 방향으로 향하고자 하는 현상이 있는데 이를 '동조'라고 한다. 우리가 흔히 하는 말로 대세를 따르려는 것이다.

관습이나 습관, 전통 등을 따르는 일이나 유행에 따라 먹고 마시고 즐긴다든지 새로운 조류를 따르는 것 등도 모두 동조의 표현이다. 살면서 경험을 통해 알 수 있듯이 개인의 생활에서 필요한 많은 정보는 모두 다른 사람들로부터 얻는 것이다. 개인은 대중이 제공하는 정보를 벗어나 살아가기 힘들다. 그 때문에 사람은 종종 대중이 제공하는 정보를 전적으로 의지한다.

이를테면 남녀의 표시가 되어 있지 않은 공중화장실 앞에서 우리는 사람들이 어디로 들어가는지를 살피고 따라 들어간다. 또한 사막에서 목이 마른 여행객은 현지 사람들이 어디에서 물을 마시는지를 유심히 살핀 뒤 그대로 따라한다. 일단 사람들의 이런 군중심리 herd mentality를 이해하면 그것을 일상생활 속에서 교묘하게 활용할 수 있다. 미국 어느 레스토랑에서 일하는 두 웨이트리스 메리와 제니는 고객들이 팁을 많이 주도록 유도하기 위해 각자 팁을 받는 쟁반 위에 먼저 동전 하나씩을 올려놓았다. 하지만 메리가 올려놓은 동전은 10센트였고, 제니가 올려놓은 동전은 25센트였다. 두 시간 뒤, 메리가 받은 팁의 대부분은 10센트였으며, 제니가 받은 팁의 대부분은 25센트였다. 이는 고객들이 팁을 지불할 때에 군중심리가 발휘된 것이다. 사람들은 자신이 얼마나 써야 좋을지 모를 때 자신도 모르게 다른 사람의 방법에 따라 기준을 맞춘다.

하지만 대중이 항상 믿을 만한 대상은 아니다. 진리는 소수의 사람 손에 달려 있다란 말도 있지 않은가. 하지만 군중심리의 분명한 영향은 심리학자도 감히 무시하지 못한다. 심리학자 솔로몬 애쉬 Solomon Eliot Asch(폴란드 출신의 미국 심리학자로 동조실험으로 유명하다-역주)는 실험을 통해 군중심리 때문에 소수의 정확한 사람이 자신의 관점을 포기하고 다수의 사람들을 따르는지 확인했다.

그는 우선 6명의 대학생을 선정해 길이가 다른 두 개의 선 A와 X의 길이가 같다고 말하게 했다. 이는 진짜 피실험자인 다른 한 명에게 영향을 주기 위해서였다. 여러 선을 보여주며 실험을 반복하자 피실험자는 결국 자신이 말한 정답을 포기하고 나머지 6명의 관점에 동의했다.

그렇다면 사람들은 어째서 맹목적으로 동조를 하는 걸까? 이는 일반적으로 사람의 사회성과 깊은 관련이 있다. 사람은 사회적 동물로 집단의 심리에서 멀어지는 것을 두려워한다. 사람들은 집단이 자신을 받아주고 좋아해주며 우대해주기를 바란다. 자신의 의견이 집단과 달라 미움을 받거나 괄시를 받고 쫓겨나는 지경에 이를까봐 두려워한다. 또한 집단 안에도 일치성을 요구하는 압력이 분명히 존재하며 어떤 사람이 자신만의 다른 의견을 제시하면 그가 대세를 따르도록 압박을 가한다.

예를 들어 본인 취향의 독특한 옷이 몇 벌씩 있을 텐데 막상 이런 옷을 입고 출근을 하려 하면 동료들이 이상한 눈으로 보지 않을까 걱정하다 결국 포기하고 만다. 회의 때 거수로 표결을 할 때도 다른 사람들이 모두 손을 들면 자신은 들고 싶지 않아도 종종 할 수 없이 손을 들게 된다. 이는 모두 우리가 다른 사람들과 다르다는 이유로 주목받거나 의심받고 싶어 하지 않기 때문이다.

사람이 많을수록 적어지는 것 : 책임감 분산

1968년, 미국 뉴욕에서 그 유명한 제노비스 사건이 일어났다. 제노비스Kitty Genovese란 여성이 집으로 돌아가는 길에 강도를 만나 칼에 찔려 사망했다. 당시 사건이 일어난 30분 동안 38명의 이웃이 피해자의 살려달라는 소리를 듣고 창문 너머로 범죄 현장을 지켜봤지만 아무도 그녀를 구하지 않았으며 제때 경찰에게 신고하지도 않았다. 결국 그 때문에 일어나지 않았어야 할 비극은 현실이 되고 말았다.

'제노비스 사건' 이후 미국의 사회심리학자 빕 라테인Bibb Latan과 존 달리John Darley는 매우 정교한 일련의 실험을 준비해 방관자의 숫자가 타인을 돕는 행동에 큰 영향을 끼친다는 사실을 증명했다. 그들의 실험에 따르면 사고 현장에 1명만 있을 경우 85%의 사람들이 도움의 손길을 내밀었다. 하지만 2명이 있을 경우 남을 돕는 비율은 65%로 떨어졌으며, 5명이 있는 경우 이 비율은 31%로 눈에 띄게 줄어들었다.

그 이유는 바로 책임감 분산diffusion of responsibility 때문이었다. '책임감 분산'이란 자신이 사건을 책임질 유일한 사람이 아니라고 느끼면, 곤경에 처해 도움을 기다리는 사람의 행동을 지켜만 보는 것을 말한다. 실제로 자신에게 책임이 있을 경우 사람들은 단호하게 행동에 나선다. 하지만 현장에 많은 사람이 있어 책임감이 분산되면 누가 행동에 나서야 할지 불분명해진다. 그래서 사람이 많을수록 무관심한 구경꾼이 되기 쉽다. 이런 책임감 확산의 효과는 우리 사회에 보편적으로 존재하는 심리현상이다.

기업과 같은 조직에서 나타나는 사회적 태만social loafing 역시 같은 현상으로 볼 수 있다. 사회적 태만이란 개인과 조직의 여러 구성원이 함께 어떤 일을 할 때 혹은 개인의 활동에 다른 사람들이 동참할 때 각각의 구성원이 쏟는 노력이 혼자 할 때보다 줄어들어 개인의 활동에 대한 적극성과 효율이 하락하는 현상을 말한다.

사회적 태만에 대한 연구는 프랑스의 심리학자 막시밀리앙 링겔만Maximilien Ringelmann(본래 프랑스의 농공학자로 말들의 능력에 대한 실험을 하다 사회적 태만 현상을 발견했다-역주)에 의해 처음 시작됐다. 그는 집단의 행동이 개인의 활동 효율에 어떤 영향을 미치는지를 실험했다. 우선 그는 사람들이 전력을 다해 밧줄을 잡아당기도록 해 그 장력張力을 측정했다. 실험 참가자는 단독으로 밧줄을 당기거나 3명 혹은 8명의 조합으로 밧줄을 당겼다. 그 결과 혼자 밧줄을 당긴 개인의 평균 장력은 63kg이었으며, 3명이 한 조를 이룬 팀의 장력은 개인 평균 53kg이었다. 또한 8명이 한 조를 이룬 팀의 개인 평균 장력은

31kg에 불과해 혼자 밧줄을 당기는 힘의 절반 밖에 되지 않았다.

빕 라테인과 그의 동료는 사회적 태만 현상에 대해 이보다 한 발 더 나아간 증거를 제시했다. 그들은 실험을 위해 대학생들에게 환호성을 지르거나 박수를 치는 방식으로 될 수 있는 한 큰 소음을 만들도록 했다. 또한 실험에 참가하는 사람의 숫자를 1명, 2명, 4명, 6명 등으로 다양하게 구성했다. 그 결과 실험에 참가하는 사람의 숫자가 늘어날수록 각각의 사람이 만들어내는 소음의 크기가 줄어들었다. 심리학자 빕 라테인은 사회적 태만이 나타나는 원인을 세 가지로 들었다.

1 사회적 평가

조직적인 상황에서 개인의 업무는 드러나지 않으며 저마다의 노력도 측정할 수 없다. 이때 측정할 수 있는 결과는 조직의 업무 성과로 개인은 이런 상황에서 자신의 행동에 책임을 지지 않아도 된다. 그러므로 개인에 대한 사회적 평가의식은 분명 약화될 수밖에 없으며 업무를 위한 개인의 노력도 저하될 수밖에 없다.

2 사회적 인지

조직 속의 개인은 다른 구성원들이 큰 노력을 기울이지 않고 게으름을 피운다고 생각하기도 한다. 그래서 자신도 게으름을 피우며 노력을 하지 않는 것이다.

3 사회적 작용력

조직적인 업무에서 모든 구성원은 조직 속의 한 개체로 다른 구성원들과 함께 외부의 영향을 받게 된다. 그럴 경우 조직의 구성원이 늘어나면 각각의 구성원이 받는 외부의 영향은 분산되고 약화될 수밖에 없다. 그 때문에 개인의 노력도 줄어드는 것이다.

사회적 태만 현상은 실제로 조직의 업무 효율을 눈에 띄게 약화시킨다. 이런 사회적 태만을 해결하려면 일에 대한 개개인의 공헌이 평가를 받아야 한다. 사람들은 자신의 공헌이 적절한 평가를 받고 있다고 믿을 때 책임을 미루지 않게 된다. 낯선 사람들과 일할 때보다 익숙한 사람들과 일할 때 사회적 태만의 정도가 낮아지는 것도 같은 이유다. 또한 조직과 함께 매우 가치 있는 일을 하게 됐을 때도 사회적 태만이 사라진다. 조직이 도전적인 목표가 있는 임무를 수행하고 구성원의 수가 적을 경우 사람들은 목표 달성을 위한 격려를 느낄 수 있으며 한 조직의 구성원으로서 열심히 노력하게 된다.

사람에 따른 말의 무게 : 권위의 효과

최근 A는 새로운 사업계획을 세웠으며 이 일을 분명 성공시킬 수 있다고 자신했다. 하지만 신중한 성격의 팀장은 이 프로젝트가 창의력은 있지만 그만큼 위험성도 크다고 생각했다. A는 팀장과 여러 차례 진지하게 토론을 했지만 그럴수록 두 사람의 의견 차이는 분명해졌다. 팀장의 지지를 받지 못한 A는 마음이 답답했다. 고민 끝에 A는 자신의 선배이자 이 업계에서 전문가로 손꼽히는 B선생을 찾아가 팀장을 설득할 수 있게 도와달라고 부탁했다. A가 계획한 사업은 큰 투자를 해야 했기 때문에 팀장은 그런 모험을 감수하고 싶지 않았다. 하지만 A가 모셔온 B선생은 업계에서 명성이 자자한 공인된 전문가였다. 팀장은 그런 B선생을 존중할 뿐만 아니라 매우 신임했다.

B선생은 팀장에게 A의 프로젝트가 성공할 가능성과 장점을 일일이 열거하며 기꺼이 A의 계획을 지지해달라고 말했다. B선생을 믿었던 팀장은 그제야 A를 지지했다. 바로 '권위의 효과Authority Effect'

가 있었기에 A의 사업계획이 성사될 수 있었던 것이다. '권위의 효과'란 말 그대로, 말하는 사람의 지위가 높고 위신이 있으며 사람들의 존중을 받을수록 그의 말도 정확성을 인정받게 되고 타인의 중시를 받게 되는 효과를 가리킨다.

미국에서 몇몇 심리학자들이 다음과 같은 실험을 한 적이 있다. 그들은 어느 대학의 심리학과 수업에서 학생들에게 다른 학교에서 초청한 독일 교수를 소개했다. 또한 학생들에게 이 교수가 독일의 유명한 화학자라고 말해줬다. 실험을 하는 도중에 이 유명한 화학자는 증류수가 가득 차 있는 병을 꺼내 자신이 최근에 발견한 화학물질인데 설명하기 어려운 냄새가 난다고 말했다. 그런 다음 앉아 있는 학생들 한 명 한 명에게 냄새를 맡게 하고 실제로 냄새를 맡았다면 손을 들어보라고 했다. 그러자 대부분의 학생이 손을 들었다. 어째서 대부분의 학생은 아무런 냄새도 나지 않는 증류수의 냄새를 맡았다고 했을까? 이는 우리 사회에 보편적인 심리현상인 '권위의 효과'가 존재하기 때문이다.

기업의 일상적인 경영과 관리 중에도 권위의 효과를 이용하면 직원의 업무 태도나 행동을 교정할 수 있으며 이는 종종 명령보다 더 효과적일 수 있다. 일반적으로 뛰어난 상사는 권위의 효과를 이용해 기업을 경영할 줄 안다.

상사의 말 한 마디 행동 하나는 직원들의 주목을 받는다. 당신이 어떻게 하느냐에 따라 직원들도 그렇게 따라하며, 당신이 어떻게 생각하느냐에 따라 직원들도 그 방향으로 생각하게 된다. 리더는 직원들의 마음속에 정확성의 상징이기 때문이다. '사장님이 그렇게 했다면 분명 그렇게 한 이유가 있을 것이다'라고 생각하는 것이다. 그러므로 리더가 잘하면 직원들의 마음에 좋은 본보기가 생기는 것이며, 리더가 잘못하면 직원들의 마음에 책임을 떠넘길 적임자가 생기는 것이다.

권위의 효과가 보편적일 수 있는 것은 다음의 두 가지 이유 때문이다.

첫째, 사람들이 안정감을 중요하게 여기기 때문이다. 다시 말해 사람들은 항상 권위 있는 인물이 정확한 본보기라 생각하며 그를 따라함으로써 자신도 안전해진다고 느낀다. 또한 자신이 실수할 가능성도 낮아진다고 생각한다.

둘째, 모든 사람에게는 칭찬과 인정을 받고 싶은 심리가 있기 때문이다. 우리는 항상 권위 있는 인물의 요구가 사회적 규범과 일치한다고 믿는 경향이 있다. 그 때문에 그들의 요구를 따르면 각 방면의 칭찬과 상을 받을 수 있다고 생각한다.

타인에게 나의 행동과 관점을 지지해달라고 설득할 때 권위의 효과를 적당히 이용하면 정력의 낭비를 막을 수 있으며 좋은 효과를 거둘 수 있다.

타인에 대한 근거 없는 평가 : 고정관념

어떤 사람들은 늘 습관적이고 기계적으로 사람을 분류한다. 이를테면 각각의 사람을 어떤 유형이라고 결론을 내린다든지, 특정 유형의 사람들에 대한 평가로 한 사람을 평가하는 식이다. 이렇게 사람을 분류하고 평가할 경우 정확한 판단에 영향을 끼칠 수밖에 없다. 고정관념stereotype은 일종의 편견이다.

많은 사람들이 알고 있는 사람뿐만 아니라 아직 만나지 못한 사람에 대해서도 그리 정확하지 않은 간접적 자료만으로 고정관념을 갖는다. 예를 들어 노인은 보수적이고 젊은이는 충동적이라든지, 영국인은 보수적이고 미국인은 긍정적이라든지 하는 식이다. 이는 모두 실상에 대해 구체적으로 분석하지 않은 상황에서 맹목적으로 남들을 따라하며 머릿속에 형성된 고정관념이다.

사람들이 이렇게 고정관념에 따라 다른 사람을 판단하는 현상을 심리학에서는 고정관념의 효과 혹은 정형화의 효과라고 한다. 즉, 머릿속에 존재하는 어떤 사람 혹은 어떤 부류의 사람에 대한 고정적인 인상으로 사람을 판단하고 평가하는 심리적 현상을 말한다.

한 심리학자가 다음과 같은 실험을 한 바 있다. 일단 그는 한 장의 사진을 두 조의 피실험자에게 따로 보여줬다. 사진 속 인물은 눈이 쑥 들어가고 턱이 밖으로 좀 휜 편이었다. 두 조의 피실험자 가운데 A팀에게는 "이 사람은 죄인입니다."라고 사진 속 사람을 설명했고, B팀에게는 "이 사람은 유명한 학자입니다."라고 설명했다. 그런 다음 두 조의 피실험자들에게 사진 속 사람의 특징에 대해 각각 평가하도록 했다.

그 결과 A팀은 이 사람의 눈이 쑥 꺼진 모양이 그의 흉포함과 교활함을 드러내며 밖으로 휜 턱이 완고한 성격을 표현한다고 평가했다. 반면 B팀은 이 사람의 꺼진 눈이 깊이 있는 사상을 드러내며 밖으로 휜 턱이 진리를 탐구하는 강인한 정신을 잘 표현한다고 평가했다.

어째서 두 조의 피실험자들은 같은 사진을 보고도 이렇게 서로 다른 평가를 내렸을까? 이는 사람들이 사회의 각 계층에 대한 다소 정형화된 이미지를 갖고 있기 때문이다. 그를 범죄자라고 생각했을 때 사람들은 자연스럽게 그의 독특한 눈과 턱이 흉포함, 교활함, 완고함을 드러내는 특징이라 여겼다. 반면 그를 학자라고 생각했을 때 사람들은 마찬가지로 그의 눈과 턱이 깊이 있는 사상과 의지를 드러낸다고 여겼다. 고정관념은 일종의 정형화된 심리인 것이다.

고정관념이 생기는 것은 주로 다음과 같은 두 가지 방법을 통해서다. 첫째, 직접적으로 어떤 사람이나 집단과 접촉한 뒤 그 특징을 고정화시키는 것이다. 둘째, 타인을 통해 얻은 간접적인 정보의 영향으로 형성되는 것이다. 사실 간접적인 정보의 영향은 고정관념이 형성되는 주요한 원인이다. 물론 고정관념도 어느 정도 일리 있는 면이 있긴 하지만, 개괄적이고 추상적이며 막연한 견해로 살아있는 각각의 개체를 대신해서는 안 된다. 하나를 보고 전체를 판단하는 잘못을 저지르면 인간관계에도 실패를 불러올 수밖에 없다. 고정관념은 보통 직접적인 경험이나 정확한 재료에 근거한 것이 아니라 단순히 일시적인 편견이나 근거 없는 소문, 남들이 하는 대로 따라하며 형성된 것이다. 따라서 고정관념 자체가 사실에 부합하지 않거나 심지어 완전히 잘못된 경우도 많다.

　모든 사람은 하나하나의 완전한 생명체로 매우 독창적인 존재다. 세상에 완벽히 똑같은 두 사람은 존재할 수 없으며, 저마다 다른 인생의 경험과 다른 성격적 특징, 독립적인 내면세계를 갖추고 있다. 그러므로 우리는 고정관념으로 자신의 눈을 가리지 말고, 최선을 다해 마음의 눈으로 한 사람 한 사람을 바라봐야 할 것이다.

제 5 장

스스로 치료하는 마음의 병

: 심리학으로 더 건강해지기

나의 심리는 건강한가? : 심리적 건강의 기준

삐뚤어진 자존심 : 허세와 허영

유난히 의심이 깊은 사람 : 의심

할 수 없다는 것을 인정하지 않는다 : 완벽주의

남이 잘 되면 배 아플 때 : 질투심

유난히 속이 좁은 사람 : 편협심

하루라도 못 마시면 : 알코올 의존

정보가 많을수록 불안하다 : 정보 불안

엎치락뒤치락 잠이 안 올 때 : 불면증

사람들의 주목이 좋은 사람 : 연극성 인격장애

집밖을 나서기 두려울 때 : 사회 공포증

스스로 통제할 수 없을 때 : 분노조절장애

감정 표현에 서툰 사람 : 심리적 매듭

나의 심리는 건강한가? :
심리적 건강의 기준

세계보건기구는 건강을 다음과 같이 정의했다. "건강은 신체적으로, 정신적으로, 사회적으로 온전한 상태를 말하며 단순히 병이 없거나 허약하지 않은 상태를 가리키는 것이 아니다." 이 정의를 통해 알 수 있듯이 현대의 건강은 우리가 전통적으로 이해하는 정의와 분명한 차이가 있으며 '신체의 건강과 심리의 건강, 사회적응 능력' 등 세 가지 기본 요소를 포함하고 있다.

넓은 의미에서 심리적 건강은 효율적이고 만족스러운 심리상태를 유지하는 것을 가리킨다. 또한 좁은 의미에서 심리적 건강은 사람의 기본적 심리활동의 과정과 내용이 온전하고 서로 조화를 이루는 것을 말한다. 즉, 인식과 감정, 의지, 행동, 인격이 온전하고 서로 협조해 사회에 적응하고 발을 맞출 수 있는 상태를 가리킨다.

현실에서 심리적 건강과 생리적 건강은 서로 관련되어 있으며 상호작용을 한다. 실제로 심리적 건강은 사람의 생리적 건강에 매순간 영향을 준다. 만약 어떤 사람이 오랫동안 우울한 상태에 빠져 있으면 호르몬 분비에 영향을 미쳐 몸의 저항력이 떨어지며 쉽게 병에 걸릴 수 있다. 원래 건강하던 사람도 자신이 병에 걸린 것이 아닌지 자꾸 의심하면 결국 병을 얻고 만다.

아직까지 구체적이고 객관적인 심리적 건강의 기준이 정의된 것은 아니지만, 아래에 소개하는 내용은 심리 전문가들에게 비교적 공인을 받은 심리적 건강의 기준이므로, 자신의 심리 상태를 점검하는 데에 참고하도록 하자.

(1) 충분한 안정감이 있어야 한다. 안정감은 사람의 기본적인 욕구 가운데 하나로 불안에 떨며 지내다 보면 쉽게 몸이 쇠약해진다. 우울감이나 초조함 등의 심리는 소화기계통의 기능을 저하시키고 그로 인해 병에 걸릴 확률이 높아진다.

(2) 자신을 충분히 이해해 자신의 능력에 대해 적합한 판단을 내려야 한다. 자신의 능력에 부치는 일을 강요받으면 마음만큼 몸이 따라주지 않게 된다. 이렇게 부담스러운 일을 계속하게 되면 건강에 문제가 생길 수 있다.

(3) 생활의 이상과 목표가 현실에 부합돼야 한다. 사회의 생산발전 수준과 물질적 생활조건은 결국 한계가 있게 마련이다. 만약 생활의 이상과 목표가 지나치게 높으면 심리적 좌절감을 느낄 수밖에 없으며 심신의 건강에 불리해진다.

(4) 외부환경과 좋은 관계를 유지해야 한다. 사람의 심리적 욕구

는 다층적이라 외부환경과 접촉할 때 자신의 행동을 조정할 수 있어야 한다.

(5) 개성을 온전하고 조화롭게 유지해야 한다. 개성 가운데서도 능력과 흥미, 성격, 기질 등의 각종 심리적 특징들이 서로 조화를 이루어야만, 개성의 에너지를 마음껏 발휘할 수 있다.

(6) 일정한 학습능력을 갖춰야 한다. 현대 사회는 지식의 갱신 속도가 빨라 새로운 정세에 적응하려면 끊임없이 새로운 것을 배워야 한다. 그래야만 생활과 일이 순조로워진다.

(7) 양호한 인간관계를 유지해야 한다. 인간관계에도 긍정적이고 적극적인 관계와 부정적이고 소극적인 관계가 있다. 이런 인간관계가 조화를 이루느냐에 따라 사람의 심리적 건강에 큰 영향을 미친다.

(8) 적절히 정서를 발전시키고 통제해야 한다. 사람은 누구나 희로애락 등 다양한 정서를 느끼지만 불쾌한 기분일수록 빨리 풀어야 심리적 평형을 이룰 수 있다. 하지만 감정의 발산이 지나쳐서도 안 된다. 자신의 생활에 영향을 줄 뿐만 아니라 인간관계의 갈등을 심화시키기 때문이다.

(9) 자신의 재능과 취미를 최대한 발휘해야 한다. 다만 이로 인해 타인의 이익을 방해하거나 집단의 이익에 해가 되면 안 된다.

(10) 사회의 도덕적 규범을 위배하지 않는 한 개인의 기본적 욕구가 어느 정도 만족되어야 한다. 개인의 기본적 욕구는 합리적이고 합법적으로 만족되어야 한다.

삐뚤어진 자존심 :
허세와 허영

허영심은 일종의 왜곡된 자존심으로, 부적절한 거짓 방식으로 자신의 자존감을 보호하려는 심리상태다. 명예를 얻고 보편적 주의를 끌기 위해 표현되는 비정상적인 사회적 감정인 것이다.

어떤 사장은 사업에 실패한 뒤에도 원래 하던 대로 입고 쓰려 애를 썼다. 행여 사람들이 자신의 보잘 것 없는 신세를 알아챌까 두려웠기 때문이다. 그는 다시 재기하기 위해 자주 사람들에게 밥을 사며 인간관계가 끊어지지 않게 노력했다. 모임이 있으면 렌터카를 빌려 손님을 맞으러 갔고 각종 진귀한 요리로 그들을 대접했다. 하지만 각자 꿍꿍이가 있는 손님들은 배불리 먹고 그의 집을 떠날 때 감사의 뜻을 전하면서도 그를 동정의 눈빛으로 볼 뿐 먼저 나서서 도와주려 하지 않았다.

사람의 욕망은 처음부터 타고나는 것이다. 하지만 모든 생명은 하나의 집단 안에 속해 있고, 집단의 개체는 서로 다르고 차이가 날 수밖에 없다. 이런 상황에서 서로 비교하고 질투하다 보면 허영심이 생겨나는 것이다. 다시 말해 허영심은 남과의 비교, 질투, 욕망 등과 함께 생긴다. 허영심의 지배를 받는 사람은 현실적인 조건을 감안하지 않은 채 겉으로 드러나는 좋은 것만을 추구한다. 때로 허영심은 범죄의 동기가 되기도 하며 불행한 결과를 불러오기도 한다. 하지만 이렇게 허영심에 가득 찬 사람의 내면은 공허한 경우가 많다. 그들의 겉으로 드러나는 허영심과 마음속 공허함은 끊임없이 서로 다툼을 벌인다. 허영심이 만족되기 전에는 자신이 타인보다 못하다는 현실에 고통스러워하며, 허영심이 만족되고 나면 자신의 본모습이 드러나 괴롭힘을 당하게 될까봐 두려워한다. 허영심이 많은 사람의 마음은 늘 고통스러우며 온전한 행복을 누릴 수 없다.

허영심이 강한 사람은 남들 앞에서 자신이 지난날 어떤 영광을 누렸으며, 현재 어떤 대단한 성과를 거뒀는지 자랑하기를 좋아한다. 그들은 말도 안 되는 호언장담을 하고, 내키는 대로 허세를 부리며, 남의 이목을 끌어 칭찬받으려 하고, 할 수도 없는 일을 할 수 있다고 하며, 모르는 일을 아는 척한다. 이는 모두 자신을 대단하게 보이도록 하기 위해서다. 또한 이런 사람은 빛나는 명성과 지위가 높은 친구를 좋아해 타인의 영광을 빌려 자신의 부족한 점을 감추려 한다.

그러므로 허영심은 정확히 파악해 합리적이고 적당히 이용해야 하며 결코 함부로 내버려둬서는 안 된다. 이를 위해 먼저 자기인식 능력을 높여야 한다. 자기인식 능력을 높여 자신의 장단점을 정확히 인식해야 하며, 자존심과 허영심의 구분을 분명히 해야 한다. 또한 동조의 심리에서 벗어나야 한다. 사회에 옳지 못한 나쁜 풍조가 범람할 경우 의지가 약한 사람들은 남의 장단에 맞춰 따라하는 동조 행동을 보일 수도 있다. 타인의 비웃음을 사지 않기 위해 자신의 객관적 상황도 따지지 않고 맹목적으로 따라하는 것은 더 큰 문제를 불러일으킬 뿐이다. 그리고 맹목적으로 비교하는 심리를 극복해야 한다. 자신보다 지나치게 높은 수준의 타인과 자꾸 비교하면 영원히 심리적 균형을 유지할 수 없으며 허영심만 강해질 뿐이다. 우리가 비교할 대상은 지난날의 자신이며, 과거에 비해 각 방면에서 나아졌는지를 비교해야 한다.

유난히 의심이 깊은 사람 : 의심

먼 옛날, 어떤 사람이 도끼를 잃어버리고 이웃이 훔쳐간 것이 아닌지 의심했다. 그가 이웃을 살펴보니 걷는 모양이나 말하는 모습이 딱 도둑 같았다. 그는 이웃이 분명 도끼를 훔쳤을 것이라고 확신했다. 하지만 얼마 뒤, 그는 자신의 집에서 잃어버린 도끼를 찾았다. 그러고 난 다음 다시 이웃을 살펴보니 말하는 것이나 걷는 모양 등이 도둑과는 전혀 달랐다.

도끼를 잃어버렸던 이 사람은 어째서 한 사람을 두고 확연히 다른 판단을 내리게 된 것일까? 이는 의심이 주관적인 상상과 추측일 뿐 객관적인 사실에 근거한 것이 아니란 뜻이다.

살다 보면 유난히 의심이 많은 사람을 종종 만나게 된다. 그런 사람은 남들이 뒤에서 자신에 대해 나쁜 말을 하거나 나쁜 짓을 한다고 생각한다. 물론 사람이라면 누구나 남들이 나에 대해 뭐라고 말하는지 신경 쓰며 기분 나빠할 때가 있지만, 평소 의심하기를 좋아하는 사람은 자신에 대한 외부와 다른 사람의 태도에 특별히 신경을 쓴다. 또한 남의 말 한 마디에 하루 종일 속을 끓이며 그 말에 다른 숨은 뜻이 있는 것은 아닌지 찾아내려 애쓴다. 이런 사람은 다른 사람과 자연스럽게 어울리지 못한다. 또한 이런 상황이 길어지면 자신의 기분도 나빠질뿐더러 인간관계에도 영향을 미치게 된다.

남을 의심하는 심리가 생기는 것은 대개 다음의 네 가지 원인 때문이다.

(1) 잘못된 사고의 정형화 : 의심을 자주 하는 사람은 어떤 가상의 목표를 기점으로 자신의 인식과 이해 정도에 따라 순환적 사고를 계속한다. 이런 사고는 가상의 목표에서 시작해 다시 가상의 목표로 돌아오기 때문에 누에가 실을 뱉어 고치를 만드는 것처럼 자신의 틀 안에 갇혀버리고 만다.

(2) 상호 간에 결여된 믿음 : 한 사람이 다른 사람에 대한 믿음이 부족하면 의심의 심리가 생겨나며, 소통의 의지가 없는 한 이는 갈수록 커지게 된다.

(3) 불량한 심리적 상태 : 의심이 심한 사람은 보통 생각이 좁고 이기적이며 자존심이 지나치게 강하고 질투심이 많다.

(4) 유언비어의 영향 : 근거 없는 뜬소문을 믿으면 의심을 하기 쉽다. 의심은 보이지 않는 밧줄 같아서 우리의 사고를 묶고 친구나 가까운 사람으로부터 멀어지게 한다.

의심이 심해지면 일어나지 않거나 일어날 수 없는 일 때문에 걱정하며 우울해하게 된다. 의심이 많은 사람은 질투심도 강해 생각의 폭이 좁은 편이다. 그 때문에 친구들과 사이좋게 지낼 수 없으며 그 결과 더 이상 사람을 사귈 수 없어 외로운 신세가 되기 십상이다. 이럴 경우 심신의 건강에 해를 끼칠 수 있으므로 자신을 바꾸려고 다음과 같이 노력해야 한다.

우선 이성을 키우고 감정에 치우쳐 일하지 않도록 해야 한다. 의심이 많은 사람은 부정적인 자기암시에 빠져 있기 때문에, 자신의 의심에 빈틈이 없고 근거가 분명하다고 생각한다. 앞서 소개한 '이웃이 도끼를 훔쳤다고 의심한 사람'의 이야기가 바로 그 전형적인 예다. 이런 사람은 어떤 일을 만났을 때 냉정을 유지하도록 애쓰며, 상대방의 긍정적인 점과 부정적인 점을 객관적으로 수집해서, 정형화된 사고에 빠지지 않게 해야 한다. 둘째, 사고를 전환할 필요가 있다. 머릿속으로 혼자 멋대로 생각하면 의심은 더욱 커진다. 생각의 방향을 바꿔 좋은 사람이나 사물을 생각하다 보면 의심에서 어느 정도 벗어날 수 있다. 셋째, '자신에게 엄격하고, 남에게 관대하게 대하는' 원칙을 고수해야 한다. 의심이 깊은 사람은 대부분 자신에 대한 요구는 높지 않고 다른 사람에 대한 요구는 가혹하리만큼 높다. 하지만 다른 사람에 대한 요구가 높지 않다면 그들의 말과 행동의 변화에 그리 엄격할 이유가 없다. 넷째, 자신을 위로하는 방법을 배우자. 살면서 다른 사람의 비난 혹은 터무니없는 소문과 맞닥뜨리거나 타인과 오해가 생겼을 때 괜히 호들갑떨며 놀랄 필요가 없다. 생활의 사소한 부분에 전전긍긍하기보다 두루뭉술하게 생각하면 오히려 고민을 피할 수 있다. 만약 다른 사람이 자신을 의심하는 것 같다면 남들의 쓸데없는 말에 얽매일 필요가 없다고 자신을 위로하며 신경 쓰지 않으면 된다.

할 수 없다는 것을 인정하지 않는다 : 완벽주의

사람은 누구나 어느 정도 완벽을 추구하려는 경향과 욕망이 있다. 이런 경향은 인간이 자아를 실현하고 자기를 초월하려 하는 힘의 원천이 된다. 완벽을 추구하는 경향 덕에 사람은 비교적 높은 목표를 설정하고 그것을 완수하기 위해 노력할 수 있다.

하지만 이런 경향이 지나치면 완벽주의가 되고 만다. 심리학적으로 봤을 때 '완벽주의'는 완벽에 대한 일종의 극단적인 추구다. 자아를 온전히 하고, 건강하게 완벽을 추구하며, 높은 기준에 이르려고 노력하는 과정에서 즐거움을 느끼는 사람은 완벽주의자가 아니다. 심리학에서 말하는 완벽주의자는 개인의 이상과 도덕의 기준이 지나치게 높아 현실에 부합하지 않고, 눈에 띄게 강요하는 경향이 있어 스스로 할 수 없는 일을 해야 한다고 요구하는 그런 사람이다.

완벽주의자는 자신이나 타인의 약점과 부족한 점을 받아들이고 싶어 하지 않으며 매우 까다롭다. 이를테면 항상 우아한 자태와 고상한 기질, 부드러운 말투와 행동을 유지하는 사람이라 해도 이것이 자신이 정한 지나치게 높은 이상의 기준을 지키기 위한 것이고 강요하는 특징이 있다면 건강하게 완벽을 추구하는 정상적인 마음가짐이라 할 수 없다.

완벽주의자는 겉으로는 자부심이 강한 편이지만 사실 내면 깊은 곳에는 심한 열등감이 존재한다. 이런 사람은 자신의 장점은 거의 보지 못하며 항상 자신의 약점에만 신경을 쓴다. 또한 만족을 모르며 자신에 대해 인정하는 일이 드물다.

완벽주의자는 인간관계에 있어서도 자신의 완벽한 역할을 지키려고 매우 좁은 틀 안에 산다. 실제로 이런 사람은 집단에 속하고 싶어도 자신의 결점이 드러날까 두려워 제대로 시도하지 못한다. 또한 자신의 감정을 잘 드러내지 못하며 자신의 관점과 태도도 잘 표현하지 못한다. 이렇게 겹겹의 틀로 자신을 구속하며 완벽한 기준을 자신에게 요구하면 무거운 부담감과 깊은 자책을 느낄 뿐이다. 또한 다른 사람의 칭찬에도 어찌할 바를 모르며 자신은 아직 멀었다고 여긴다.

20세기 7, 80년대 미국의 심리치료학계에서는 치료를 필요로 하는 다음과 같은 부류의 사람들을 발견했다. 그들은 대부분 성공한 상인이거나 예술가, 의사, 변호사, 사회활동가 등으로 자신의 영역에서 뛰어난 성취를 거뒀다. 하지만 그들의 노력은 그들에게 기대한 만큼의 행복한 생활을 가져다주지 못했다.

심리학자들은 이 사람들의 자아가 분리 상태에 있음을 알아냈다. 그들은 성공을 거뒀을 때 기쁨을 느끼면서도 내면 깊은 곳에는 심각한 무가치감과 자기 비하감을 숨기고 있었다. 바로 이런 결핍이 그들로 하여금 못 하는 것이 없는 완벽주의란 투구와 갑옷으로 자신을 보호하게 한 것이다. 그들은 그 어떤 성공도 자신에게 행복을 가져다주지 않았으며, 누구도 자신을 이해하지 못한다고 원망했다.

이런 완벽주의 성향은 어린 시절의 가정교육에서 비롯되는 경우가 많다. 그들의 부모는 아이에게 지나치게 높고 완벽한 기준을 세워주며 아이들을 칭찬하지 않는다. 이런 상태가 오래 지속되면 아이는 자꾸 자신의 잘못을 찾아내려 하고, 스스로 칭찬과 존중을 받기에 어울리지 않는다고 여기며, 습관적으로 자신을 탓하려 한다. 심지어 자신을 학대할 때 '쾌감'을 느끼기도 한다.

이런 끔찍한 성격을 바꾸려면 당사자가 자신을 평가하는 기준을 새롭게 세워야 한다. 본래의 완벽하고 가혹하며 전반적으로 자신을 부정하는 경향이 강한 기준을, 합리적이고 관용적이며 자신을 인정하고 격려하는 기준으로 바꾸는 것이다. 또한 자신을 더 많이 칭찬하고, 과거에 성공했던 사례를 종이에 적어보며 사람들의 칭찬을 기꺼이 받아들여 감사의 마음을 표현하도록 해야 한다.

누군가 외국에서도 많은 인기를 끌고 있는 여배우에게 스스로 외모가 완벽하다고 생각하느냐고 물었다. 그녀는 그 물음에 "아뇨. 저는 제 외모가 완벽하다고 생각하지 않아요. 오히려 좀 부족한 면이 있어서 많은 분들이 더 사랑해주시는 것 같아요."라고 대답했다. 자신의 부족함을 알고 있는 그대로 받아들일 줄 아는 사람은 자신감이 있고 마음이 건강하다. 인생이란 사실 축구와 같아서 아무리 위대한 축구 스타도 경기 중에 실수를 하게 마련이다. 우리의 목표는 최고의 수준을 선보이도록 노력하는 것이지만 그렇다고 발이 닿을 때마다 멋진 패스가 나오거나 차는 족족 골을 넣을 수는 없다. '완벽'을 추구하는 데에 골몰하는 사람은 실제로는 완벽한 사람이 아니다.

남이 잘 되면 배 아플 때 :
질투심

"질투는 사람으로 하여금 잠깐의 쾌감을 얻게 하지만 더욱 불행하고 괴롭게 만든다."라고 철학자 프랜시스 베이컨은 말한 바 있다. 질투가 강한 사람은 다른 사람이 앞으로 가면 자신이 뒤처지는 것처럼 느낀다. 그 때문에 두려움과 굴욕, 열등감, 짜증 등의 부정적인 감정에 사로잡히는데, 이럴 때 가장 많이 취하는 행동이 바로 상대의 단점을 찾아내는 것이다.

질투심이 강한 사람은 어떻게든 타인을 깎아내려 자신과 비슷한 수준으로 맞추려 한다. 혹은 상대의 동기를 의심하거나 그가 위선적인 방법을 쓴다고 비난하며 그가 이룬 대단한 성취를 하찮게 만들려 한다. 그러므로 질투로 인해 생겨나는 마음가짐들은 종종 부정적이고 의기소침하다든지, 상대에게 이를 갈고 분노한다든지, 이판사판으로 상대와 자신을 모두 망가뜨리려 하는 식으로 표현된다. 이처럼 질투는 무덤보다 참혹한 것이다.

미국의 심리학자 로다 바루크Rhoda Barch는 "질투하지 말라. 대신 다른 사람이 할 수 있는 일은 나도 할 수 있으며 심지어 더 잘 할 수 있다고 가정해보라."라고 말한 바 있다. 일단 질투를 한다는 것은 자신이 남보다 못하다는 것을 인정하는 일이다. 만약 당신이 다른 사람을 뛰어넘고 싶다면 우선 자신을 뛰어넘어야 한다. 영국의 문학가 알렉산더 포프Alexander Pope는 "마음이 비열한 사람은 질투의 노예가 되지만 학문과 자질이 있는 사람은 질투를 경쟁심으로 만든다."라고 말했다. 다른 사람의 재능이 자신의 앞길에 아무런 장애가 되지 않는다고 믿으며 자신에게 좋은 경쟁상대나 본보기가 생겼다고 생각하면 오히려 전에 없던 힘을 얻을 수 있다. 사실 진정으로 자신의 일에 몰두한 사람은 남을 질투할 새가 없다.

심리학적으로 분석하자면 질투는 일종의 병적인 심리다. 다른 사람이 어떤 방면에서 자신보다 낫다고 생각했을 때 부러움이 짜증과 미움의 감정으로 전환되는 것이다. 질투의 대상은 범위가 매우 넓어 사람은 물론 일이나 사물을 질투하기도 한다.

질투는 보통 발생하는 속도와 강도에 따라 '격정적인 감정과 관련된 질투'와 '마음의 상태와 관련된 질투'로 구분된다. 전자의 질투는 강한 격정을 동반하며 기세가 난폭하고 빠르게 발전해 스스로 컨트롤하기 어렵다. 반면 후자의 질투는 느리지만 꾸준히 생겨나는 것으로 전자만큼 몸에 영향을 미치지는 않지만 사람의 성격을 바꿔놓기도 한다. 이런 사람은 우울감을 느끼며 걱정이 많고 외로워하며 울화가 병이 되기도 한다.

현대의 정신면역학 연구에 따르면 뇌와 인체의 면역계통은 밀접한 관련이 있다. 질투가 초래하는 대뇌피질 기능의 혼란은 인체 내 면역계통인 흉선과 비장, 임파선, 골수의 기능을 저하시키며, 인체의 면역세포와 면역 글로불린의 생성을 감소시켜 인체의 저항력을 크게 떨어뜨린다. 이렇게 몸과 마음의 건강은 물론이고 생활이나 인생, 업무, 사업 등에도 부정적인 영향을 끼친다.

그렇다면 어떻게 해야 질투란 감정을 극복할 수 있을까? 우선 질투란 심리의 위험성을 충분히 인식해야 한다. 질투는 사회생활의 부식제로 사람의 성품을 부식시키고, 사람이 하는 일이나 이미지, 심신의 건강에 해를 끼친다. 과격한 정서를 극복하고 자신감을 키우려면 개인의 마음 상태나 기분의 간섭을 받지 않고 사람을 대하도록 노력해야 한다. 또한 자신의 가치를 확인하는 방식을 바꿀 필요가 있다. 다른 사람과의 단순한 비교는 종종 편파적인 견해를 초래할 수 있다. 연구에 따르면 자기 가치 확인이 사회적 기준(주변 사람이나 사회에서 유행하는 관념 등)에 좌우될수록 질투심이 생기기 쉽다. 반대로 자신만의 사고와 내재된 기준을 참고로 할수록 질투심은 줄어든다. 개인의 가치를 드러낼 수 있는 부분은 다양하지만 각각의 사람들이 지닌 장점과 단점은 서로 다르게 마련이다. 그러므로 하나의 통일된 기준으로 사람의 가치를 가늠하는 것은 옳지 않다. 우리의 인생에서 훨씬 중요한 일은 다른 사람을 넘어서는 것이 아니라 끊임없이 자신을 넘어서는 것이다.

유난히 속이 좁은 사람 :
편협심

편협함은 속이 좁고 포용심이 부족한 심리와 인격적 결함을 가리킨다. 편협한 사람은 인색하고 사소한 것에 집착하며 약간의 손해도 견디지 못해 어떻게든 그 손실을 메우려 한다. 뿐만 아니라 이런 사람은 타인의 비판을 받아들이지 못하고 조금의 굴욕, 우연히 입은 피해도 견디지 못하며 이런 것들을 마음에 두고 있다가 틈만 나면 복수를 하려 한다. 또한 아주 작은 실수도 엄청난 실패나 좌절로 받아들여 오랫동안 제대로 먹고 자지 못하며 불안에 떤다. 이런 사람은 인간관계의 폭이 좁으며 적은 친구 사이에서만 의리를 외친다. 자신과 뜻이 같거나 자기보다 못한 사람들과만 사귀며, 자신과 의견이 다르거나 자기보다 강한 사람은 용납하지 못한다.

실제로 우리도 살다 보면 이런 편협함 때문에 상처를 입는 경우가 종종 있다. 예를 들어 당신이 한 회사의 직원인데 상사가 자신의 가까운 심복들만 돌봐 그의 눈에 들지 못한다든지, 당신은 정직하고 성실한 직원인데 오히려 이런 점 때문에 사장의 미움을 사 괴롭힘을 당한다든지, 당신이 장애인이라고 다른 사람들의 무시를 당한다든지, 당신의 주장을 한 번 펼쳤다고 '말을 안 듣는다', '자기만 잘났다' 같은 죄목을 씌운다든지 하는 것들 모두 편협함 때문에 생긴 일이다.

그렇다면 편협한 생각은 어디에서 비롯되는 것일까? 일반적으로 폐쇄는 편협함을 만드는 중요한 원인이며 이외에도 출신이나 경력, 성격 등 다양한 요인이 작용한다. 폐쇄란 외적인 환경의 폐쇄와 내적인 마음의 폐쇄가 있으며, 때로는 두 가지가 하나로 합쳐지는 경우도 있다. 보통 편협함은 가정 환경과 큰 관계가 있다. 이를테면 부모가 마음이 편협하고 불량한 생활습관이 몸에 배어 있으면 자식에게도 은연중에 영향을 주게 된다. 자녀의 편협한 성격은 부모의 복제판인 경우가 종종 있다. 그밖에도 우월한 생활환경이나 지나치게 예뻐하는 교육방법이 자녀를 제멋대로에 오만하고 이기적인 사람으로 만들기도 한다. 이런 사람은 조금만 굴욕을 당해도 마음에 담아두며, 자신과 '다른' 사람들을 결코 용납하지 못한다.

편협한 사람은 좁은 테두리 안에서 살 뿐만 아니라 알고 있는 지식의 폭도 매우 좁다. 그러므로 편협함에서 벗어나려면 넓은 시야가 매우 중요하다. 이를 위해 다양한 직접적인 경험을 해보는 것이 좋다. 풍부한 여가생활을 즐기며 다양한 문화적 경험과 체육활동 등에 참여하면 흥미의 범위를 넓힐 수 있고 그 속에서 신선한 자극을 느낄 수 있다. 이렇게 생활의 아름다움을 느끼고 성품을 연마하다 보면 건강한 분위기 속에서 자신의 정신을 강화할 수 있으며 심리적 부담을 해소할 수 있다. 또한 더 많은 사람과 접촉하며 스스로 다양한 사람에 대해 다양한 인식을 할 필요가 있다. 경험이 쌓이면 그 속에서 수많은 옳고 그름의 도리를 깨닫게 될 것이다. 포용의 미덕을 갖추지 못하고 무슨 일에든 시시콜콜 따지는 이는 분명 편협한 사람이다. 이런 사람의 맹목적인 행동은 생각지도 못한 나쁜 결과를 야기할 수도 있다. 그리고 나보다 집단을 중시하는 정신을 길러 조화롭게 사람들과 어울릴 줄 알아야 한다. 특히 사람들을 대할 때 친절하고 솔직한 태도로 서로 도움을 주고받아야 하며 '나'를 '집단' 속에 융화시켜야 한다. 더 많은 사람들과 교제하고, 서로를 이해하며 소통하고, 더 철저히 상대와 자신을 이해해야 하며, 가슴을 활짝 열어야 한다. 만약 이를 지키지 못하고 자신과 의견이 다르거나 자기보다 강한 사람과 어울리기를 거부하는 사람은 자신만의 작은 틀 안에서 배회할 수밖에 없다.

하루라도 못 마시면 :
알코올 의존

중국 진晉나라 죽림칠현 가운데 하나인 유령劉伶은 노자와 장자를 숭상하고 〈주덕송酒德頌〉이란 시를 지을 만큼 술을 좋아했던 선비로 후대에 이름을 남겼다.

 그는 집밖을 나설 때마다 술병을 들고 다니며 삽을 들고 뒤따르는 하인에게 말했다. "내가 길에서 죽거든 그냥 땅에 묻어주게." 그는 항상 술에 취한 채 길을 걸어 다녔고, 집에 들어가면 술기운이 올라와 문도 닫지 않은 채 옷을 벗어버렸다. 그의 집을 찾았다 벌거벗은 채 술을 마시고 있는 그를 보면 상대가 겸연쩍어 아무 말도 하지 못했다. 그럴 때마다 유령은 오히려 상대를 질책하며 물었다. "천지를 내 집으로 삼고, 집을 내 바지로 삼았는데 그대들은 어찌 내 바짓가랑이 사이로 들어오는 게요?"

 이런 유령을 보며 속이 터진 아내는 어느 날 집에 있는 술이란 술은 다 집어던지고 울며 말했다. "어찌 이렇게 계속 살 수 있겠습니까? 제발 부탁이니 술 좀 끊으십시오." 유령은 아내를 달래며 말했다. "알았네, 알았어. 나 혼자 힘으로는 끊을 수 없으니 귀신에게 맹세해보겠네. 그러니 귀신에게 바칠 술과 고기를 좀 내오게." 그 말에 유령의 아내는 귀신에게 바칠 술과 고기를 차려왔다. 유령은 그 상 앞에서 절을 하며 말했다. "하늘이 나 유령을 낳고, 술로 이름을 얻게 했으니 한 번 마시면 한 휘(열 말에 해당하는 용량 단위-역주)를 마시고 다섯 말을 마셔야 술이 깹니다. 그러니 아내가 하는 말은 절대 듣지 마시옵소서." 그러더니 그는 귀신에게 바친 술과 고기를 먹고 마시며 인사불성이 되어버렸다.

아마 유령처럼 중독의 정도가 심한 사람은 그리 많지 않을 것이다. 하지만 실제 생활에서도 우리는 술에 의존하는 사람들을 꽤 볼 수 있다. 알코올 의존이란 음주로 인해 초래되는 알코올을 갈구하는 일종의 심리상태를 말한다. 이는 연속성이나 주기성이 있으며 음주 후 느끼게 되는 쾌감의 심리적 효과이기도 하다. 때로는 술을 마시지 않으면 불편한 느낌이 들기도 한다. 술에 대한 이런 갈구는 매우 강력해 일반적으로 음주의 시간과 양이 일정한 정도에 이르면 자신의 행동을 통제할 수 없게 된다. 더불어 술을 마시지 않으면 금단증상이 나타나는데 이런 모든 증상을 가리켜 알코올 의존이라고 한다.

심리적으로 술에 대한 의존을 끊고 싶다면 스스로 무절제한 음주가 얼마나 위험한 것인지 확실히 이해하고 '건강이 제일'이란 원칙을 세워 자신을 자제할 수 있는 조치를 취해야 한다. 이를 위해 다음과 같은 몇 가지 방법을 참고해보기를 바란다.

(1) 술을 마시고 싶은 충동이 들 때 당신은 즉각 이런 생각이 '건강의 방어선'을 위협하는 거센 파도임을 떠올리며 굳건히 5~10분만 견뎌보라. 산책을 하거나 음악을 듣는다든지 친구를 만나 이야기를 나누는 등의 방법으로 의식을 전환시키는 것도 좋다.

(2) 자발적으로 술을 마시게 되는 요인을 피하도록 하라. 특히 원래 함께 술을 마시던 친구를 가능한 한 적게 만나고, 자주 가던 술집도 가지 않도록 해야 한다.

(3) 일단 술에 중독이 되면 며칠 만에 끊기 어렵다. 이때 가족과 친구의 지지가 금주에 매우 중요한 역할을 한다. 예를 들어 매일 저녁을 먹을 때 완전히 취할 때까지 술을 마시는 버릇이 있는 사람이라면 술잔을 치우고 식사 후 먹을 과일을 놓아보라. 가족이 함께 밖으로 산책을 가거나 텔레비전을 보는 것도 좋다.

(4) 스스로 술을 마실 핑계를 절대 찾지 말아야 한다. 이를테면 술장에 남아 있는 술 몇 병만 다 마시고 안 마시겠다든지, 독한 양주는 안 되지만 맥주나 와인은 괜찮다든지, 다른 술은 안 되지만 이 술은 친한 친구가 사온 귀한 술이라 마셔야 된다든지 하는 말은 모두 핑계에 불과하다. 한숨 돌릴 기회를 주지 않아야 즉각적인 효과를 볼 수 있으며 무절제한 음주의 악순환을 끊을 수 있다.

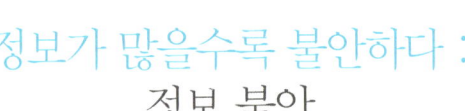

정보가 많을수록 불안하다 :
정보 불안

정보가 폭발하는 요즘 같은 시대에 사람들은 기하급수적으로 늘어나는 엄청난 양의 정보를 흡수해야 한다. 그에 반해 사람들의 사고 패턴은 아직 이렇게 많은 양의 정보를 받아들일 수 있는 단계로 조정되지 못했다. 그로 인해 자아강박과 긴장 증상이 연이어 발생하게 되는데 이를 '정보 불안information anxiety'이라 한다. 정보 불안은 과다한 정보를 흡수할 때 발생하는 신경증세로 아직 현대 정신건강이나 심리건강 학술 범위 안에 포함되지는 않지만, 정신의학 가운데 '불안장애anxiety disorder'와 매우 흡사한 증상을 보인다. 이 증상은 보통 25~40세 사이의 고학력자에게서 나타나며 그 어떤 병리학적 변화나 기관조직의 변화 없이 갑자기 발생한다. 메스꺼움과 구토, 불안, 신경쇠약, 정신적 피로 등의 증상이 나타나며 여성의 경우 생리통이 심해지거나 일시적인 생리 중지 혹은 폐경 등의 부인과 질환을 앓기도 한다. 발병의 간격은 일정하지 않으며 최초의 발병 시기도 사람에 따라 다르다.

　30대 초반의 A는 성격이 활달하고 마음이 넓은 사람으로, 유명 출판사에서 편집자로 일하고 있으며 동료들과도 원만한 관계를 유지하고 있다. 하지만 최근 언제부터인가 통 잠을 자지 못하고 입맛도 떨어져 정신을 제대로 차리지 못하고 있다. 뿐만 아니라 별 것도 아닌 일로 아내와 대판 싸움을 벌이기도 했다. 이런 증상이 나타난 뒤 사무실의 동료들은 그에게 제대로 말을 걸지 못하고 행여 마주칠까 두려워한다. A 역시 이런 자신의 변화를 눈치 채고 병원에 찾아가 검사했지만 어떤 병도 발견되지 않았다.

　인터넷 사이트의 편집 담당자인 B도 A와 같은 문제로 골머리를 앓고 있다. 그녀는 매일 국내외 각종 미디어의 정보를 검색하고 엄선한 뒤 사이트에 등록하는 일을 하고 있다. 그런데 요즘 그녀에게 이상한 증상이 나타나기 시작했다. 매일 밤마다 머리가 아프고 구역질이 날 뿐만 아니라 일상적인 업무를 할 때도 머리가 맑지 않아 정신을 집중할 수 없고 동료와 만나도 긴장이 된다.

　전문가들은 A와 B 같은 경우에 대해 단순히 눈에 보이는 병의 증세에 따라 대응해서는 안 된다고 지적한다. 현대의 의학과 심리학의 발전에 따라 정신질환도 완화돼야 옳지만 안타깝게도 과학과 문명이 발달하면서 사람들의 심리는 더욱 복잡하고 외로워지고 있다. 정보 불안은 바로 이런 시대의 산물이라 할 수 있다. 다시 말해 정보 불안은 불안 장애의 또 다른 형식에 속한다고 하겠다.

　그러나 다행히도 정보 불안 자체는 그리 두려운 질병이 아니며 다른 정신질환으로 전환될 우려도 없다. 발병의 원인을 의식하고 그에 맞춰 정확히 치료한다면 효과적으로 증상을 완화시킬 수 있다. 또한 아래에 소개하는 몇 가지 방법을 참고한다면 치료에 도움이 될 것이다.

(1) 매일 충분한 수면을 취해야 하며 8시간 혹은 그 이상 자는 것이 좋다. 또한 매일 자기 전에 15분 정도 운동을 하면 수면에 도움이 된다. 가능한 한 규칙적으로 생활하되 불필요한 오락 활동을 줄인다.

(2) 정보량이 방대한 각종 매체의 접촉을 줄이고 그 종류를 하루에 2가지 이하로 제한해 많은 정보가 자신을 자극하지 않도록 한다.

(3) 매일 비슷한 업무 계획을 세워 뜻밖의 상황이 발생하는 것을 막고 계획에 따라 일을 진행한다.

(4) 녹색 채소의 섭취량을 늘리고 매일 3천~4천 밀리미터의 물을 마신다. 나쁜 식습관을 버리고 자극적 물질을 사용하지 않도록 주의하며 술을 마시지 않는다. 또한 의사의 처방에 따라 비타민C와 신경질환 약품을 섭취하면 좋다.

엎치락뒤치락 잠이 안 올 때 : 불면증

수면은 인생의 풀기 힘든 수수께끼이자 즐거움이다. 하지만 어떤 사람들은 좀처럼 수면의 즐거움을 누리지 못한다. 사회의 리듬이 빨라지면서 갈수록 많은 사람들이 불면증에 시달리고 있다.

불면증이란 사람들이 수면의 시간이나 질에 대해 불만을 느껴 낮의 사회생활에까지 영향을 미치는 주관적인 체험이다. 불면증으로 생기는 증상들도 매우 많은데, 쉽게 잠들지 못하거나 깊이 잠들지 못하고, 꿈을 많이 꾸고 일찍 깨며, 깨어난 뒤에는 쉽게 잠들지 못하고, 깨고 난 뒤에 피곤함을 느끼고 졸린 것 등도 모두 이런 증상에 포함된다. 불면증에 걸린 사람은 쉽게 초조해하고 우울해하거나 두려움을 느낀다. 더불어 정신활동의 효율이 저하되어 사회생활을 하는 데에 있어 방해가 된다.

일반적으로 수면의 시간이 어느 정도인지로 개인의 수면이 충분한지 아닌지를 결정할 수는 없다. 사람마다 적당한 수면 시간은 다르기 때문이다. 어떤 사람은 하루에 4, 5시간만 자도 충분하지만 어떤 사람은 하루에 꼭 10시간씩 자야 만족감을 느낄 수 있다. 사실 불면증은 하나의 증상일 뿐 병이 아니다. 마치 열이 나거나 복통이 있을 때 이런 증상은 병의 상징일 뿐 잠재된 병의 원인을 찾아 치료해야 하는 것처럼 겉으로 보이는 불면증의 증상만 치료하면 안 된다.

불면증은 지속되는 시간의 길이에 따라 일과성 불면증(일주일 이내), 단기성 불면증(1~3주), 장기성 불면증(3주 이상)으로 나눈다. 일과성 불면증은 거의 모든 사람이 경험하는 것으로 큰 부담을 느끼거나 감정이 격해지면 그날 밤 잠을 제대로 이루지 못하는 것이다. 단기성 불면증은 병의 원인과 일과성 불면증이 겹쳐 생기는 증상으로 몇 주에 걸쳐 나타나곤 한다. 장기성(만성) 불면증은 병원에서 가장 많이 접하게 되는 유형으로 수 년에서 수십 년에 걸쳐 불면증에 시달리기도 한다. 이런 경우 잠재되어 있는 병의 원인을 찾아내야 치료할 수 있는 희망이 생긴다.

대부분의 불면증이 악화되는 것은 잠을 잘 때 걱정과 불안이 반복적으로 머릿속에 나타나기 때문이다. 잠이 들지 못할까봐 걱정하면 결국 더 잠이 들기 어려워진다. 낮에 해야 할 일을 처리하지 못해 잠자리에 들 때까지 불안하고 안 좋은 기분이 계속되면 결국 불면증에 걸리기도 한다. 불면증이 사람을 괴롭게 하면 이미 심리적인 괴로움이 용납할 수 있는 임계점을 넘어섰다는 뜻이다. 이럴 때는 우리를 괴롭게 하는 사물이나 일을 처리해 더 이상 불면증을 악화시키지 않도록 해야 한다.

연구에 따르면 불면증은 생리적인 부분보다 심리 건강에 더 심각한 영향을 끼친다. 불면증에 걸린 사람은 종종 불안정한 기분을 느끼며 쉽게 흥분하고 안절부절못하는 등 '불안증상'을 보인다. 혹은 이와 반대로 어떤 일에도 흥미를 느끼지 못하고 사물에 대한 반응이 상당히 느려지기도 한다. 불면증으로 인해 생긴 이런 부정적인 심리의 결과는 '자기암시'에서 비롯되는 경우가 많다. 현실에서 만성 불면증에 시달리는 사람들 대부분은 자기암시가 강한 편이다. 이런 강력한 자기암시 때문에 불면증 환자는 몇 번 불면증을 겪으면 몹시 침울해지며, 수면에 대한 '공포증'이 생긴다. 이렇게 '불면증'과 '암시'가 교대로 반복되면 악성 순환이 형성되며 심각한 심적 외상을 입게 된다.

양호한 수면을 회복하려면 우선 과도한 긴장을 푸는 등 기분을 조절해야 한다. 수면은 중추신경계통에서 일어나는 일종의 자발적인 억제작용이다. 그런데 만약 긴장되어 있거나 초조하고 불안하며 걱정이 많으면 대뇌피질에 상응하는 구역에 매우 강한 흥분점이 형성되면서 억제작용의 확산을 방해해 잠이 들기 어렵게 한다.

둘째, 양호한 수면을 위해서는 수면에 대한 여러 오해를 바로잡고, 수면을 두려워하는 심리를 해소해야 한다. 불면증은 생리적 질병이 아니라 심리적 장애로 봐야 한다. 이밖에 다른 질병이나 알코올, 음료, 차 등 때문에 불면증이 생기기도 한다.

사람들의 주목이 좋은 사람 : 연극성 인격장애

사람이 일을 처리할 때는 일정한 패턴이 있게 마련이며 이 패턴은 사회규범에 어긋나지 않아야 한다. 만약 어떤 일을 처리하는 패턴이 정상의 범위를 넘어서면 인격장애가 형성되게 된다. 다시 말해 인격장애는 정상적인 사회규범이나 준칙과 조화를 이루지 못하는 심리장애의 일종이다.

연극성 인격장애 histrionic personality disorder 는 히스테리성 인격장애라고도 하며 심리의 발육이 미성숙한 특징을 보인다. 특히 감정의 발달이 미성숙한 편이다. 이런 인격을 가진 사람의 주된 특징은 가장하기를 좋아하며, 기분을 과도하게 드러내고, 항상 사람들의 주목을 받고 싶어 하며, 자신의 좋고 싫음으로 사물을 판단하고, 상상하기를 좋아하며, 언행이 실제와 큰 차이가 난다는 것이다.

연극성 인격장애가 생기는 원인에 대한 연구는 아직 부족하지만 일반적으로 어린 시절 가정교육과 관련이 있는 것으로 보고 있다. 부모에게서 지나친 사랑과 보호를 받다 보면 생리적 연령과 심리적 연령이 어긋나며 심리발달에 심각한 정체를 일으키게 된다. 사람의 심리가 어린 아이 시절의 수준에 머물러 있으면 이로 인해 연극성 인격의 특징이 나타나는 것이다. 이외에도 환자의 심리에 암시성과 의존성이 있어도 이런 유형의 인격이 형성되기 쉽다. 연극성 인격장애의 표현은 일반적으로 다음의 몇 가지 유형으로 나타난다.

첫째, 사람의 주목을 받기를 좋아하며 기분에 연극적 색채가 강하다. 이런 사람은 자신을 드러내기를 좋아하며 예술적인 재능이 있기도 하다. 누군가는 이런 사람을 보고 뛰어난 모방자라든지 연기자라고 한다. 이런 사람은 종종 지나치게 뭐라도 되는 것처럼 과장되게 행동하며 사람들의 주의를 끈다.

둘째, 고도의 암시성과 환상성이 있다. 이런 유형의 사람은 자기암시가 강할 뿐만 아니라 타인의 암시에도 강한 반응을 보인다. 그 때문에 종종 자신에 대한 남들의 평가에 따라 행동하며 상상이 현실이 되는 생각을 많이 한다. 또한 현실의 자극이 부족할 때는 환상을 이용해 내면의 욕구를 만족시킨다.

셋째, 감정에 쉽게 큰 변화가 생기며 기복이 있는 편이다. 다시 말해 감정의 변화가 무쌍하고 열정이 쉽게 균형을 잃는다. 이런 사람은 작은 자극에도 쉽게 흥분하는 반응을 보이며, 자신만의 감정이 부족하다 보니 감정의 활동 자체가 모두 반응적인 것들이다. 감정의 반응이 지나치다 보니 사람들이 보기에는 진실한 감정이 없어 보이며 과장이 심하고 억지로 꾸며내는 인상을 준다.

넷째, 다른 사람을 조종해 자신의 목적을 이루기 위한 수단으로 사용한다. 이런 사람은 상대가 자신의 뜻에 따르게 하기 위해 억지를 쓰거나 강요를 하기도 하며 거짓말을 한다든지 아부를 하거나 비위를 맞추기도 한다. 심지어 때로는 상대를 조종하려고 자살을 하겠다는 위협을 하기도 한다. 이런 사람은 인간관계의 폭이 좁으며 겉으로 보기에는 따뜻하고 영리하며 사람의 마음을 움직이지만 실제로는 타인의 욕구와 이익에는 전혀 관심이 없다.

다섯째, 지나치게 자기중심적이다. 이런 유형의 사람은 남의 주목을 받거나 칭찬 받기를 좋아한다. 그 때문에 상대가 자신의 비위를 맞추고 기쁘게 해줄 때만 스스로 만족하고 좋아하며 그렇지 않을 때는 어떻게든 상대를 공격하려 한다. 이런 유형의 환자는 성심리의 발육이 미성숙해 성에 대해 냉담하거나 지나치게 민감하다.

연극성 인격장애가 있는 사람은 과도하게 감정을 드러내는 편이라 곁에 있는 사람들이 쉽게 받아들이지 못한다. 그러므로 이런 인격을 가진 사람이 자신의 상황을 바꾸고 싶다면 우선 자신의 가족과 친구들에게 조사를 해서 그들이 자신의 감정 표현에 대해 어떻게 생각하는지 알아봐야 한다. 그들의 견해에 절대 반박해서는 안 되며 반대로 의견을 들은 뒤 스스로 반성하며 이런 감정 표현 중에 어떤 것은 의식적이고 어떤 것은 무의식적이며, 어떤 것은 사람들이 좋아하고 어떤 것은 사람들이 싫어하는지를 확실히 구분해야 한다. 남들이 싫어하는 것에 대해서는 단호하게 개선하고, 남들이 좋아하는 것은 적절한 강도로 표현해야 한다. 또한 무의식적인 감정 표현은 따로 적어

놓아 마음에 새기고 시시때때로 자신을 일깨우도록 해야 한다.

앞에서도 말했지만 연극성 인격장애 환자는 어느 정도 예술적 표현 능력을 갖고 있다. 그러니 이를 역으로 이용해 자신의 흥미를 예술 쪽으로 돌려 원래의 에너지를 연기 등으로 승화시키는 것도 자신을 치료하기 위한 좋은 방법이다.

집밖을 나서기 두려울 때 : 사회 공포증

사회 공포증은 어떤 모임이나 공개된 장소에서 강한 두려움이나 불안을 느끼는 심리적 질환이다. 사회 공포증 환자는 낯선 사람 앞이나 다른 사람들이 자신을 자세히 관찰할 수 있는 모임 혹은 장소에 대해 분명한 두려움을 느낀다. 또한 자신의 행동이나 긴장된 표현으로 부끄러운 일을 당하거나 망신을 당하게 될까봐 걱정한다. 심한 경우, 전화를 하고 가게에서 물건을 산다든지 권위 있는 사람에게 자문을 받는 등의 일에서조차 곤란함을 느낀다.

A는 35세의 덩치가 좋고 평소 양복을 입고 다니는 말쑥한 젊은이였다. 엔지니어로 일하는 그는 대학을 졸업한 뒤 줄곧 건축 현장에서 활기차게 일해 왔다. 5년 전에는 대형 건축 공사를 맡아 사업도 날로 번창하고 있었다. 그런데 3년 전 어느 날 동창 모임에 다녀온 뒤 A는 쉽게 긴장하기 시작했으며 낯선 사람을 두려워하게 됐다. 게다가 공공장소에서는 심한 부끄러움을 느꼈으며 사람들과 쉽게 교제

를 하지 못했다. 특히 공사 건으로 협상을 할 때면 이런 증상이 더 심해졌다. 그 때문에 말을 할 때면 얼굴 표정이 부자연스럽고 금세 얼굴이 빨개졌으며 심장박동이 빨라져 말을 제대로 하기 어려웠다. 상황이 이러니 고객과 제대로 눈을 마주치지 못했고 여러 공사 수주에도 떨어지고 말았다. 그는 겉으로는 버틸 수 있다고 파이팅하며 자신의 증상을 사람들이 눈치 채지 못하도록 노력했지만 속으로 불안함과 초조함에 심한 고통을 느끼고 있었다. 나중에는 이런 상황이나 장소 자체를 아예 피하고 싶어졌다. 하지만 사회생활을 하다 보면 피할 수 없는 상황이 대부분일 수밖에 없다. 그 때문에 A는 자신의 몸에 무슨 문제가 생긴 것이 아닌지 걱정하게 됐다.

A는 자신의 긴장을 감추려고 일상에서 선글라스를 쓰기 시작했다. 또한 병원을 찾아가 심전도와 뇌전도 등 다양한 검사를 받기도 했다. 하지만 신체상에는 아무런 질병도 발견되지 않았다. 결국 A는 신경정신과에서 불안과 우울감 등을 측정하는 검사를 받은 끝에 비교적 전형적인 '사회 공포증'이란 진단을 받았다.

사회 공포증은 크게 둘로 나눌 수 있다. 하나는 일반적인 사회 공포증이다. 어느 장소, 어떤 상황에서든 자신이 다른 사람들의 주목 대상이 된다는 것에 두려움을 느낀다. 주변의 모든 사람들이 자기를 보는 것 같고, 자신의 행동 하나하나를 관찰하고 있는 것처럼 느껴진다. 이런 사람은 낯선 사람에게 소개되는 것을 꺼리며 사람이 많은 장소에서 식사를 하거나 음료를 마시는 것도 무서워한다. 그 때문에 가게나 음식점에 들어가는 일도 최대한 피하게 된다. 또 다른 경우는 특정 사회 공포증이다. 이때는 어떤 특정한 상황이나 장소에 특별히 두려움을 느낀다. 이를테면 많은 사람 앞에서 발언을 할 때는 두려움을 느끼지만, 다른 사교적 장소에서는 긴장이나 불안을 전혀 느끼지 않는 경우가 해당된다. 이 두 종류의 사회 공포증 모두 입이 마른다든지, 땀이 나고, 심장박동이 빨라지며, 배가 아픈 느낌이 드는 등 비슷한 신체적 증상을 보인다. 가장 최악의 상황은 공황상태에 빠지는 것이다.

사회 공포증을 치료하기 위한 일반적인 순서는 점차적으로 사교의 상황을 늘려가며 두려움에 대한 적응력을 높여가는 것이다. 이렇게 하면 사람을 만날 때의 공포반응을 해소할 수 있다. 이를 위해 일단 자신에게 이런 공포는 제거할 수 있다고 끊임없이 말해야 한다. 더불어 사람을 알고 교제하는 순서나 방법을 정확히 이해하도록 해야 한다.

둘째, 자신이 두려움을 느끼는 사회 공포증의 대상이나 사물이 무엇인지 조사해 마음속 깊은 곳에 다른 근본적인 원인이 있는 것은 아닌지 확인해야 한다. 그런 다음 가상의 공간 안에서 사회 공포증이 일어나는 장면을 모의로 떠올리며 증상이 발생하는 디테일을 반복적으로 연습해야 한다. 더불어 자신이 용감하게 이런 상황을 대면할 수 있다고 끊임없이 격려하며 가상이나마 이런 긴장되고 불안한 환경에 적응하도록 노력해야 한다.

마지막으로 인지행동치료 방법을 써볼 수도 있다. 이를테면 우선 사람이나 차가 많이 다니는 거리에 서 있다가 적응이 되면 사람이 더 적은 마트에서 물건을 사고, 다시 사람 수를 더 줄여 규모가 좀 큰 모임에 나갔다가, 다시 작은 모임에 나가 당신의 관점을 발표하는 것이다. 마지막으로 자신이 가장 두려워하는 사람과 만나도록 하라. 이렇게 할 때마다 자신을 격려하는 것을 잊지 말아야 한다. 이런 방법을 이용해 꾸준히 연습하면 증상이 한결 완화될 수 있다.

스스로 통제할 수 없을 때 :
분노조절장애

최근의 연구 결과에 따르면 나쁜 기분은 세균 바이러스와 같이 전염력이 있으며 전염 속도가 매우 빨라 몇 분이면 완성된다고 한다. 분노는 개인의 욕구와 의도가 방해를 받게 됐을 때 생기는 부정적인 정서의 체험이다. 기분의 자기조절 능력은 사람마다 차이가 있으며 충동성이 분명한 사람도 있다. 그 때문에 화를 내야 하지 않을 때 화를 내거나, 조그만 일에도 다투고, 다른 사람이 일을 처리하는 방법이 불합리하다며 고함을 지르게 되는 것이다.

A는 규모가 큰 기업의 팀장이 됐는데 사람들은 하나 같이 그를 보며 "대단치도 않은 자리에 앉아서 성질만 낸다."고 혀를 찼다. 이는 그가 걸핏하면 책상을 치고 화를 냈기 때문이다. 그는 마음대로 일이 되지 않으면 자신의 감정을 컨트롤하지 못하고 이런저런 핑계를 대며 화를 냈다. 고객과의 만남에 늦어 한소리를 듣고 온 뒤에는 회사의 부하직원에게 제때 알려주지 않았다고 성질을 부렸다. 업무

성과가 잘 안 나오면 상사가 자신을 잘 챙겨주지 않아 보너스도 못 받게 됐다고 화를 냈다. 농구를 하다 넘어지면 바닥이 울퉁불퉁해 넘어졌다며 경기장을 향해 성질을 부렸다. 아무튼 그는 틈만 나면 화를 내는 사람이었다. 게다가 화를 낼 때에도 다른 사람이나 다른 물건에 화를 퍼붓는 특징이 있어 툭하면 욕을 하고 물건을 던지며 그들을 화풀이 대상으로 삼았다. 이런 그를 보며 사람들도 고개를 절레절레 흔들 정도였다.

생활 속에서 우리는 어떤 사건들로 인해 분노에 빠지곤 한다. 하지만 분노를 일으키는 직접적인 원흉은 사건 자체가 아니다. 심리학자들의 의견에 따르면 사람의 감정은 어떤 하나의 사건으로 직접 야기되는 것이 아니며, 사건을 겪은 사람이 사건에 대해 부정확한 인식과 평가로 어떤 신념을 갖게 된다고 한다. 바로 이 신념의 지배로 부정적 감정이 야기되는 것이다. 이런 관점을 심리학에서는 'ABC이론'이라고 하는데 여기에서 A_{Activating event}는 사건을, B_{Belief}는 신념을, C_{Consequence}는 결과 즉, 감정과 행동을 가리킨다. A는 C의 발생을 직접적으로 초래하지 않으며 중간에 있는 B의 작용을 통해 일어나는 것이다. 유명한 정신분석의 칼 메닝거_{Karl Augustus Menninger}(미국의 정신분석의로 정신질환자들을 위한 집단진료소를 세웠으며 정신지체 아동을 위한 학교를 세우기도 했다–역주)도 "사실보다 태도가 중요하다."라고 말한 바 있다.

우리는 걱정과 분노, 절망 등 부정적인 감정에 포위됐을 때 사물 자체에서 원인을 찾을 뿐만 아니라 제때 자신의 태도를 점검해 스스로 부정적인 태도로 이미 일어난 일들을 평가하고 있는 것은 아닌지 확인해야 한다. 성공학의 대가 나폴레온 힐도 "우리가 삶을 어떻게 대하느냐에 따라 삶도 우리를 똑같이 대한다."라고 말하지 않았던가.

만약 분노를 치료하고 싶다면 우선 화가 날 때 자신이 지금 무엇을 하고 있는지 의식해야 한다. 당신이 분노를 폭발시킬 때 어떤 이유로 화를 내든 아드레날린만 과다하게 분비될 뿐, 그로 인해 아무런 이익도 얻을 수 없다. 화를 내서 동료나 친구를 위협하는 것은 좋은 교류의 방식이 아니다. 자신의 공격성을 통제할 수 있을 때 자신을 더 아낄 수 있을 뿐만 아니라 상대에 대한 설득력도 높일 수 있다.

현대 생활은 스트레스로 넘쳐나며 각종 복잡한 관계로 얽혀 있다. 그 때문에 사람들은 특별한 이유가 없는 상황에서도 화를 낸다. 이럴 때일수록 마음의 여유를 갖고 스스로 흥미를 느끼는 일을 하도록 해야 한다. 분노가 상승할 때는 깊은 호흡을 하며 잠시 현재의 상황을 분석하고 어떻게 해야 좋을지 생각해보도록 하라.

감정 표현에 서툰 사람 : 심리적 매듭

인생을 살다 보면 사람들 누구나 생활의 변고나 천재지변을 만나는 것을 피하기 어렵다. 이럴 때 심리적 자질이 좋고 자기 감정을 잘 통제하고 조절하는 사람은 스스로 심리적 균형을 되찾을 수 있다. 하지만 의지가 약하고 감정이 쉽게 흐트러지는 사람은 기분의 기복이 심해지면서 심리적 매듭이 생기게 된다. 이런 심리적 매듭을 바로 심리적 콤플렉스라고 부르기도 한다. 만약 이 콤플렉스가 심해져 제때 풀지 못하면 정상적인 심리 기능이 간섭과 피해를 받게 된다. 그로 인해 심리 기능의 실조와 장애, 혼란이 일어나 생리 기능에도 영향을 주게 되며 자율신경 기능의 혼란과 내분비 실조, 면역 기능 저하, 각종 질병 등이 연이어 발생할 수 있다. 의학상의 심인성心因性 질환은 흔히 '마음의 병'이라고 한다. 연구에 따르면 심리 상태가 질병의 발생과 큰 관련이 있다. 이를테면 암이나 관상동맥질환, 고혈압, 당뇨병 등의 질병은 사람의 심리와 매우 큰 연관이 있다.

심리적 매듭을 풀어줄 방법은 다양하지만 고통과 억울함을 눈물을 통해 해소하는 것도 매우 효과적인 방법 중 하나다. 전문가에 따르면 눈물은 정신적 부담을 완화하는 가장 효과적인 '처방'이라고 한다. 예를 들어 신경성 위염이라고 하는 소화관 질환은 기분이 긴장될 때 위에 경련성 통증이 일어나기 시작한다. 이는 사실 위가 당신의 긴장된 기분을 '소화'하는 마음의 병이다. 이때 당신이 펑펑 울 수 있다면 억울함도 눈물과 함께 흘려보내 병도 저절로 나을 수 있게 된다.

반대로 고통과 억울함을 마음속으로 참으면 나쁜 영향이 커진다. 의학자들의 화학실험에 따르면 감정적 눈물에는 독성 물질이 있어 혈압, 심장박동의 상승과 소화불량을 일으킨다고 한다. 이런 독성 물질은 사실 심리적 콤플렉스의 산물이다. 이는 사람의 심리가 생리와 절대적인 관련이 있다는 뜻이다. 이 외에도 사람은 울 때 끊임없이 숨을 들이마시는데 이것이 호흡계통과 혈액순환계통의 작업에 큰 도움을 준다. 또한 눈물의 분비는 세포의 정상적인 신진대사를 촉진해 종양의 형성을 막는다. 그러므로 울지 않는 것이 진짜 강한 것이라 착각하지 말라. 오히려 제때 고통과 억울함을 배설할 수 있을 때 몸도 마음도 건강해질 수 있다.

울음이나 웃음이나 모두 사람의 감정을 드러내는 일이다. 눈물은 흔히 마음속에 억울함이 있거나 정신적으로 중대한 자극을 받았을 때 흘리는 것이다. 그런데 만약 울어야 할 때 울지 못하고 계속 참고 있으면 마음속 억압이 가중되면서 정신적 부담도 커져 기분이 의기소침해지며 불면증이 초래되고 식욕에도 영향을 주게 된다. 더 나아가 세상을 비관하거나 목숨을 가볍게 여기는 생각이 들어 반응성 우울증이 생길 수도 있다.

그런데 울음은 마음속 억압을 어느 정도 해소시켜줘 정신적 부담을 덜어준다. 실제로 가족이나 친한 친구가 세상을 떠나 슬픔이 가득 찼을 때 엉엉 울고 나면 기분이 나아지는 것을 느낄 수 있다. 또한 억울한 일을 당했을 때도 상사나 자신의 말을 들어줄 사람에게 마음속 이야기를 털어놓으면 자연스럽게 울게 되는데 그러고 나면 마음이 좀 더 편안해진다. 그 때문에 어떤 심리학자는 울어야 할 때 울어야 하며 눈물을 무조건 참는 것은 자살과 같다고 주장했다.

하지만 우는 것도 적당히 하는 것이 중요하다. 억압된 심정이 해소되고 완화된 뒤에는 더 울 필요가 없다. 그렇지 않으면 오히려 몸에 좋지 않을 수 있다. 사람의 위장 기능은 기분에 대해 민감해 슬프고 우울하며 눈물 흘리는 시간이 길어질수록 위의 운동이 느려지고 위액의 분비도 감소되며 산도가 낮아진다. 심지어 위염이나 십이지장구부 궤양이 생길 수도 있다. 그 때문에 심리학자들은 울 때 15분을 넘기지 않는 것이 좋다고 조언한다.

제 6 장

매일 좋은 기분을 유지하려면

: 심리학으로 매력 끌어올리기

상대의 얼굴색을 살펴라 : 좋은 기분의 법칙

색깔이 심리에 미치는 영향 : 색채 심리학

날씨가 성격을 바꾼다 : 날씨 심리학

끝나지 않는 갈림길 : 선택 심리학

먹지 못한 포도는 시다 : 자기합리화

몸을 피곤하게 만드는 나쁜 기분 : 심리적 피로

나에게 딱 맞는 운동 찾기 : 운동 심리학

이것이 아니라면 저것이라도 : 보상심리

예뻐질 수 있는 최고의 비법 : 심리적 미용

말 한 마디로 마음을 움직인다 : 대화 심리학

내 안의 거대한 에너지 : 열정의 효과

상대의 얼굴색을 살펴라 : 좋은 기분의 법칙

중국 속담에 '사람은 좋은 일을 만나면 정신이 상쾌해진다.'라는 말이 있다. 여기까지는 누구나 고개를 끄덕일 법한 이야기지만 정신이 상쾌해지면 사람에게 한 가지 변화가 생기는데, 바로 기꺼이 다른 사람을 도우려 한다는 것이다.

모두 알다시피 사람의 기분에도 변화가 있게 마련이다. 예를 들어 심리학자들의 연구에 따르면 날씨가 좋을수록 사람의 기분도 좋아지며 더불어 다른 사람도 쉽게 돕는다고 한다. 또한 날씨가 맑은 날은 사람들이 식당에서 식사를 할 때 흐린 날이나 비 오는 날보다 팁을 더 많이 준다고 한다.

물론 사람의 기분에 영향을 끼치는 요소는 매우 다양하다. 때로는 아주 작은 일이 사람의 기분을 좌우하기도 한다. 예를 들어 쾌청한 일요일에 쇼핑을 하러 나갔다 공중전화 부스에서 친구에게 전화를 하려 했다고 해보자. 안타깝게도 친구는 전화를 받지 않았고 당신은 공중전화에 넣은 동전을 가져가려고 손을 뻗었다 앞서 전화한 사람이 가져가지 않은 동전을 보게 됐다. "어, 전화 한 번은 더 할 돈이 생겼네." 몇 분 사이에 당신은 기분이 좋아졌다. 그렇다면 이런 상황이 된 사람은 더 기꺼이 사람을 도우려 하지 않을까? 실제로 심리학자들은 이에 관한 실험을 한 적이 있다. 그들은 일부러 공중전화 부스에 앞선 사람이 잊어버린 것처럼 동전을 놓아뒀고, 피실험자들은 동전을 발견하고 매우 기뻐했다.

이때 실험자는 여러 권의 책을 안고 가다 피실험자 앞에서 일부러 책을 쏟았다. 공중전화 부스에서 막 동전을 주운 피실험자들은 대부분 기꺼이 바닥에 떨어진 책들을 주워줬다. 반면 동전을 갖지 못한 사람들이 낯선 사람의 책을 주워주는 비율은 상대적으로 낮았다.

사실 우리도 살면서 이와 비슷한 경험을 종종 하곤 한다. 좋은 일을 만났을 때 사람은 잠시 삶이 아름답게 느껴지면서 스스로 매우 행운아라고 생각하게 된다. 이런 상황에서 자신보다 못한 사람을 어떻게 돕지 않을 수 있겠는가? 어째서 세상을 더 아름답게 만들지 못하겠는가? 이처럼 좋은 기분은 일종의 관성과 같다.

많은 사람들이 이 심리적 법칙을 알고 있다. 실제로 좋은 일을 겪어 뜻밖의 수확을 얻게 된 사람은 흔쾌히 주변 사람들을 초대해 식사를 대접하거나 남을 돕는다. 당연히 이 사람은 평소보다 더 기꺼이 도움의 손길을 내민다.

예를 들어 어떤 남자가 수십만 달러의 복권에 당첨돼 기쁨을 만끽하게 됐다고 해보자. 이럴 때 친구들이 밥이라도 한 번 사라고 한다면 그는 흔쾌히 값비싼 음식점으로 친구들을 초대해 한턱을 낼 것이다. 평소 같았으면 작은 식당에서 밥 한 끼를 사면서도 이리 재고 저리 따질 사람이라 해도 말이다.

한 청장이 본래의 임기를 마치고 연임에 성공했다. 그가 기쁨을 누리고 있을 때 오랫동안 결제를 받지 못했던 문서를 갖고 올라가보라. 아마 그는 아주 기꺼이 문서에 사인을 해줄 것이다. 이 역시 좋은 기분의 법칙이 작용한 덕분이다.

그러므로 다른 사람의 기분이 좋을 때 도움을 청하면 도움을 받을 가능성이 매우 크다. 이 말은 상대가 기분이 좋지 않을 때는 본래 아주 간단한 일도 도움을 주지 않을 수 있다는 뜻이기도 하다. 그래서 문밖을 나설 때는 하늘색을 보고, 문안에 들어갈 때는 얼굴색을 봐야 하는 법이다. 다른 사람들의 얼굴색을 살피는 것도 때로는 좋은 전략이 될 수 있음을 명심하라.

색깔이 심리에 미치는 영향 : 색채 심리학

서로 다른 색깔은 우리에게 서로 다른 기분을 느끼게 한다. 예를 들어 우리는 기분과 성격에 따라 서로 다른 색깔의 옷을 선택한다. 색깔이 사람의 심리에 끼치는 영향은 다양해 여러 색조의 그림과 촬영 작품은 우리에게 갖가지 기분을 느끼게 한다. 또한 방에 어떤 색을 칠하느냐에 따라 느껴지는 감각도 다르다.

영국 런던 부근의 템즈강에는 블랙프라이어스 브릿지Blackfriars Bridge라는 매우 유명한 다리가 있다. 사실 이 다리가 유명해진 것은 디자인이나 외관 때문이 아니라 매년 많은 사람이 이곳에서 투신자살을 했기 때문이었다. 사람들은 이 다리에 유령이 돌아다닌다고 말하기도 했다. 자살하는 사람의 숫자가 너무 많아지자 런던 시의회는 왕립외과협회Royal College of Physicians의 연구팀에 자살자가 몰리는 원인을 찾아달라고 도움을 청했다. 왕립외과협회의 프리슨 박사는 연구 끝에 자살이 다리의 검은색과 큰 관련이 있다는 결과를 내놓았다. 정부는 프리슨 박사의 건의를 받아들여 다리의 검은색을 초록색으로 바꿨다. 그해, 나리에서 뛰어내려 자살하는 사람의 수는 무려 56%가 감소했다. 그렇다면 어째서 다리의 색을 검은색에서 초록색으로 바꿨을 때 이렇게 큰 변화가 일어난 것일까? 이에 대해 설명하려면 색깔이 사람의 심리에 미치는 영향에 대해 이야기를 해야 한다.

심리학자들의 연구에 따르면 사람들은 서로 다른 색깔을 볼 때 자연스럽게 다른 사물을 연상한다고 한다. 예를 들어 우리는 파란색을 보면 하늘을 떠올리고, 붉은색을 보면 피를 떠올리며, 초록색을 보면 풀을 떠올린다. 이런 서로 다른 연상이 우리에게 각각의 색깔에 대한 다른 느낌을 갖게 한다. 우리는 색깔을 볼 때 색깔 자체 이외에도 차가움과 따뜻함, 멀고 가까움, 가볍고 무거움을 느낄 수 있다. 이는 심리적인 착각일 뿐이다. 하지만 이런 식으로 연상을 통해 색채는 우리의 기분에도 영향을 끼칠 수 있다.

오늘날 우리는 검정색 다리가 어째서 사람들을 자살에 이르게 했는지 설명할 수 있다. 검은색은 본래 사람에게 어둡고 고요한 느낌을 줘 심리적인 압박감을 준다. 그런데 이런 압박감은 마침 자살하고 싶어 하는 사람에게 촉매작용을 일으켜 절망에서 벗어나 뛰어내리라는 암시를 준다. 하지만 검은색을 초록색으로 바꾸자 다리의 어두움과 압박감의 이미지가 사라지고 초록색의 넘치는 생기와 희망의 이미지가 생기면서 자살하려는 사람들이 무의식중에 비관적인 기분에서 벗어나게 된 것이다.

심리학자들이 색깔과 사람의 심리를 주제로 진행한 연구에 따르면 일반적인 상황에서 빨간색은 즐거움과 열정을 의미해 사람들에게 열정과 충만, 사랑에 불을 지피는 기분을 느끼게 한다. 노란색은 행복과 밝음을 의미해 사람이 기쁨으로 넘쳐나게 한다. 또한 초록색은 평화를 의미해 사람이 심리적으로 안정감과 평안, 따뜻함을 느끼게 한다. 파란색은 안정적이고 상쾌하며 편안한 느낌을 줘 사람의 가슴이 탁 트이게 한다. 반면 회색은 답답하고 공허한 느낌을 주며, 검은색은 장엄함과 슬픔을 느끼게 한다. 또한 흰색은 소박하고 우아하며 순결하고 경쾌한 느낌을 준다.

각종 색깔이 사람의 기분에 미치는 영향은 사람의 심리활동에도 변화가 일어나게 한다. 학자들은 임상실험을 통해 색깔이 병을 치료하는 효과에 대해서도 연구를 했는데 실제로 그 효과가 매우 뛰어났다. 이를테면 고혈압 환자에게 짙은 갈색 안경을 씌우면 혈압이 떨어졌으며, 빨간색과 파란색 안경을 끼우면 혈액순환이 빨라졌다. 또한 환자를 흰색이나 옅은 푸른색, 옅은 초록색, 옅은 노란색으로 칠한 방에 들어가게 하면 기분이 안정되고 편안해졌다.

색깔은 사람의 맥박과 악력에도 일정한 영향을 준다. 실험으로 증명된 바에 따르면 사람은 노란색 방에서 맥박이 정상으로 뛰지만 파란색 방에서는 맥박이 조금 느려지며 빨간색 방에서는 맥박이 눈에 띄게 빨라진다. 프랑스의 어느 생리학자의 실험에 따르면 붉은색 조명을 비추면 사람의 악력이 평소보다 2배 강해지지만 황색 조명을 비추면 사람의 악력이 평소보다 절반 정도 밖에 강해지지 않는다고 한다.

날씨가 성격을 바꾼다 :
날씨 심리학

심리학자의 연구에 따르면, 날씨로 인한 기분 변화를 단순히 느낌일 뿐이라고 단정해 말할 수 없다. 사람들의 기분이 겨울이면 눈에 띄게 우울해지고 저조해지는 것이 햇빛이 부족하기 때문임을 밝혀냈기 때문이다. 이밖에도 날씨가 추우면 쉽게 피로해지고 졸음이 오며 많은 양의 탄수화물 음식을 먹게 된다고 한다.

정신 치료 전문가들에 따르면 사람의 기분은 많든 적든 날씨의 영향을 받는다. 만약 사람이 날씨의 변화, 특별히 나쁜 날씨의 자극에 반응이 강렬하면 피로와 건망증, 신경과민, 기분 저하 등이 나타나며 일할 때 정신이 맑지 못하고 잠을 제대로 자지 못하기도 한다. 뿐만 아니라 편두통과 주의력 저하, 두려움이 생기며 땀이 나거나 식욕이 없고 위장 기능에 문제가 생기고 신경질이나 화를 잘 내게 되기도 한다.

1982~1983년에 엘니뇨현상이 발생하자 전 세계에서 약 10만

명의 사람이 우울증에 걸렸고, 정신질환의 발병률이 38% 상승했으며, 교통사고도 5천 회 이상 증가한 바 있다. 환경 심리학의 연구에 따르면 온도와 폭력 행동은 상당한 관련이 있다고 한다. 여름날 온도가 높을수록 폭력적인 행동이 증가할 가능성이 높은 것이다. 하지만 온도가 일정한 지점에 이르면 거기에서 더 올라간다 해도 쉽게 폭력 행동이 일어나지는 않으며 오히려 잠이 오게 한다. 온도는 인간관계와도 관련이 있는데 높은 온도의 방에 있는 피실험자는 보통 온도의 피실험자에 비해 다른 사람에 대해 우호적이지 않은 평가를 내렸다.

모두가 알다시피 만물은 태양에 의지해 성장한다. 식물도 항상 빛을 향해 자라며 사람도 마찬가지다. 일반적으로 햇빛이 충분히 드는 집을 선택하는 것이 사람의 건강에 유리하다. 빛은 온도와 토양, 식물, 수분, 공기의 중심축이기 때문이다.

심리학자들의 연구에 따르면 형광등에 태양광의 자외선을 넣으면 건강에 도움이 된다고 한다. 또한 자폐가 있는 사람은 빛이 충분한 곳에 살면 자폐행동이 절반으로 줄어들며 사람들과의 상호활동이 늘어날 수 있다. 반면 빛이 부족하면 눈이 쉽게 피로해지고 구역질이나 두통이 생길 수 있으며 우울감이나 답답함 등을 느낄 수 있다. 연구에 따르면 심지어 형광등 아래에서와 태양광 아래에서 일할 때의 효율이 서로 다르다고 한다. 실제로 햇빛이 충분한 곳에서는 아이가 눈에 띄게 활발해진다.

프랑스에서는 어느 해인가 흐리고 비 오는 날이 오래 지속되면서 우울증 환자들이 크게 증가한 적이 있다. 당시 여러 치료기관에서 인공 태양광을 이용해 환자들을 치료했다. 그러자 실제로 햇빛을 보지 못한 환자들에게도 눈에 띄는 치료 효과가 나타났다.

　장기간에 걸친 날씨의 특징이 기후를 형성하는데, 연구에 따르면 사람의 성격 형성은 그가 사는 지역의 기후와 직접적인 관계가 있다. 이는 날씨가 사람의 기분에 영향을 주고 이런 날이 길어지면 성격에도 영향을 미치기 때문이다. '한 지역의 물과 흙이 그 지역의 사람을 기른다'라는 말처럼 사람들은 날씨 환경의 영향에서 완전히 벗어날 수 없다.

　일반적으로 오랫동안 열대지역에서 생활하는 사람은 성격이 비교적 조급하고 쉽게 화를 낸다. 또한 위도가 높은 한대지역에 살면 날씨가 춥고 햇빛이 적어 우울증이 많이 발생한다. 반면 기후가 촉촉하고 물이 많은 곳에 살면 성격이 다정하고 반응이 예민한 편이다. 또한 목축을 하며 초원에 사는 사람들은 대부분 성격이 호방하며, 산에 사는 사람들은 대개 솔직한 편이다. 가을 하늘이 높고 날씨가 상쾌한 기후는 창작에 가장 적합해 15~18도의 환경에서 오래 산 사람은 머리가 좋고 문학과 예술에서 뛰어난 성취를 보인다.

끝나지 않는 갈림길 :
선택 심리학

인간의 인식과 실천 활동은 능동적이고 창의적인 것으로, 그 본질은 선택에 있다. 선택 능력이 있음을 스스로 인식한다는 것은 사람과 동물을 구별하는 기준 가운데 하나다. 그렇다면 어떻게 해야 우리는 가장 좋은 선택을 할 수 있을까?

중국 고사에 보면 '기로망양岐路亡羊'이란 이야기가 있다. 양자楊子라는 사람의 이웃이 양떼를 몰고 집으로 오던 길에 맞은편에서 오는 수레를 마주쳤고, 양들이 깜짝 놀라 이리저리 도망갔다. 이웃은 간신히 양들을 모아 집으로 왔지만 한 마리가 없다는 사실을 뒤늦게 발견했다. 그는 동네 사람들에게 부탁해서 함께 양을 찾으러 나섰다. 양자는 짐짓 관심이 없는 척 물었다. "양 한 마리를 찾겠다고 굳이 이렇게 많은 사람이 나가야 합니까?" 이에 이웃이 "산과 들, 밭 사이에 갈림길이 많아 적은 사람으로는 찾을 수 없답니다."라고 대답했다. 양자는 그 말이 꽤 일리가 있다고 생각했다.

이웃은 사람들과 함께 양을 몰고 걸어왔던 큰길을 걸어 첫 갈림길이 나오는 곳까지 걸어갔다. 그곳에서 그는 한 사람을 보내고, 다음 갈림길이 나올 때마다 한 사람씩 양을 찾으러 보냈다. 나중에는 그 혼자 큰 길을 걷게 됐는데 얼마 지나지 않아 또 갈림길이 나타났다. 난감해진 그는 고민을 하다 한 길을 선택해 걸어갔다. 하지만 그렇게 걷다 보니 다시 또 갈림길이 나타나 어찌 해야 할지 알 수 없게 됐다. 잠시 후, 날이 어두워지자 그는 할 수 없이 되돌아오다가 마찬가지로 어려움을 겪고 있던 다른 사람들을 만났다. 이웃이 집에 돌아오자 양자는 이상하다는 듯 물었다. "그렇게 많은 사람을 데리고 갔었는데 어째서 양을 찾지 못하셨소?" 이웃은 어깨를 으쓱이며 말했다. "큰 길에 갈림길이 있는 것만 알고 사람들을 많이 데리고 갔었는데 갈림길에 갈림길이 더 있더군요. 혼자서 다시 갈림길 앞에 서게 되니 어찌 해야 좋을지 알 수 없었소이다." 양자는 그 말을 듣고 큰 깨달음을 얻었다.

　　이 이야기는 끊임없는 선택의 과정을 비유적으로 잘 보여준다. 심리학자들의 말에 따르면 어떤 선택을 할 때 선택의 면이 많다고 좋은 것이 아니며 적당한 것이 낫다고 한다.

　　일단 선택의 면이 너무 좁으면 좋은 선택을 하기에 불리하다. 좋음과 나쁨, 우세와 열세 등은 비교를 통해 파악할 수 있기에 일정한 양의 방안이 있어야만 합리적인 선택과 판단, 결정을 내릴 수 있다. 사람이 판단과 결정을 내릴 때는 반드시 여러 방안 중에서 선택을 내릴 수 있어야 한다. 만약 판단이 "예." 혹은 "아니오." 중에서만 이뤄진다면 그것은 진정한 판단이라 할 수 없다. 선택이 가능한 여러 방안을 연구하고 그에 대한 이해를 바탕으로 판단을 내려야 진정한 판단이 될 수 있다.

하지만 그렇다고 선택의 방안이 무조건 많을수록 좋은 것도 아니다. 선택의 방안이 지나치게 많을 경우 사람들은 안정감을 느낄 수 없어 무엇을 따라야 할지 알 수 없게 된다. 그러니 더 많은 정보를 찾거나 끊임없이 더 나은 대안을 찾는 것은 오히려 선택을 어렵게 할 뿐이다. 심리학자들은 다양한 실험을 통해, 좋은 선택을 위해 필요한 적정 수준의 항목을 대략 7개 안팎으로 분석하고 있다.

우리의 실제생활에서도 '기로망양'의 실수를 저지르는 사람이 적지 않다. 당신이 옥수수밭에서 옥수수를 딴다고 해보자. 이 옥수수밭에서 당신은 우리의 인생처럼 앞으로만 갈 수 있을 뿐 뒤로 돌아갈 수 없다. 당연히 사람은 누구나 가장 큰 옥수수를 따고 싶어 한다. 얼마를 걷다 당신은 꽤 큰 옥수수를 발견했다. 하지만 아직 앞에 더 큰 옥수수가 있을지 모른다는 생각이 들어 따지 않고 계속 걸어갔다. 이렇게 몇 번이나 옥수수를 지나쳐 옥수수밭 가장자리에 거의 다 왔을 때, 길이 얼마 남지 않았으니 이번에 큰 옥수수가 있으면 따야겠다고 생각했다. 하지만 안타깝게도 원래의 것보다 더 큰 옥수수는 있지 않았다. 결국 당신은 가장 큰 옥수수를 놓치고 만 것이다. 인간은 절대로 세상 모든 정보를 미리 다 알 수 없다. 그러니 스스로 기준선을 정해놓지 않으면, 수많은 정보 속에서 흔들리다가 최악의 수를 둘 수 있다는 사실을 기억하길 바란다.

먹지 못한 포도는 시다 :
자기합리화

《이솝우화》에는 사람들이 잘 아는 이야기 하나가 나온다. 어느 더운 여름날, 여우가 과수원을 지나다 잘 익은 포도 앞에 서게 됐다. '마침 목이 마른데.'라고 생각한 여우는 몇 발 뒤로 물러난 뒤 달려와 뛰어올랐지만 포도를 잡을 수 없었다. 여우는 몇 번이나 다시 시도했지만 성공하지 못했다. 결국 힘이 빠진 여우는 포도 따기를 포기한 채 돌아서며 중얼거렸다. "저건 분명 엄청 신 포도일 거야."

이 이야기가 얼마나 유명한지 서양에서는 'sour grapes'가 '오기'라는 뜻으로 사전에 등재되어 있기도 하다. 심리학에서도 이 말을 빌려 인간의 방어심리 기제 가운데 하나인 '자기합리화'를 설명하기도 한다.

사실 우리도 일상생활에서 종종 이 여우와 같은 상황에 빠질 때가 있다. 이를테면 더 높은 직위에 오르고 싶은 직원이 결국 그 자리에 오르지 못했다. 이럴 때 그는 마음의 균형을 유지하기 위해 자기를 위로한다. '직위가 높아질수록 책임도 무거워지는 거야. 지금처럼 편하게 일하면서 즐겁게 사는 게 낫지.'

'신 포도'의 심리와는 반대되는 '단 레몬'의 심리도 있다. 이는 손에 넣은 것이 마음에 들지 않더라도 애써 좋다고 고집하는 태도를 가리킨다. 예를 들어 당신이 옷을 한 벌 사서 집으로 왔다고 가정해보자. 막상 집에서 보니 색깔도 별로고 돈도 너무 많이 주고 샀다. 그래도 당신은 다른 사람과 이야기할 때 이 옷이 올해 가장 유행하는 디자인이며 비싼 만큼 가치가 있다고 강조한다.

어느 심리학자도 이와 관련된 실험을 하나 진행했다. 본래의 주제는 '사람들이 일에 대해 보이는 흥미가 업무 효율에 미치는 영향'이었지만, 실험 결과 '신 포도와 단 레몬 법칙'의 존재를 간접적으로 증명했다.

심리학자는 많은 대학생들을 모집해 지루하고 재미없는 일을 하게 했다. 그 중 하나는 커다란 국자를 쟁반에 놓았다 뺐다 하는 일을 30분 동안 반복하는 것이었다. 또한 다른 하나는 48개의 나무못이 박힌 회전판을 순서대로 4분의 1 바퀴씩 돌리며 30분 동안 반복하는 것이다.

30분의 시간이 흐른 뒤, 심리학자는 그들에게 1달러 혹은 20달러의 돈을 주며 어떤 작업이 더 흥미로웠는지 알려달라고 했다. 특이한 점은 일반적인 예상과 달리 1달러의 돈을 받은 사람들이 작업에 더 큰 흥미를 표시했다. 이는 사람들이 이미 일어난 나쁜 일에 대해 자기합리화나 자기기만을 통해 불쾌함을 덜려는 경향이 있음을 증명하는 것이다.

　과거에는 이런 자기합리화나 자기기만이 사람들의 비판을 받곤 했다. 그러나 현대에 와서는 적당한 자기합리화가 심리 건강에 큰 도움이 된다는 의견도 나오고 있다.

　사람들은 누구나 살면서 이런저런 불쾌한 일을 겪게 마련이다. 하지만 그 중에 많은 일은 우리 스스로 어떻게 하거나 바꿀 수 없다. 그렇다면 이런 상황에서 우리는 어떻게 해야 할까? 그저 근심하고 괴로워하며 시간을 보낼 것인가? 이는 심신의 건강에 불리할뿐더러 일을 해결할 수 있는 방법도 아니다. 이럴 때 자신을 위로하면 심리의 조절기능에 큰 도움을 받을 수 있다. 같은 일이라 해도 어떤 각도로 보느냐에 따라 그 결과나 기분은 달라질 수 있다.

　한 번은 미국의 대통령 루즈벨트의 집에 도둑이 들었다. 이 소식을 들은 친구들이 편지를 보내 그를 위로했다. 그러자 루즈벨트는 그들에게 다음과 같은 답장을 보냈다. '위로해줘서 고맙네. 나는 지금 평안한 상태라네. 오히려 하느님께 감사할 일이지. 도둑이 내 물건은 훔쳐갔지만 내 목숨은 무사하게 해주지 않았나. 또한 도둑이 우리 집의 물건 몇 가지를 훔쳐갔지만 전부를 훔쳐간 것은 아니지 않나. 무엇보다 도둑질한 자가 그이고 내가 아니니 얼마나 다행인가.' 이처럼 세상의 모든 일이 다른 시각으로 보면 다른 일이 되게 마련이다.

몸을 피곤하게 만드는 나쁜 기분 :
심리적 피로

"매일 아침 일어날 때마다 내가 개발한 기술이 인류의 생활에 어떤 발전과 개선을 가져올지를 생각하면 가슴이 두근거린다."라고 빌 게이츠는 말한 바 있다. 이 말만으로도 그가 소프트웨어 기술에 대해 얼마나 흥미와 열정을 갖고 있는지 알 수 있다.

누군가 투자의 귀재 워런 버핏Warren Buffett에게 성공의 비결을 묻자 그가 다음과 같이 대답했다. "나는 당신과 아무런 차이가 없습니다. 굳이 당신이 찾고 싶어 한다면 저는 매일 제가 가장 좋아하는 일을 한다는 것 정도일 겁니다. 제게 충고를 바라는 거라면 이게 제가 드릴 수 있는 가장 좋은 충고랍니다."

아마 사람들은 한 번쯤 궁금하게 생각한 적이 있을 것이다. 수많은 위대한 인물들도 우리와 똑같은 사람인데, 그들은 어떻게 그렇게 많은 일을 하며 훌륭한 성과를 거둘 수 있는 것일까?

심리학자들은 사람이 좋아하는 일을 하면 쉽게 피로해지지 않는다는 사실을 발견했다. 과학자들의 연구 결과가 이 발견이 사실임을 뒷받침하고 있다. 그들의 연구에 따르면 단순히 뇌를 쓰는 것만으로는 사람을 피곤하게 할 수 없다고 한다. 뇌를 사용하고 8시간 혹은 12시간 뒤에도 작업 능률은 시작할 때처럼 신속하고 효율적이기 때문이다. 인간의 뇌는 거의 피곤을 모르는 셈이다.

그렇다면 당신은 어째서 피곤하다고 느끼는 것일까? 심리학자들의 말에 따르면 우리가 느끼는 피로의 대부분은 정신이나 감정에서 비롯된 것으로, 본질을 말하자면 '심리적 피로'라고 해야 옳다. 심리적 피로는 종종 우리 몸에 나타나지만 심리학자들이 심리적 피로에 대해 밝혀낸 것은 아직 초급 단계에 불과하다. 심리적 피로는 항상 생리적 피로와 뒤섞여 있어 겉으로 드러나는 표현과 내적 기제를 인식하고 묘사하기 어렵기 때문이다.

보통 심리적 피로는 주의력이 떨어지고, 사고가 느려지며, 기분이 저조해지고, 행동이 굼떠지는 식으로 표현된다. 특히 조급해지고, 짜증이 나며, 걱정이 많아지고, 권태로워지고, 일이 무료해지는 등의 현상이 나타난다. 다만 심리적으로 피로한 사람들은 생리적으로 피로한 사람들처럼 일반적인 감각의 민감도는 떨어지지만, 배고픔이나 자세의 불편함, 졸음 등의 자극에는 매우 민감하게 반응한다.

심리학자들에 따르면 심리적 피로가 생기는 주요한 원인은 업무에 대한 싫증이다. 즉, 심리적 피로로 발생하는 업무 효율의 저하는 본질적으로 말해 할 수 없는 것이 아니라 하지 않는 것이다. 이를테면 간혹 우리가 뇌를 쓰는 노동을 하다 보면 어느 정도 시간이 지난 뒤에는 마음이 초조해지고 산만해져 그 일을 하고 싶지 않게 된다. 하지만 솔직히 자신을 점검하면 결코 피로한 상태가 아니다. 다만 무슨 이유인지 모르게 그 일을 하고 싶지 않을 뿐이다.

불안하고 초조할 때 역시 우리는 심리적 피로를 느낀다. 예를 들어 어떤 일을 할 때 잘 못할까봐 지나친 걱정을 하면 이런 부담스러운 기분이 당신을 괴롭혀 정서적으로 다량의 에너지를 소비하게 하며 이로 인해 심리적 피로를 느끼게 된다.

하지만 심리적 피로에 가장 영향을 많이 끼치는 것은 바로 격려를 받았느냐 아니냐이다. 운동 경기가 끝났을 때 이긴 쪽이나 진 쪽이나 체력적 소비는 크게 차이나지 않는다. 하지만 이긴 쪽은 진 쪽보다 확실히 덜 피로하게 느낀다. 이는 이긴 팀이 관중들의 박수소리를 듣고 격려를 받으면서 감정이 격앙되어, 피곤하지 않은 것처럼 느껴지는 것뿐이다. 반면 진 쪽은 경기 결과에 대한 실망과 더불어 관중과 코치, 가족, 친구들로부터 받게 되는 스트레스로 인해 쉽게 의기소침해지며 경기를 할 때보다 더 피곤하다고 느낀다. 그러니 당신 스스로에게, 혹은 주변 사람들에게 칭찬과 격려를 해주는 것은 무척 중요한 일이다.

나에게 딱 맞는 운동 찾기 :
운동 심리학

각각의 운동은 심리적 특징을 포함하고 있으며 사람들에게 서로 다른 도움을 준다. 사람들이 각종 운동을 발명한 이유 가운데 하나도 이 때문일 것이다.

운동 심리학의 연구에 따르면 각종 체육활동은 일정한 심리적 자질이 바탕이 되어야 하는데 이를테면 높은 수준의 자기통제력, 굳은 자신감, 과감한 결단성, 강인한 의지 등이 그런 것들이다. 그러므로 이런 점을 겨냥해 꾸준히 운동을 하면 자신의 성격을 건강하게 만드는 특별한 효과를 누릴 수 있다.

사람들과 잘 어울리는 게 어려운 사람은 축구나 농구, 배구, 릴레이 경주, 줄다리기 등 단체 운동으로 자신을 단련하는 것이 좋다. 이 종목들은 많은 사람의 협력이 필요하다. 따라서 이런 운동에 참여하면 당신의 괴팍한 습성을 개선하는 데에 도움을 받을 수 있으며 사람들과의 교류에도 적응할 수 있을 것이다.

담력이 약하고 위험한 일을 두려워하며 쉽게 얼굴이 빨개지고 어려운 일을 싫어하는 사람은 수영이나 스케이트, 스키, 권투, 레슬링, 도마, 뜀틀, 평균대 등의 운동을 하는 것이 좋다. 이런 운동은 끊임없이 수줍음과 두려움을 극복하고 용감하게 장애를 넘어 승리할 것을 요구하기 때문이다. 예를 들어 수영은 당신이 직접 물에 들어가지 않는 한 절대로 배울 수 없다. 물에 들어가는 것은 매우 큰 용기를 필요로 하지만, 일단 두려움을 이겨내면 수영을 배우는 일이 그리 어렵지 않음을 깨닫게 된다. 다른 운동들도 비슷한 특징이 있어 열심히 단련하면 담력을 키우고 어떤 일을 하든 더 능숙하게 처리할 수 있게 된다.

어떤 일을 할 때 자주 망설이며 과감히 결단하지 못하는 사람이라면 탁구나 테니스, 배드민턴, 권투, 허들, 높이뛰기, 멀리뛰기, 펜싱 등의 운동을 하는 것이 좋다. 이런 종목은 사람의 반응속도를 단련시키는 데에 도움이 된다. 이를테면 공이 넘어오면 맞받아친다든지, 순간적으로 어떻게 반격할지 생각해낸다든지, 한순간에 모든 능력을 발휘한다든지 하는 식으로 자신을 단련할 수 있다. 망설이고 방황하는 동안 타이밍을 놓치면 실패에 이를 수 있기에 이를 피하는 훈련을 하다 보면 과감한 결단성을 키울 수 있을 것이다.

성격이 급하고 충동적인 사람은 바둑이나 조깅, 장거리 보행, 수영, 자전거, 사격 등의 운동을 하면 좋다. 이런 종목들은 소요되는 시간이 긴 운동이다. 운동을 하는 동안 당신은 자신을 조절할 수 있게 되며 힘을 적절히 안배해 합리적으로 발휘할 수 있게 된다.

평소 맡은 임무를 끝까지 완수하지 못할까봐 걱정하는 사람이라면 줄넘기나 엎드려 팔굽혀펴기, 달리기 등의 운동을 하면 좋다. 스스로 정한 숫자를 완수하지 못할 경우 쉬지 못하게 하면, 끝까지 꾸준히 하는 습관을 들일 수 있게 된다.

중요한 일을 할 때 쉽게 긴장하거나 흥분하는 사람은 격렬한 종목인 축구나 농구, 배구 등의 운동을 하면 도움이 된다. 이렇게 긴장되고 격렬한 경기에서는 침착하고 냉정해야만 승리를 거둘 수 있기 때문이다. 이런 운동으로 자주 자신을 단련하면 어떤 일을 만나도 지나치게 긴장하거나 당황하지 않게 된다.

스스로 지기 싫어하고 자부심이 강한 사람은 난이도가 있고 동작이 복잡한 다이빙이나 체조, 마라톤, 리듬체조 등의 운동으로 자신을 단련하면 좋다. 자신보다 수준이 높은 상대를 찾아 바둑이나 탁구, 배드민턴을 치는 것도 도움이 된다. 이런 종목은 자만심이 강한 당신에게 교훈을 주며, 스스로 결코 잘난 척할 이유가 없음을 깨닫게 해준다.

이것이 아니라면 저것이라도 :
보상심리

A는 한 연구소에서 정직하고 열심히 일해 그곳의 중추 역할을 맡게 됐다. 하지만 여러 해 뒤에도 그는 여전히 수석 엔지니어가 되지 못하고 있었다. 그는 이런 현실을 인정할 수 없었지만 달리 어쩔 도리가 없었다. 그 때문에 그는 점점 더 의기소침해졌고 때로는 작은 일로 화를 냈다.

동료인 B도 A와 같은 시기에 연구소에 왔고 이후의 상황도 비슷했다. 그 역시 수석 엔지니어가 되지 못했을 때는 괴로웠지만 그렇게 속만 끓여봤자 문제를 해결할 수 없다는 사실을 깨달았다. 그는 스스로 마음을 바꿔 먹기로 생각하고 몇 년 동안 영어도 배우고 경영 이론 수업도 들었다. 훗날 그는 연구소에 사표를 내고 과학 기술 업체를 차려 잘나가는 사장님이 됐다.

똑같은 상황에서 한 사람은 괴로워했고 다른 한사람은 즐거워했으며, 한 사람은 부정적이었고 다른 한 사람은 긍정적이었다. A는 한

가지 길에만 매달려 고지식하게 굴었기에 다른 길을 찾지 못했다. 반면 B는 A와 달리 적극적으로 다른 길을 찾았으며 이 길이 통하지 않으면 또 다른 길로 갔다. 그는 주의력과 생각을 전환해 오히려 전화위복의 기회를 만들었다. 이것이 바로 보상심리의 엄청난 효과이다.

사람이 넘기 어려운 장애를 만났을 때 가끔은 처음의 목표를 포기해야 하기도 한다. 그럴 때 비슷한 목표를 실현하는 방법으로 자신의 욕구를 만족시키는 것을 '보상' 행동이라고 한다.

보상이란 생리학적 의미로 봤을 때 인체의 자기조절 기능으로, 한 기관의 기능이나 구조에 문제가 생겼을 때 원래 기관의 온전한 부분이나 다른 기관이 그 기능을 대신하는 것을 말한다. 생리학적 입장에서 분석하자면 보상은 '자각'과 '맹목' 둘로 구분할 수 있다. 자각적 보상은 자신의 장단점이 무엇인지 알고 이를 보완하려 한다. 반면 맹목적 보상은 자신의 장단점도 잘 모르면서 과도한 보상을 추구하다 잘못된 방향으로 발전해 인격의 조화로운 통일을 깨뜨리고 만다. 또한 심리적 충돌을 심화시켜 적응에 어려움을 초래해 인간관계에 나쁜 영향을 끼치기도 한다. 이처럼 보상심리는 건설적인 면도 있지만 파괴적인 면도 분명히 존재한다.

보상의 심리는 종종 현실에서 부족한 점을 보완하려 하기에 고통에서 벗어나 심리적 균형을 이루는 작용을 한다. 예를 들어 본래는 테니스를 치고 싶었지만 비가 와서 실내에서 할 수 있는 탁구를 친다거나, 원래는 A회사에 들어가고 싶었지만 조건이 비슷한 B회사에 들어가는 것이다. 혹은 A와 연애에 성공하지 못해 A와 비슷한 특징이 있는 B를 새로운 목표로 삼을 수도 있다.

　이런 보상 행동에는 특징이 하나 있는데 B가 A에 비해 너무 쉽게 이를 수 있거나 A보다 가치가 덜할 경우 A를 대신하기 힘들다는 것이다. B를 얻기 위한 어려움이 A와 비슷하거나 더 클 때 B는 큰 보상의 가치가 있게 된다. 물론 보상심리가 아무 상황에서나 다 생겨나는 것은 아니다. 최초의 목표에 대한 갈망이 강렬하고 절박했을 경우에는 이를 대신할 만한 대상을 찾기 매우 어렵다. 또한 보상 행동에는 또 다른 특징이 있는데 자신의 욕구를 사회적으로 높은 평가를 받는 대상으로 전환한다는 것이다. 이런 상황을 심리학에서는 '승화'라고 한다. 이 개념은 정신분석학자 프로이트가 고안한 것으로, 그의 관점에 따르면 모든 고차원적 활동은 '성욕'을 승화한 결과라고 한다.

　어느 대학교의 노교수는 젊은 시절 지성미가 넘치는 여성과 연애를 했었다. 하지만 안타깝게도 운명의 장난이었는지 그녀는 다른 사람의 아내가 되고 말았다. 이 일은 그에게 매우 큰 충격을 줬고 그는 그녀보다 나은 여자를 찾을 수 없다고 생각하며 평생 혼자 살았다. 대신 그는 자신의 모든 정력과 열정을 학문에 쏟아 부었고 학계를 대표하는 학자가 됐다.

　이것이 바로 승화의 위대한 효과이다. 우리의 생활 속에서도 종종 이런 승화의 예를 볼 수 있다. 이를테면 어떤 사람은 공격욕구를 배설하기 위해 권투를 연마해 권투 선수가 되기도 하고, 어떤 사람은 예술 작품을 만드는 일에 매진한 끝에 뛰어난 예술가가 되기도 한다.

예뻐질 수 있는 최고의 비법 :
심리적 미용

　정신적 스트레스는 내분비계통에 혼란을 주어 심신의 기능 실조가 지속되게 한다. 이로 이해 피부가 건조해지고 늘어지며 광채를 잃고 얼굴색도 푸석해진다. 이럴 때 필요한 것이 바로 심리적 미용이다. 여기서 심리적 미용이란 심리적 시각에서 사람의 마음속에 숨겨진 우울한 기분을 풀고 생활에 대한 자신감을 불어넣어 낙관적이고 유쾌한 심리상태로 만들어주는 것을 말한다. 이를 잘 활용하면, 신체적인 변화까지 바로 느낄 수 있다. 혈액의 순환을 촉진하고, 얼굴과 전신 근육의 피부 세포 대사를 활성화시키며, 피부에 광채와 탄력을 주고, 온몸에 활력이 넘치게 하는 것이다.

　심리적 미용은 크게 나쁜 감정 제거법과 건강한 심리 훈련법으로 나눌 수 있다. 그 중 나쁜 감정 제거법은 '취미를 통해 우울함을 제거하는 법', '아름다운 마음 가꾸는 법', '눈물로 우울함을 해소하는 법', '마음속 고충을 하소연하는 법' 등을 포함한다. 또한 건강한 심리

훈련법은 '업무 훈련법'과 '음악 훈련법', '휴식 훈련법', '미소 훈련법' 등을 포함하며 그 중 미소 훈련법은 사람들이 가장 기꺼이 받아들이며 빠른 효과를 볼 수 있는 방법이다. 아래에 간단한 방법 몇 가지를 소개한다.

> (1) 유쾌한 기분을 유지한다 : 심리학자들에 따르면 유쾌한 기분은 사람을 즐겁고 만족스러운 상태로 만들어준다고 한다. 또한 인체의 여러 호르몬의 정상 분비와 대뇌 기능과 혈액순환의 조절에 도움이 되며 아름다움이 안에서부터 밖으로 확산되어 나오게 한다.
>
> (2) 유머를 활용한다 : 유머는 사람의 건강을 지킬 수 있는 훌륭한 처방이다. 유머와 익살이 넘치는 말과 행동은 사람의 기분을 유쾌하게 만들며, 생활 속 모순과 충돌을 완화해주고, 심리적 균형을 유지하게 해주는 윤활유가 된다.
>
> (3) 속마음을 털어 놓는다 : 이는 꽤 효과적인 자기심리조절 방법이다. 고민과 걱정이 쌓일 때, 특히 심리가 경색될 때 친한 친구나 동료, 신경정신과 의사 등에게 하소연을 통해 마음에 맺힌 것을 풀도록 하라. 이를 통해 좌절을 맛본 마음은 어느 정도 위안을 얻을 수 있으며 감정의 상처도 다소나마 아물 수 있다.
>
> (4) 관용을 배워라 : 관용은 사람과 사람 사이의 틈을 없애주고 좋은 인간관계와 생활환경을 조성해준다. 일상생활에서 부

부와 이웃, 동료 사이에 갈등과 고민이 생기는 것은 막기 어려운 일이다. 이럴 때 그런 갈등과 고민을 제대로 처리하지 않으면 심리적 문제가 생기게 되고, 생활과 일에도 영향을 주게 된다. 특히 상대가 자신을 오해하거나 상처를 입었다면 본능적으로 보복을 하려 할 수도 있다. 이런 보복은 분노를 해소하고 마음속 부담을 덜어 잠시 통쾌해질 수 있지만 모순을 격화시키며 심지어 나쁜 결과를 만들 수도 있다. 이럴 때 가장 좋은 방법은 한 발 물러서서 마음을 열고 관용을 선택하는 것이다. 폭넓게 품을 줄 알면 기분도 좋아지고 내면에서부터 외면으로 아름다움이 배어나오게 된다.

(5) 상상 미용법 활용하기 : 매일 밤 잠들기 전에 단정하게 가부좌를 틀고 침대에 앉아 호흡을 깊게 세 번 한 뒤 온몸의 힘을 빼고 자연스럽게 호흡해보라. 스스로 물이 맑은 호숫가에 있다고 상상해보라. 머리 위에는 밝은 달이 떠있고 호수 근처에는 방석처럼 푸른 풀들이 자라있다. 이 상태에서 자신의 피부가 달빛처럼 깨끗하고 호수처럼 촉촉하다고 상상해보라. 얼굴에 주근깨가 있다면 그 주근깨들이 사라지고 피부에 윤이 나며 부드러워진다고 상상해도 좋다. 이 미용법을 매일 15분씩 2주 정도만 지속하면 효과를 볼 수 있을 것이다. 상상 미용법이라니 듣기에는 황당할 수 있지만 확실히 효과가 있는 심리적 미용 방법 가운데 하나이니 직접 시도해보라.

말 한 마디로 마음을 움직인다 :
대화 심리학

똑같은 말이라 해도 어떻게 하느냐에 따라 효과는 다르게 마련이다. 그렇다면 어떻게 해야 나의 말로 다른 사람의 마음을 움직일 수 있을까? 대화하는 상대의 마음을 겨냥한다는 것은 구체적으로 그들의 심리상태와 약점을 분석하는 일이다. 이를 통해 어느 때에 말을 해야 하고 또 어느 때에 말을 하지 말아야 할지 혹은 말을 얼마나 해야 할지 알 수 있다.

심리학자들은 종종 말로써 사람의 마음 속 비밀번호를 풀어낸다. 언어와 마음은 역으로 이용할 수 있기에 우리가 심리학의 오묘함을 이해하면 대화하는 상대의 마음 속 비밀번호로 풀어낼 수 있다. 그러면 대립과 적의에서 비롯된 감정의 오해를 여유 있게 해결할 수 있다.

신경정신과 의사인 A는 비 오는 날 차를 몰고 가다 교차로에서 자전거와 살짝 부딪쳤다. 자전거를 몰던 사람은 비명을 지르며 바닥으로 넘어갔다. A는 서둘러 차에서 내려 자전거를 몰던 사람을 살폈다. 상대는 가방을 멘 젊은이로 자전거도 새 것이고 일부러 사고를 낸 것처럼 보이지 않았다. 이에 A는 젊은이를 일으켜 세워주며 따뜻하게 말했다. "우선 누구의 잘못인지 따지지 맙시다. 혹시 다친 곳은 없나요?"

A는 한눈에 젊은이가 상당히 기분이 상해있음을 알아챘다. 이럴 때 차에서 내리자마자 그와 말다툼을 벌이는 것은 아무런 의미도 없을뿐더러 상대의 화를 돋울 것이 분명했다. 그 때문에 A는 첫 마디에 상대가 다친 곳이 없는지 관심어린 말을 건넨 것이다.

이 말을 들은 젊은이는 순간 뭐라 대꾸해야 좋을지 몰라 어리둥절해했다. 이에 A가 다시 말했다. "다행히 다치지는 않은 것 같네요. 정말 다행입니다. 그럼 이 일을 어떻게 처리하면 좋을 것 같나요? 제 생각에는 경찰을 불러 처리하고, 후속 조치를 위해 보험회사를 부르면 될 것 같은데요……." 하지만 A의 말이 미처 끝나기도 전에 젊은이가 미소를 띠며 말했다. "괜찮습니다. 다치지 않았냐고 관심 보여주셔서 감사합니다. 안녕히 가세요." 그런 다음 그는 자전거를 타고 떠났다.

심리학자들의 말에 따르면 감정이란 일종의 미묘한 반응으로 때로는 한 마디 말로 상대의 마음을 움직일 수 있다. 여기서 핵심은 말하는 사람의 성의가 가득 담겨 있어야 한다는 것이다. 그러려면 어떤 일이 일어났을 때 일단 화를 자제하고 상대와 입장을 바꿔 생각해볼 줄 알아야 한다.

스위스의 심리학자 칼 구스타프 융Carl Gustav Jung(스위스의 정신과 의사로 연상실험을 창시해 S.프로이트가 말한 억압된 것을 입증하고, '콤플렉스'라 이름 붙였다–역주)은 말했다. "사물 자체는 중요하지 않으며 실제로 중요한 것은 어떻게 그 사물을 대하느냐이다."

언젠가 어느 심리학자가 일곱 살의 두 아이를 찾아 심리실험을 진행했다. 그 중 데이비드는 가난한 집안의 아이로 형제가 여섯이나 있었다. 반면 마이크는 부유한 의사 집안의 외동아들이었다. 심리학자는 두 아이에게 어린 토끼가 식탁 옆에서 울고 있고 엄마 토끼가 정색을 한 채 옆에 서 있는 모습의 그림을 보여줬다. 그는 각각의 아이에게 이 그림이 어떤 의미를 담고 있는지 설명해보라고 했다.

그림을 본 데이비드가 말했다. "어린 토끼는 배불리 먹지 못해 울고 있어요. 더 먹고 싶은데 집에 먹을 게 없는 거예요. 그러니까 엄마 토끼도 똑같이 슬픈 거죠." 반면 마이크는 다음과 같이 말했다. "어린 토끼는 다 먹지 못해서 울고 있는 거예요. 더 이상 뭘 먹고 싶지 않거든요. 근데 엄마 토끼는 꼭 먹어야 된다고 강요하고요."

이 실험을 통해 알 수 있듯이, 사람들은 어떤 환경에 있느냐에 따라 다른 시각으로 문제를 바라본다. 그러니 어떤 일에 꼭 옳고 그름이 존재하는 것은 아니다. 다만 사람마다 보는 시각이 다른 것뿐이다.

그러므로 화를 누를 줄 알고, 상대와 입장을 바꿔 생각할 줄 알며, 포용력 있는 태도로 상황을 대한다면, 서로 존중하고 이해할 수 있게 된다. 이렇게 자기조절 능력을 키우면 말만으로도 상대의 마음을 움직일 수 있을 것이다.

내 안의 거대한 에너지 :
열정의 효과

"당신은 한 사람의 시간을 살 수도 있고, 한 사람의 정해진 일자리를 살 수도 있다. 하지만 열정은 살 수 없으며 어쩔 수 없이 쟁취해야만 한다."라고 미국 제너럴 푸즈사의 회장은 말한 바 있다. 심리학적 측면에서 봤을 때 열정은 당신에 대한 다른 사람의 태도를 바꿀 수 있는 기준이고, 성공학에서 열정은 노력하고 힘을 낼 수 있게 하는 동력이다. 열정이 뿜어내는 거대한 에너지가 있다면 우리의 인생은 더 화려하고 다채로워질 수 있다.

역사적인 수많은 격변과 기적은 사회적인 것이든, 경제적인 것이든, 철학 혹은 예술적인 것이든 참여자가 100%의 열정을 쏟았기에 실현할 수 있었다. 나폴레옹은 다른 사람이라면 일 년은 걸렸을 전쟁 준비를 2주 만에 끝낸 적도 있다. 이러한 차이는 전쟁에서 이기고자 하는 누구보다 강한 그의 열정에서 비롯된 것이다.

어느 쾌청한 오후, 미국의 작가 윌리엄 펠프스William Phelps는 뉴

욕의 5번가를 걷고 있다 자신의 양말에 구멍이 났다는 것을 떠올리고 새로운 양말을 사야겠다고 생각했다. 작가는 본래 양말 한 켤레를 사는 것이 그리 대단한 일이 아니라고 생각했다. 그는 처음 눈에 띈 양말 가게에 들어섰다. 열일곱 살도 채 되어 보이지 않는 소년이 그를 맞이하며 물었다. "선생님, 뭘 사시려고요?"

"양말 한 켤레를 사려 한단다." 작가가 보니 소년은 반짝거리는 눈 속에 열정을 가득 담고 있었다. "선생님이 세계에서 가장 좋은 양말 가게에 오셨다는 것을 아시나요?" 소년의 말에 작가는 순간 뭐라 말해야 좋을지 알 수 없어 당황했다. 양말 한 켤레를 사는 일이 그리 심각한 일이라 생각해본 적도 없고 이 가게에 들어온 것은 순전히 우연이었기 때문이다.

소년은 재빨리 상품 진열대에 있던 양말 몇 상자를 꺼내 일일이 작가에게 보여줬다. "아니, 잠깐만. 이보게. 나는 양말 한 켤레만 살 거네." 작가의 말에도 소년은 싱긋 웃으며 말했다. "저도 알고 있습니다. 하지만 여기 양말들이 얼마나 예쁜지 한 번 보여드리고 싶어서요. 정말 끝내줍니다!"

소년의 얼굴에는 장엄하고 신성한 기쁨이 넘쳐흘렀다. 작가는 그 모습을 보며 소년에 대한 흥미가 생겼고 양말을 사겠다는 생각은 저 멀리 던져버렸다. 그는 잠시 망설이다 소년에게 말했다. "자네가 앞으로도 이런 열정을 지킬 수 있다면, 또한 지금의 열정이 단순히 새 직업을 얻어서라든지 새로운 경험이 신기해서가 아니라면 아마 10년도 안 되어 자네는 미국에서 제일가는 장사꾼이 되어 있을 걸세."

목표에 대해 열정을 가지려면 당신은 매일 이 목표에 생각을 집중해야 한다. 이렇게 하루하루 반복하다 보면 목표에 대해 고도의 열정이 생길 수 있으며 그 목표를 위해 기꺼이 헌신할 수 있게 된다. 적극적인 마음가짐과 적극적인 행동은 열정의 정도를 높일 수 있다. 그러므로 당신은 열정을 위해 추구할 만한 가치가 있는 목표를 세워야 한다.

열정을 통해 우리는 잠재되어 있는 거대한 에너지를 방출할 수 있으며 강인한 성격을 발전시킬 수도 있다. 또한 열정을 통해 우리는 무미건조한 업무를 생동감 있고 흥미롭게 변화시킬 수 있으며, 스스로 활력이 충만해져 일에 대해 열렬해질 수도 있다. 뿐만 아니라 열정을 통해 우리는 주위의 동료들에게 영향을 줄 수 있으며, 그들이 당신을 이해하고 지지하게 만들어 좋은 인간관계를 맺을 수도 있다. 또한 열정을 통해 우리는 다른 사람들에게 신뢰를 얻고, 소중한 성장과 발전의 기회를 얻을 수도 있다.

100%의 열정으로 1%의 일을 하되 그 일이 얼마나 대단한 일인지 계산하려 하지 마라. 그러면 당신의 평범했던 매일도 훨씬 충실해지고 아름다워질 것이다.

제 7 장

가족과 나누는 시간

: 심리학으로 평생 행복하게 살기

잘못된 결혼 동기는 비극을 부른다

결혼에 대한 우리의 기대 심리

얼굴만 봐도 질리는 권태기

아버지가 전하는 심리적 유전자

아이를 제대로 사랑하는 방법

남을 사랑할 수 있는 아이로 키우기

적절한 통제와 훈육의 원칙

이혼을 선택할 때, 아이를 대하는 자세

사춘기 아이의 반항 심리

잘못된 결혼 동기는 비극을 부른다

심리학자 아들러는 "결혼이란 매우 높은 수준의 사상으로 이를 해결하기 위해서는 수많은 노력과 활동이 필요하다. 몸과 마음이 건강하지 않은 사람은 이 무거운 짐을 지기가 어렵다."라고 말한 바 있다.

실제로 결혼은 노력과 책임이 뒤따르는 일이다. 어떤 이유로 인해 충동적 혹은 도피성으로 결혼을 선택한다면, 스스로가 감당해야 할 노력과 책임에 대한 회피로 이어지고, 이는 크고 작은 문제를 일으킬 것이다.

연구에 따르면 흔히 볼 수 있는 건강하지 않은 결혼 동기는 다음과 같다. 아직 결혼 전이라면 자신이 왜 결혼하고 싶은지에 대한 진지한 고찰을 위해, 결혼 후라면 앞으로의 현명하고 행복한 결혼생활을 위해 살펴보길 바란다.

(1) 불행한 가정을 벗어나기 위해 : A의 아버지는 툭하면 술을

마시고 어머니와 싸워 집안은 조용할 틈이 없었다. 그는 일찍 결혼하면 이 시끄럽고 전쟁터 같은 집에서 벗어날 수 있을 것이라 생각했다. 그 때문에 A는 친구에게 소개받은 여성과 바로 결혼을 해버렸다. 하지만 결혼하고 난 뒤에야 자신과 아내가 서로를 전혀 이해하지 못한다는 사실을 깨달았다.

(2) 동정심 때문에 : 정의감이 넘치는 사람은 이성이 곤경에 빠진 상황을 보게 됐을 때 결혼이라는 충동적인 방식으로 상대를 구해내기도 한다. 하지만 그 결과는 서로를 다치게 할 뿐이다. 동정심은 고귀한 감정이지만 결혼의 동기가 될 수 없으며, 그렇게 성사된 결혼은 행복할 수 없다.

(3) 고마운 마음에 : A는 최근 자신의 결혼에 사랑이 없다는 사실을 깨닫고 매우 큰 슬픔을 느꼈다. 아내는 그를 사랑하지만 A는 지금까지 아내에게 진정한 사랑을 느껴본 적이 없다. 본래 A와 아내는 같은 회사 동료로 아내가 그에게 각별한 관심을 보였다. 그녀는 먼저 도시락을 싸다주거나 그의 옷을 세탁해주며 그를 감동시켰다. 그녀에게 고마운 마음이 컸던 A는 그녀의 사랑을 받아줬고 결혼을 하게 됐다. 하지만 그들은 결혼한 뒤 결코 행복하지 않았다. 은혜를 갚기 위해, 고마운 마음에 하는 결혼도 동정심으로 하는 결혼만큼이나 해서는 안 될 일이다.

(4) 홧김에 충동적으로 : 사랑이 좌절됐다고 홧김에 다른 사람과 서둘러 결혼하는 사람들은 이 결혼으로 원래의 연인을 잊고

자신을 버린 사람에게 상처를 줄 수 있을 것이라 생각한다. 하지만 이런 결혼은 아무 상관없는 사람의 감정을 다치게 할 수 있을 뿐만 아니라 자신이 누릴 평생의 행복을 망가뜨릴 수도 있다.

(5) 외부의 압력에 굴복해서 : 가족들의 강한 압박 때문에 사랑하는 사람과 헤어지고 부모님이 권유하는 상대방과 결혼하는 경우도 종종 있다. 비슷한 집안의 두 남녀가 만나면 항상 좋은 걸까? 설령 돈과 권력을 모두 얻는다 하더라도, 반드시 내면으로부터 행복감을 느낄 수 있는 것은 아니다.

(6) 충동적인 마음 때문에 : 어느 젊은 남자와 여자가 서로 호감을 갖고 있었다. 그런데 여자가 아무리 좋다는 암시를 줘도 남자가 둘 사이의 관계를 명확히 하지 않았다. 마음이 급해진 여자는 다른 남자를 만났기 시작했고, 그러자 이번에는 남자가 애가 닳아 서둘러 여자와의 관계를 분명히 하고 연애를 시작했다. 이것은 일종의 충동적 심리 때문이었다. 마치 물건을 살까 말까 망설이고 있을 때 다른 사람이 사려고 하면 일단 사고 보는 것처럼 말이다.

(7) 나이가 많아져서 : 나이가 많아져 결혼 상대를 고르려 하면 현실적으로 선택할 수 있는 폭이 좁아질 수밖에 없다. 하지만 그렇다고 해서 지나치게 서둘러 결정을 내리면 안 된다. 누구와 결혼할지 결정하는 것은 순간이지만 서로 의지하며 살아나가야 할 세월은 길기 때문이다. 그러므로 결혼을 위한

결혼을 해서는 안 된다.

(8) 임신을 해서 할 수 없이 : 많은 젊은 연인이 임신 때문에 결혼하는 경우가 종종 있다. 결혼생활이 잘 맞으면 행운이지만 그렇지 않을 경우에는 자신이 저지른 잘못을 곱씹으며 살 수밖에 없다.

결혼에 대한 우리의 기대심리

결혼한 남녀의 심리적 특징을 조사한 결과, 몇 가지 항목에서 남성들의 부정적인 답변이 도드라졌다. 예를 들어 결혼한 뒤 감정이 변했다든지 바람을 피우는 남성이 여성의 5.5배였으며, 오래된 것보다 새로운 것이 좋다는 남성이 여성의 3.6배였고, 먼저 나서서 집안일을 하지 않는다는 남성이 여성의 3배였다. 또한 곤란한 상황에 처했을 때 아내를 원망하거나 독단적으로 일을 처리한 남성은 여성의 1.6~2배였다. 1~4년 동안의 추적 조사에 따르면, 남성이 결혼의 갈등에 대해 더 큰 책임을 가지고 있었다.

반면 여성들은 대부분 결혼생활을 위해 책임감을 가지고 노력하는 모습을 보여주었으나, 결혼에 대한 실망 정도가 남성보다 훨씬 높았다. 예를 들어 남성보다 3배나 많은 여성이 결혼한 뒤 완벽하던 상대가 평범해졌다고 대답했으며, 남성보다 2배나 많은 여성이 결혼은 사랑의 무덤이라고 응답했다. 또한 남성보다 2배나 많은 여성이 결혼 전에 낭만적이었던 생활이 무미건조해졌다고 답했다. 이 결과를 보면 여성들의 결혼에 대한 기대치와 이상화 정도가 남성보다 훨씬 높다는 것을 알 수 있다. 그 때문에 결혼생활에 대한 실망의 정도도 자연히 남성보다 높은 것이다.

그렇다면 부부관계에 있어 남녀 사이에는 어떤 차이가 있을까? 서로의 생각과 가치관이 가장 대비되는 몇 가지를 살펴보자.

많은 여성들이 자기 손으로 집안일을 처리하려 한다. 대부분의 아내는 집에서 바쁘게 움직이며 빨래와 식사 준비, 설거지를 해내고 연신 바닥을 닦아댄다. 오늘날 갈수록 더 많은 남편이 능동적 혹은 수동적으로 집안일을 하고 있지만 그렇다고 아내가 쉴 수 있는 것은 아니다. 아내들은 남편이 한 집안일에 이러쿵저러쿵 잔소리를 늘어놓거나 아예 남편이 한 일을 다시 한 번 반복하기도 한다. 이럴 때 마음의 상처를 입은 남편들은 "앞으로는 당신 혼자 해!"라고 말하기도 한다. 하지만 집안 살림은 부부 모두의 의무이다. 그러므로 아내는 남편이 서툰 솜씨로라도 집안일에 참여하도록 인내심을 가지고 요령을 터득하게 해야 하고, 남편 역시 집안일을 '돕는 것'이라는 생각이 아니라 '함께하는 것'이라는 인식의 전환이 필요하다.

감정 공유에 대한 문제도 빠질 수 없다. 밖에서 불쾌한 일이 있었어도 집에서 말이나 표정으로 잘 드러내지 않는 남편들이 많다. 반면 대부분의 아내는 이런 점을 서운해한다. 집에까지 부정적인 감정을 가져오고 싶지 않은 남편과 모든 것을 공유하길 원하는 아내 중에서 어느 한쪽이 무조건 옳다고 말할 수는 없다. 다만 중요한 것은 이렇게 서로 다른 가치관이 오해를 부르고, 이는 서운함과 무관심, 분노라는 극단적인 감정으로 이어진다는 것이다. 그러므로 언제 어떤 식의 감정을 느끼게 되는지에 대해서 차분하고 솔직한 대화가 반드시 필요하다.

또한 남편은 알게 모르게 남자로서의 자존심을 드러내려 하는 반면, 여자는 사랑받고 있음을 확인하길 원한다. 예를 들어 아내를 생각해서 새 옷을 사들고 집에 왔는데 돌아오는 것이 "별로야. 이런 걸 왜 사왔어?"라는 차가운 반응뿐이라면 남편은 자존심에 큰 상처를 입고 말 것이다. 반면 아내가 신이 나서 새 옷을 입고 남편에게 선보였는데 남편이 무표정하게 "당신이 입으니까 별로인데. 당신 동생이 입으면 더 어울리겠다."라고 말했다고 해보자. 말한 사람은 별 뜻이 없을지 모르지만, 아내는 생각이 꼬리를 물며 감정이 요동치게 된다.

이렇게 열거한 부부의 심리 차이는 공통적 특성일 뿐 개인마다 차이가 있을 수 있다. 다만 남녀가 결혼을 꿈꾸며 당연하다고 생각했던 것들이 상대방에게는 당연하지 않은 일일 수도 있다는 것을 반드시 기억해야 한다. 구체적으로 어떤 차이가 있든 부부 사이의 심리적 차이에 대해 결코 소홀히 해서는 안 된다. 서로의 장점을 취하고 단점을 보완해야 원만한 부부 생활을 할 수 있다.

얼굴만 봐도 질리는 권태기

오랫동안 같은 사물을 접촉하거나 한 가지 일에 종사했을 때 피로감이 생기는 경험을 누구나 해본 적이 있을 것이다. 아무리 예쁜 그림이나 아름다운 음악도 여러 번 반복해서 보고 듣다 보면 원래의 아름다움이 퇴색되게 마련이며 점차 단조롭게 느껴진다. 마찬가지로 변화가 없고 무미건조한 결혼 생활도 이런 심리 반응이 생길 수 있는데, 이게 바로 '권태기'이다.

A는 날이 갈수록 더 집에 돌아가기 싫어졌다. 중년이 된 A는 사업이 잘 되어 밖에서 돈도 많이 벌고 사회적 지위도 높아져 즐거운 인생을 살고 있었다. 그렇게 되기까지 많은 고생을 했지만 그럴 만한 가치가 있는 희생이었다. 단 하나의 불만은 가정생활이 냉담하다는 것이었다. 그의 아내는 남편만큼이나 실력이 뛰어난 직장여성이었다. 두 사람은 일하고 쉬는 시간이 달라 벌써 몇 년째 따로 침대를 쓰고 있었다. 그러다 보니 함께 밥을 먹을 시간도 없고 주방은 새 것이

나 다름없었다. A는 종종 외롭다고 탄식하며 자신의 결혼생활에 문제가 있다고 생각했지만 도대체 어떻게 해야 좋을지 알 수 없었다.

부부문제를 다루는 심리상담가들의 지적에 따르면, 외로움과 단조로운 생활, 감정적 교류의 결여, 매력 상실 등은 사랑의 권태기가 오는 주요한 요소라고 한다. 특히 외로움은 이런 심리가 생기게 하는 중요한 원인이다. 만약 사람이 삶의 즐거움과 느낌을 함께 나눌 사람이 없으면 외로움이 생기게 된다. 이런 외로움은 결혼에 대한 실망과 분노로 이어지며 원래 있던 감정도 점차 사라지게 한다.

오랫동안 이어진 단조로운 생활도 사랑의 권태기를 부추기는 중요한 원인 중 하나다. 가정생활이 항상 같은 시간에 같은 방식으로만 이뤄진다면 흥미를 잃기 쉽다. 반면 밖에서 새로운 상대를 만나면 신선감과 자극을 느낄 수 있을뿐더러 사람의 마음을 끄는 모험적 요소가 보태어져 단조로움을 느끼는 쪽에 큰 유혹이 된다. 이럴 경우 원래의 결혼생활에 더욱 불만과 권태로움을 느낄 수밖에 없다.

부부 사이에 오랫동안 감정적인 교류가 없다는 것도 사랑의 권태기를 부르는 원인이다. 사실 부부 사이의 조화로운 관계는 감정의 정보를 교류하면서 형성되고 보호되는 것이다. 여기에는 서로에 대한 존중과 칭찬이 포함되어야 한다. 감정적 교류가 없는 부부는 그 틈이 생활의 각 방면으로 스며들어 점점 서로 멀어지게 되며 서로에게 염증을 느끼는 단계에까지 이르러 사랑의 권태기를 맞게 된다.

매력은 부부 양쪽이 서로를 사랑하는 데에 있어 없어서는 안 될 중요한 요소다. 하지만 적지 않은 부부가 자신의 배우자와 오래 생활하다 보면 익숙한 나머지 생리적으로 비밀이 없게 되고 더 이상 자신을 단장할 필요를 느끼지 못하게 된다. 이로 인해 이성으로서의 매력을 잃게 되고 싫증을 느끼게 된다. 그 때문에 자신을 계발하는 일에 게을러지게 되고 부부의 사이는 점점 더 멀어져 감정의 부조화를 만들고 만다. 이럴 때 역시 사랑의 권태기를 피하기 어렵다. 결혼생활의 신선함과 활력을 지키기 위해 다음과 같이 해야 한다.

(1) 배우자를 첫 번째로 하는 원칙을 세운다.
(2) 가정생활이 풍부하고 다채로워지도록 생일과 기념일 같은 특별한 날을 기억하라. 이런 날을 이용해 부부의 사랑을 불태울 수 있으며 생활에 대한 새로운 추구를 할 수 있다.
(3) 자주 상대를 칭찬하라. 실제로 칭찬은 상대가 정신적으로 버틸 수 있는 힘이 되며 행복을 얻는 원천이 된다.
(4) 자기계발을 위해 노력하라. 이는 자신의 매력을 유지하는 중요한 수단이다. 부부는 공동으로 생활하는 하나의 팀이자 두 명의 독립된 사람이다. 한 사람만의 향상으로 다른 사람을 이끌고 갈 수 없으며 서로 자신을 계발하고 향상될 때 결혼생활도 안정되고 조화로워질 수 있다.

아버지가 전하는 심리적 유전자

아이의 심리적 발달에 있어 아버지는 어느 정도의 영향력이 있을까? 이에 대한 답을 얻기 위해 미국의 한 연구팀은 3~12세의 나이에 부모와 함께 생활하는 아이 822명을 대상으로 연구와 분석을 진행했다.

연구팀은 우선 부모에게 다양한 질문을 하고 이를 통해 그들의 심리 건강 수준을 측정했다. 예를 들어 절망이나 슬픔, 불안감을 느끼는지, 자신의 가치에 대해 어떻게 생각하는지 등을 확인했다. 조사 결과, 부모의 심리가 모두 건강하지 않으면 아이 역시 정서적 불안감을 보였고 쉽게 충동적이 되거나 공격성을 드러냈다. 약한 아이를 괴롭히거나 남을 속이는 등의 문제 행동을 하는 경우도 많았다. 그러나 어머니의 심리가 불안한 경우에도, 아버지가 어머니를 지지하고 아이를 돌봐주면 아이의 행동과 정서에 문제가 생길 위험이 눈에 띄게 줄어들었다.

실제로 아버지가 아이에게 목말을 태워준다든지, 아이를 높이 올려 비행기를 태워주는 놀이만 해줘도 아이의 마음에는 큰 인상을 남기게 마련이다. 많은 심리학자들에 따르면, 아버지의 이런 거친 스타일의 놀아주기는 아이의 정서 교육에 중요한 역할을 한다고 한다. 아이들은 엄마를 사랑하지만 아빠를 더 필요로 한다. 실제로 아버지는 가정 안에서 다음과 같은 영향을 미친다.

1 아버지와 사회화

아이에게 아버지는 교육과 사회화에 있어 다양한 기능을 한다. 일단 아버지는 외부 세계의 경험과 지식을 몸소 아이에게 보여주며 가정의 범위를 넘어선 폭넓고 경쟁력 있는 사회의식을 심어준다. 뿐만 아니라 아이의 도덕적 성품이 발전할 수 있게 하며, 아이가 자기 통제력과 성취감 등에 문제가 있을 때 중요한 본보기가 될 수도 있다. 성취에 대한 기대가 큰 아버지가 자식의 교육에 개입하는 것은 매우 중요한 일이다. 또한 지구력과 성공의 동기, 문제의 분석과 해결 능력을 교육하는 일에 있어 아버지의 영향력은 매우 큰 편이다.

2 아버지와 성 역할

아이의 성 역할과 성별 적응행동의 발달에 있어 아버지의 영향은 특별히 중요하다. 아버지는 아들에게 남자다움의 교과서가 되어준다. 딸에게는 이성과의 상호작용에 있어 본보기가 될 뿐만 아니라 적극적인 여성화나 자아개념의 발달을 촉진시키기도 한다.

아버지의 교육이 제대로 되지 않은 아이는 이후 이성과의 교제를 할 때 문제가 생기기 쉽다. 그들은 성인이 된 뒤 연애나 결혼관계에 있어 조화롭지 못한 행동이 종종 나타나기도 하는데 이는 대개 아버지와 관련이 있다. 단순히 아버지가 집에 있다고 좋은 영향을 미칠 수 있는 것은 아니며 아버지와 자녀의 원만한 관계 유지가 중요하다.

3 아버지와 가정의 상호작용

한 가지 강조할 점은 아버지의 행동이 가정의 문화나 아이의 연령, 성별, 발육 상황에 있어 매우 중요한 영향을 끼친다는 사실이다. 특히 부모 두 사람 사이의 관계는 아이의 인격 발달에 큰 역할을 한다. 부모의 관계가 아이에게 중요한 남녀관계의 모델이 되기 때문이다. 관계가 원만한 부모는 서로를 이해할 줄 알며 가족들의 서로 다른 요구에 맞춰 합리적으로 자녀 양육의 책임을 분담한다. 반면 관계가 조화롭지 못한 부모는 종종 아이에게 부정적인 영향을 끼친다. 지배욕이 강한 아버지는 아이의 자주성과 독립성의 발달을 심각하게 방해한다. 아이의 심리적 기능은 부모 양쪽의 따뜻한 관심 가운데 발달할 수 있다.

아이를 제대로 사랑하는 방법

"아이에 대한 부모의 사랑이 부족하면 자녀는 고통을 느낄 수 있다. 반면 지나친 사랑은 위대한 감정임에도 아이를 망가뜨릴 수 있다." 라고 러시아의 교육학자 안톤 마카렌코Anton Semyonovich Makarenko는 말한 바 있다.

오늘날 수많은 부모가 '사랑'이란 이름으로 자녀가 건강하게 생존할 능력을 앗아가고 있다. 예를 들어 어떤 부모들은 아이를 교육할 때 사회규범을 따를 책임은 가르치지 않은 채 아이를 중심으로 가정이 돌아가게 한다. 이럴 경우 아이 역시 자기중심적인 사람이 되어 성인이 된 뒤 사회에 적응하지 못하는 현상을 보인다. 또 어떤 부모들은 아이의 학업에는 시간과 돈을 아낌없이 투자하면서도 집안일은 조금도 시키려 하지 않는다. 사실 가정교육의 최종적인 목표는 아이가 부모로부터 독립해 성공적으로 자신의 생활을 영위해나가는 것에 있다. 그런 의미에서 집안일을 하는 것은 그들의 능력과 자신감, 책임감을 키워주는 효과적인 방법이다.

부모라면 누구나 자식이 훌륭한 인물이 되길 바라는 꿈을 갖고 있을 것이다. 그 때문에 아이에게 좋은 교육을 가르치려 하는 것이 아닌가. 그런데 그 교육의 과정에 있어 많은 부모가 심리적 오해에 빠지곤 한다. 가정교육이 이런 심리적 오해에 빠지는 것을 막기 위해 심리학자들은 다음과 같은 몇 가지 제안을 한다.

1 말로 하는 교육보다 몸으로 보여주는 교육을 하라

어떤 부모들은 아이에게 매우 엄격한 기준과 실천을 요구하면서도, 자신의 본보기 효과가 얼마나 큰지에 대해서는 신경 쓰지 않는다. 이럴 경우 아이를 제대로 교육할 수 없을 뿐만 아니라 위선과 같은 불량한 성품을 배우기 쉽다. 이런 환경에서 자란 아이는 외로움을 잘 타고 남에게 냉담하며 학습과 생활이 산만하고 지적 욕구가 부족하다.

2 아이와 친구가 되라

부모의 독단적인 교육 아래 자란 아이는 저항심 혹은 의존심이 강해진다. 독립적으로 결정할 수 있는 능력이 부족해지므로, 복잡한 사회 환경 속에서 자신을 잃고 상처받기 쉽다.

3 책임감을 키워주라

무슨 일이 생겼다고 늘 부모가 급하게 출동해야 하는 것은 아니다. 때로는 아이 스스로 그 일을 책임지고 완수하도록 해야 한다. 예를 들어 아이가 친구의 물건을 잃어버렸을 때 부모가 대신 갚아주기보다는 아이가 자기 용돈을 들여 직접 갚아주도록 하는 것이 낫다. 또한 아이가 장난감을 잃어버렸다고 서둘러 다른 장난감을 사줄 필요도 없다. 이런 일이 반복되면 아이는 쉽게 물건을 잃어버리게 된다. 스스로 많은 책임을 질수록 아이는 성장할 수 있다.

4 교육에 대한 의견을 일치시켜라

아이를 교육할 때 부모의 의견이 서로 다르면 교육의 효과가 절반으로 떨어지게 된다. 따라서 부모는 아이를 교육하는 문제에 대해 서로 상의를 하고 의견을 일치시켜 아이 앞에서 서로를 질책하는 일이 없도록 해야 한다. 또한 아이를 교육하는 부모의 태도가 일관성을 유지할 수 있어야 한다. 그렇지 않으면 아이는 교육의 내용이 아니라 부모의 기분만을 살피게 된다.

남을 사랑할 수 있는 아이로 키우기

네 살짜리 A는 엄마와 외출을 하다 길에 넘어진 친구를 보게 됐다. 친구는 무릎이 깨져 울고 있었지만 A는 남의 불행에 신이 난 듯 큰 소리로 웃어댔다. 엄마와 식당에 간 A는 자기가 좋아하는 음식에만 손을 뻗어 자기 앞에 갖다 놓고 엄마와 함께 식사를 즐기지 않았다. 집으로 돌아오는 길에는 한 장애인을 보게 됐는데 동정심을 보이는 모습 없이 손가락질을 하며 웃기만 했다. 엄마는 이런 A가 걱정이 됐지만 도무지 어디서부터 어떻게 가르쳐야 할지 알 수 없었다. 다만 A의 행동 때문에 화가 날 뿐이었다.

    A의 이런 행동은 자기중심적인 사고 때문에 벌어지는 일이다. 자기중심적인 사고는 본래 유아 단계에 있는 아이들의 주요한 심리적 특징이다. 아이의 자아의식이 발달하면서 반드시 나타나는 단계이므로, 다시 말해 '자기중심적'인 생각은 모든 아이에게 다 있다는 뜻이다. 이 단계에서 부모가 아이에게 적극적이고 긍정적인 유도를

하면 아이는 자연스럽게 이 틀에서 벗어날 수 있다. 그런데 만약 부모가 아이를 이 틀에서 벗어나도록 인도하지 않는다면 아이의 자기중심적인 경향을 더욱 심각해져 5세가 지나면 교정하기 어려워진다. 이런 아이는 자신의 욕구나 이익에 주의력이 과도하게 집중되어 있으며 자신의 생각과 다른 정보를 받아들이지 않는다. 이는 일종의 병적인 심리상태라고 할 수 있다.

아이가 이렇게 자기중심이 되는 이유는 매우 간단하다. 어려서부터 부모가 아이를 가정의 중심에 두었기에 아이는 그것이 자연스럽게 습관이 되는 것이다. 또한 부모가 지나치게 아이의 필요를 만족시켜줄 경우 이 역시 이기심의 촉매제가 된다. 부모가 아이에게 너무 많이 주면 아이는 그것을 당연하게 생각한다. 이기적인 아이는 자신이 이기적이란 사실을 깨닫지 못한다. 그들은 자신의 이익을 만족시키기 위해 누구도 돌아보지 않으며 거기에는 부모도 포함되어 있다. 부모가 아이의 이런 이기심을 신경 쓰지 않으면 아이가 사회와 접촉하게 됐을 때 문제가 발생한다. 그들은 이미 타인을 지배하는 것이 습관이 되어 있기 때문이다. 이런 지배 행동은 그들을 벽에 부딪치게 하며 더불어 아이의 심리를 연약하고 민감하게 만든다. 그들은 좌절에 대처하는 능력이 부족해 제때 심리적 스트레스를 풀어주지 못하며 조금만 어려운 일이 있어도 받아들이지 못한다.

아이의 이런 자기중심적인 심리를 없애주고 싶다면 아이가 다른 사랑을 사랑하는 마음을 키워줘야 한다. 많은 부모가 아이를 위해 이런저런 인생의 목표를 설계해주지만 남을 먼저 생각하는 이타심에 대한 교육은 신경 쓰지 않는다. 심리학자들에 따르면 아이의 이타심을 키워주는 교육은 다른 학습능력을 가르치는 것만큼 중요한 일이다.

아이에 대한 부모의 사랑과 보호에도 적당한 선이 있다. 아이를 독립되고 평등한 인격으로 대할 때 아이는 마음과 몸 모두 건강하게 자랄 수 있다. 그러므로 아이의 자기중심적인 사고를 막으려면 부모가 의식적으로 가정의 관심이 집중되는 대상을 바꿔야만 한다. 아이를 다른 가족 구성원과 평등한 사람으로 보며 돌봄이 필요한 대상으로 여기면 안 된다. 그래야만 아이는 자신이 누구인지 정확히 인식할 수 있으며 더불어 다른 사람의 존재도 볼 수 있다.

둘째, 부모는 자녀에게만 애정을 쏟아 붓는 교육방식에서 벗어나 아이가 다른 사람과 입장을 바꿔 생각할 수 있게 가르쳐야 한다. 아이가 자기중심적인 사고와 행동에서 벗어나려면 반드시 부모의 인도가 필요하다. 부모는 재미있는 이야기를 들려주거나 게임을 하는 방식으로 아이가 다른 사람을 인식하고 이해하며 동정할 수 있게 해야 하며 이를 통해 '자신'에서 '타인'에게 관심을 가질 수 있게 도와야 한다.

마지막으로 부모는 아이가 다양한 단체 활동에 참여할 수 있게 해야 한다. 지나치게 아이를 감싸고 보호하다 보면 다른 사람들과 접촉할 기회를 잃게 되며 이로 인해 다른 사람의 가치를 인식할 기회도 잃게 된다. 단체 활동을 통해 아이는 성공이 가져오는 기쁨을 느끼게 되며 다른 사람과 힘을 모으는 것의 의미를 깨닫게 되어 자기중심의 틀에서 벗어나게 된다. 또한 부모는 아이를 데리고 여러 공익적인 활동에 참여하는 것도 좋다. 이런 활동은 자기중심적인 사고 극복과 더불어 '사랑의 능력'을 키우는 데에 큰 도움이 되기 때문이다.

적절한 통제와 훈육의 원칙

5, 6세 아이들이 부모의 말을 잘 듣지 않는 것은 매우 흔한 일이다. 아이가 당신의 말에 귀를 기울이지 않을 때 당신은 어떻게 해야 할까? 도대체 어떻게 해야 아이가 귀를 쫑긋 세우고 당신의 말 한 마디 한 마디에 귀를 기울이게 할 수 있을까?

5, 6세 아이가 당신의 말을 잘 듣지 않는 것은 대개 지금 자기가 하고 있는 일에 온 신경을 집중하고 있기 때문이다. 이 나이대의 아이는 더 어릴 때보다 흥미의 범위가 넓어지고 강도도 강해지며 주의력을 유지할 수 있는 시간도 늘어난다. 그렇기 때문에 당장 손에 잡고 있는 일을 멈추지 못하는 것이다. 게다가 그들은 한창 그 일에 빠져 있지 않은가. 때로는 아이에 대한 부모의 기대치가 너무 높아 유치원에서 선생님의 말씀에 집중하는 것처럼 집에서도 똑같이 할 수 있을 것이라 단정한다. 하지만 아이는 일단 집으로 돌아오면 마음이 편안해지고 가벼워져 부모님의 말씀을 선생님의 말씀처럼 귀 기울여

야 한다고 생각하지 않는다. 간혹 아이가 산만하고 집중력이 떨어지는 모습을 보이는데 이는 아이 스스로 통제능력이 있음을 보여주려 하는 것이다. 이를테면 아이는 부모를 외면하는 방식으로 "내 생각대로 할 거야. 나는 내가 하고 싶을 때 할 거야."라고 말하는 것이다. 물론 아이가 피곤하거나 배고프고 화가 날 때도 부모의 말에 잘 따르려 하지 않는다.

여기에서 주목할 점은 당신이 아이를 질책할수록 아이는 더 말을 듣지 않는다는 사실이다. 이럴 때 부모가 입장을 바꿔 생각해보면 아이의 이런 행동을 이해할 수 있게 된다. 예를 들어 당신이 지금 텔레비전 프로그램을 열심히 보고 있는데 아내가 다음과 같이 말한다고 생각해보라. "텔레비전 꺼요. 밥 먹어야 돼요." 이 말에 당신이 아무 반응도 보이지 않는다면 아내는 화가 나서 더 강한 어조로 말할 것이다. "밥 먹어야 된다고요. 텔레비전 안 끄면 내일 당신이랑 영화 보러 안 갈 거예요." 이런 말을 듣는다면 당신은 기분이 어떨까? 고분고분 아내의 말을 따를 수 있을까?

부모는 아이에게 어떤 일을 시킬 때 전후사정을 분명히 일러줘야 한다. 또한 부모는 아이의 눈을 마주보며 당신이 지금 무슨 말을 하는지 알려주는 것이 중요하다. 전문가들의 조언에 따르면 아이가 부모의 말을 경청하게 하는 가장 좋은 방법은 아이에게 일의 원인과 결과에 대해 정확히 알려주는 것이다. 이를테면 아이에게 바로 목욕하지 않으면 책을 보거나 이야기를 들을 시간이 없어진다고 상세히 말해줘야 한다. 이 나이대의 아이들은 어떤 일을 해야 하는 이유에 대해 이해할 수 있으며 앞으로 어떤 일이 일어날지에 대해서도 생각하기 시작한다. 예를 들어 아이에게 어째서 유치원에 제시간에 가야 하는지 알려주려면 이렇게 말해볼 수 있다. "선생님은 네가 제시간에 오기를 바라셔. 그래야 어제 해주시던 이야기 뒷부분을 계속 이어서 들려주실 수 있거든. 그리고 네가 유치원에 늦으면 엄마도 회사에 늦게 가게 된단다."

만약 당신의 요구에 대해 아이가 좀처럼 어떤 반응도 보이지 않는다면 자신이 한 번에 너무 많은 것을 요구하는 것은 아닌지 되돌아 봐야 한다. 실제로 어떤 부모는 아이에게 이렇게 요구한다. "시간 다 됐다. 먼저 갖고 놀던 장난감 치우고 양치질 한 다음에 세수해. 자기 전에 잠옷으로 갈아입는 것 잊지 말고." 하지만 아이는 한 번에 그 모든 요구를 기억하기 어렵다. 그러므로 부모는 아이에게 뭘 하라고 요구할 때 최대한 간단히 말해야 한다. 또한 이야기하고 30초 정도는 아이가 반응이 있는지 없는지를 살펴야 한다. 만약 아이가 반응이 없다면 그때 다시 한 번 이야기하면 된다. 일반적으로 모두 부모는 시간을 낭비하지 않게 자신이 이야기하자마자 아이가 따라주기를 바란다. 하지만 이런 이상적인 상황은 결코 현실이 될 수 없다. 대신 부모가 머리를 잘 쓰면 아이가 시간을 끄는 것을 단축시킬 수는 있다. 시간을 아끼고 더 나은 효과를 위해 부모는 멀리 떨어져서 아이에게 명령하는 습관을 버리고 아이의 눈을 바라보며 이야기하도록 해야 한다. 그래야 아이는 부모의 말이 얼마나 중요한 것인지 깨닫고 소귀에 경 읽기처럼 흘려버리지 않는다.

이혼을 선택할 때, 아이를 대하는 자세

현대 사회에서는 이혼하는 부부가 늘어나는 만큼 한부모 가정도 많아지고 있다. "행복한 가정은 비슷하지만 불행한 가정은 저마다 불행의 이유가 다르다."라는 말이 있다. 부부 사이가 나빠 이혼을 하는 것은 잘못이 아니다. 하지만 그 때문에 아이에게 나쁜 영향이 생겨서는 안 된다.

A는 딸인 B가 5세 되던 해에 아내와 이혼을 했다. 그때부터 A는 아빠와 엄마의 역할을 도맡아 하며 딸을 돌봤지만 사는 것은 늘 쉽지 않았다. 가장 노릇하기도 어려웠지만 한부모 가정의 가장 노릇은 더 어려웠다. 특히 A는 업무 스트레스도 상당히 컸다. A는 최선을 다해 딸이 잘 살 수 있는 환경을 만들어주려 노력했지만 엄마의 관심과 사랑을 받지 못한 B는 외로움을 느꼈다. A는 어느 새인가 딸이 점점 더 내성적으로 변해간다는 것을 느꼈다. 평소에 딸은 집에서 말을 많이 하거나 웃지도 않았다. 그러던 어느 날, A는 우연히 딸 B의 일기를

보게 됐다. '이 세상에 나를 사랑해주는 사람도 없는데 뭣 때문에 살아야 하는 걸까?' A는 그 글을 보고 마음이 아팠으며 한편으로는 억울하다는 생각도 들었다.

어떤 한부모 가정의 아이들은 전폭적인 사랑을 받지 못해 외롭고 소심해지며 생활 속 억압된 감정을 해소하지 못하기도 한다. 또한 어떤 아이들은 부모 양쪽의 다툼과 미움으로 성격이 점차 거칠어지며 세상을 비관하기도 한다. 뿐만 아니라 어떤 아이들은 부모의 이혼으로 사랑과 결혼에 대해 두려움을 갖게 되어 인생 자체에 회의감을 느끼기도 한다. 이럴 경우 아이는 생활에서 깊은 위기에 빠지게 되며 전혀 행복을 느낄 수 없게 된다.

그러므로 일단 결혼을 했다면 자신의 결혼생활을 보호하려고 애써야 하며, 어쩔 수 없이 이혼을 해야 한다면 아이가 가장 덜 다치는 방법을 생각해봐야 한다. 연령대에 따라 아이는 부모의 이혼에 대해 다른 심리반응을 보인다. 유아기의 아이는 말을 하지 못하지만 심리가 매우 민감해 주변 사람과 환경의 변화를 눈치 챌 수 있다. 그러므로 이 시기의 아이를 위해 어른은 생활의 변화를 가능한 피하도록 해야 한다. 만약 변화가 불가피하다면 점차적으로 아이가 천천히 적응할 수 있게 해 갑작스러운 변화로 인한 충격을 최소화해야 한다. 유아기의 아이는 상상력이 고도로 발달하는 시기이기 때문에 종종 무엇이 현실이고 무엇이 상상인지 구분하지 못할 때도 있다. 그로 인해 자기가 잘못해 부모가 화가 나서 이혼을 했다고 생각하며 자책의 늪에 빠지기도 한다. 그러므로 부모는 이 시기의 아이들에게 이혼은 어른들 사이의 일이며 아이들과는 아무런 상관이 없다는 사실을 정확히 알려줘야 한다.

초등학교 시기의 아이들은 부모의 이혼을 가장 받아들일 수 없는 연령으로 그들이 받는 상처도 가장 크다. 이때의 아이들은 어렸을 때처럼 상상으로 자신을 위로하지 못한다. 또한 아직 성숙하게 자신의 불안감과 두려움을 컨트롤할 능력이 없다. 이럴 때 새 엄마나 새 아빠, 새로운 형제자매와 새로운 가정을 이루게 되면 아이들의 두려움과 걱정이 더 커지게 된다. 무엇보다 아이는 어른의 사랑을 잃게 될까봐 두려워한다. 그러므로 이때 어른은 반복적으로 당신이 언제나 아이의 아빠 혹은 엄마이며 한결같이 사랑해줄 것이란 사실을 알려줘야 한다. 아이가 안정적으로 따뜻함과 사랑을 느낄 수 있는 것은 매우 중요한 일이다. 중고등학교 시기의 아이는 사물의 변화에 대해 분명히 인지할 수 있지만 불량한 정서의 늪에 빠지기 쉽다. 부모의 사랑을 온전히 받지 못하는 상태에서 사춘기의 불안과 어려움이 더해질 경우 아이들은 더 깊은 고민에 빠지게 되며 부모를 원망하고 미워하게 된다. 무엇보다 부모가 본인들만 생각해 자신을 포기했다며 원망이 커질 수밖에 없다. 그러므로 이 시기에는 부모가 아이 앞에서 서로를 탓하는 모습을 최대한 삼가도록 해 아이의 마음에 미움의 씨앗이 자라지 않게 해야 한다.

우리는 한부모 가정에 대해 두 가지 측면에서 신중하게 생각해 볼 필요가 있다. 한부모 가정은 부정적인 측면도 있지만 긍정적인 측면도 있기 때문이다. 실제로 유럽이나 미국의 한부모 가정 중에는 아이들이 행복하고 성공한 경우가 많으며 어떤 문제도 나타나지 않았다. 어느 심리학자의 통계에 따르면 노벨상 수상자 가운데 35%가 한부모 가정 출신이며, 미국 대통령과 영국 수상 가운데 54%가 한부모 가정 출신이었다고 한다. 실제로 링컨이나 처칠, 클린턴 같은 인물들도 한부모 가정 출신이다.

어떤 사물에 대해 전통적인 정의를 내리고 그런 기간이 길어질수록 사고방식이 고정되기 마련이다. 한부모 가정에 대한 고정된 사고가 본래 건강했던 아이를 비정상으로 만들 수도 있는 것이다. 그러므로 우리는 한부모 가정에 대한 현대적 개념을 새로이 세워 사고의 오해에서 벗어나도록 해야 할 것이다.

사춘기 아이의 반항 심리

A부부는 맞벌이로 일이 바쁜 탓에 아들 B에게 항상 엄격하게만 대했지 제대로 관심을 갖거나 이해해주지 못했다. 어렸을 때 B는 함부로 말대꾸도 하지 못했지만 지금은 부모가 뭐라고 조금 잔소리만 해도 화부터 내기 일쑤다. 심지어 집에 오면 바로 방에 들어가 버리는 통에 부모와는 인사를 할 일도 없어졌다. 고등학교에 가고 최근 1년 사이에는 성적도 많이 떨어졌지만 A부부의 물음에 B는 "예." 혹은 "아니오."로만 대답할 뿐이었다. A가 학교에서 어떻게 지내느냐고 물을 때마다 B는 매우 반감을 드러내며 자기 방으로 가버렸다.

이 일은 러시아의 심리학자 콘스탄틴 플라토노프 Konstantin Platonov가 쓴 《재미있는 심리학》이란 책의 서문을 떠올리게 한다. 저자는 독자들에게 제8장을 먼저 읽지 말 것을 당부했다. 하지만 대부분의 독자는 그의 부탁과 상반된 태도를 취해 먼저 그 내용을 살펴봤다. 이것이 바로 반항 심리에서 비롯된 행동이다. 반항 심리란 사람들이 자신의 자존심을 지키기 위해 타인의 요구에 반대되는 태도와 언행을 보이는 심리적 태도를 말한다. 사람들은 요구를 한 사람에게 어깃장을 놓거나 상반되는 행동을 하며 자신이 얼마나 뛰어나고 비범한지를 보여주려 한다. 반항 심리는 사회에 존재하는 사고능력이 있는 사람이라면 누구나 가지고 있지만, 보통 청소년기에 강하게 드러난다. 주요 원인은 다음과 같다.

첫째, 강렬한 호기심이 있기 때문이다. 청소년은 경험이 부족하기 때문에 어른들의 말을 무조건 믿거나 따르지 않는다. 그들은 강한 지식욕이 있기에 직접 탐색하고 실천해보려는 의식이 있다. 하지만 부모나 선생님은 아이를 가르칠 때 아이가 길을 돌아가지 않도록 자신이 겪은 경험을 이용해 아이의 호기심을 차단해버린다. 하지만 호기심에 발동이 걸린 아이는 어른들의 충고를 들으려 하지 않는다.

둘째, 자기 확신의 심리적 욕구가 있기 때문이다. 실제로 청소년 시기의 아이들일수록 이런 욕구가 더 강하다. 그들은 성격이 형성되고 자아를 인식하는 시기에 있기 때문에 권위를 부정하고 남과 다른 자신에 대해 만족하며 자신을 확신하는 심리적 욕구가 있다. 그들은 사회에 적응하는 일에 만족하지 않으며 사회가 자신의 가치와 위치를 인정해주기를 바란다. 그 때문에 그들은 종종 반항 행동을 통해 사람들의 주목을 받으려 한다.

셋째, 가르치는 사람의 능력이 부족할 경우에도 반항 심리가 생길 수 있다. 이를테면 가르치는 사람의 신임도나 교육수단, 방법, 장소가 적당하지 않을 경우 교육을 받는 사람의 반항 심리나 행동을 야기할 수 있다.

　넷째, 불량한 정신의 자극 때문이다. 사람이 이런저런 좌절을 당하게 됐을 때 불량한 정신의 자극을 받게 되면 반항 심리가 심각해질 수 있다. 예를 들어 여러 차례 실연을 당한 사람은 세상에 진정한 사랑은 없다고 생각하기 쉽다. 이럴 때 누군가 사랑은 아름다운 것이라고 하면 그는 더더욱 이를 부정하려 한다. 또한 청소년이 자존심에 상처를 입었을 때도 상대에게 반항하며 자신의 존엄성을 지키려 할 수 있다.

　사춘기에 들어선 아이의 가장 큰 변화는 부모에게 의존하던 아이의 성향이 친구에게 의존하는 성향으로 바뀌게 된다는 것이다. 이 때문에 부모와 자식의 관계는 냉담해지며, 자녀가 가정을 벗어나려는 경향을 보이기도 한다. 이럴 때 부모는 자식을 바르게 이끌기 위해 아이의 의식주를 살피는 것은 물론이고 내면의 깊은 세계까지 관찰해 아이와 잘 소통하도록 해야 한다. 또한 아이의 독립하고자 하는 권리를 존중해 자신만의 자유를 누릴 수 있게 해줘야 한다. 그래야만 아이는 감정이 불안정한 청소년기를 잘 보낼 수 있다. 그러기 위해 부모는 다음과 같은 사항을 지켜야 한다.

　우선 부모는 아이의 생리적, 심리적 성장의 규칙을 이해하고 따라야 한다. 사랑하는 마음을 가져야 할 뿐만 아니라 동심을 갖고 아이의 호기심에 대해 스스로 탐색하고 실천할 기회를 줘야 한다. 어른이란 신분을 이용해 아이의 호기심을 막는 충고를 해서는 안 된다. 아이가 실천을 하며 조금 먼 길을 돌아간다 해도 그 성장 경험은 부모의 설교보다 백 배는 값진 것이다. 아이의 성장에 따라 부모도 아이를 대해야 한다. 항상 어린 아기 때처럼 감싸고 보호하려는 교육 방식은 옳지 않다. 그보다는 아이에게 일정한 독립된 공간을 허락해 자신의 자주권을 누릴 수 있게 해줘야 한다.

또한 부모가 아이와 평등한 관계로 지내야 하며 그러기 위해서는 명령을 하거나 훈계를 하는 투로 아이를 강제하고 억압해서는 안 된다. 대신 진심으로 마음이 통하는 친구가 되어야 한다. 특히 아이가 어떤 요구를 하거나 견해를 밝힐 때 부모가 대충 얼버무리려 하면 아이로부터 신뢰를 잃을 수 있으며 마음으로 통하는 통로가 막혀버릴 수 있다.

그리고 부모는 정확한 교육관을 수립하고 아이의 장점을 보되 단점을 감싸줘야 한다. 좀 더 많이 아이를 이해하려고 노력하되 아이에게 스트레스를 줘서는 안 된다. 또한 자주 누군가를 본보기로 들어 아이와 비교해서는 안 된다. 아무리 좋은 본보기가 있다 해도 제대로 작용하지 않으면 아이의 자존심만 상하게 하고 일을 그르칠 수 있다. 아이가 유쾌하고 가벼운 기분을 느낄 수 있을 때 건강하고 행복하게 성장할 수 있는 것이다.

제8장

심리학을 실전에 응용하다면

: 심리학으로 문제 해결하기

나의 이중적 성격, 어떻게 바꿀 수 있을까?

회사 사람과의 거리는 어느 정도가 적당할까?

듣기 싫은 소리를 해야 할 때, 어떻게 전할까?

업무가 권태롭게 느껴진다면 어떻게 할까?

위아래 샌드위치 신세에서 벗어나려면?

좋은 리더가 되려면 무엇이 필요할까?

직장에서 다친 마음, 어떻게 해야 할까?

중년 우울증을 효과적으로 이겨내려면?

소비 욕구, 어떻게 통제할까?

나의 이중적 성격, 어떻게 바꿀 수 있을까?

약사인 A는 멀끔한 인물에 성격도 성실하고 다정해 사람들 앞에서 늘 즐거운 모습이었다. 하지만 그는 혼자 있을 때면 우울하고 답답함을 느꼈다. 뜻밖에도 그는 자신에게 남자다운 매력이 없다고 생각해 자신감 부족에 시달리고 있었던 것이다.

세상 사람들은 누구나 남과 자신을 비교하는 습성이 있다. 우리는 생활 속에서 늘 자신의 외모와 재능, 지위, 재산 등을 남과 비교하곤 한다. 이 넓은 세상에서 수많은 뛰어난 사람들과 비교를 하다 보면 어떻게 해도 당신은 자신의 부족한 점만 발견할 수밖에 없다. 만약 당신이 자신의 이런 부족한 점에 대해 정확히 대면하지 못한다면 스스로 남보다 못하다는 생각에 사로잡혀 열등감을 느끼게 될 것이고 이로 인해 이중적 성격의 늪에 빠질 수 있다.

이중적 성격은 보편적으로 존재하는 부정적 성격이지만, 겉과 속이 다른 모순이 심화되면 시간이 갈수록 더 큰 고통을 느끼게 된다. 그렇다면 어떻게 해야 이런 이중적인 성격을 바꿀 수 있을까?

1 자신의 부족한 점을 바꾸려고 노력한다

사람이라면 누구나 잘하는 것과 못하는 것, 장점과 단점이 있게 마련이다. 스스로 '나는 왜 이렇게 못하는 것이 많을까'라고 불평하는 대신 자신의 부족한 점을 인정하고 바꾸려고 노력해보라. 정확히 인식하고 대처하면 자신을 바꿀 수 있으며 자신감을 찾을 수 있다.

2 '나는 할 수 있다'고 끊임없이 암시한다

만약 당신이 늘 자신은 안 된다고 생각하면 정말 아무것도 못하게 된다. 하지만 당신이 항상 자신에게 '나는 할 수 있어'라고 말해주면 적어도 노력할 수 있는 자신감을 얻을 수 있다. 설사 큰 실패를 맛본다 해도 '이건 잠시 뿐이야. 나는 바꿀 수 있어'라고 되뇌며 자신에게 긍정적인 암시를 주도록 한다.

3 성공의 경험을 꾸준히 늘려 나간다

열등감을 극복하려면 성공의 경험을 늘려야 한다. 우선 자신의 힘으로 할 수 일부터 시작해 작은 목표를 실현해 나가도록 하라. 한 번의 성공을 경험하면 두 번째에 도전하고 노력하는 식으로 성공의 횟수를 늘려 나가는 것이다.

4 자신을 원망하거나 탓하지 않는다

사냥꾼에게 사로잡힌 얼룩말 한 마리가 야생마들과 같은 우리에 갇히게 됐다. 얼룩말이 멀리서 보니 갈색 털을 가진 야생마들이 자기를 가리키며 뭐라고 쑥덕대는 것 같았다. 분명 자신의 몸에 있는 희고 검은 줄무늬에 대해 말하고 있으리라. 얼룩말은 의기소침해져 한쪽 구석에 서서 아무 말도 하지 않았다. 그때 이 모습을 본 야생마가 다가와 물었다. "왜 그렇게 풀이 죽어 있어?" 얼룩말은 기운 없는 목소리로 말했다. "내 털가죽이 이상하니까. 너희도 뒤에서 나를 무시하고 있잖아." 야생마는 깜짝 놀라며 말했다. "무슨 소리야? 사실 우리는 네 얼룩무늬가 멋있다고 이야기하고 있었는걸." 하지만 얼룩말은 야생마가 자신을 놀리는 것이라 생각했고 그들이 자신을 칭찬하고 있다는 사실을 믿지 못했다. 우리가 느끼는 열등감 역시 이런 식으로 자신을 비하하고 경멸하는 마음에서 비롯된다.

5 닫힌 마음의 틀을 깨려고 노력한다

열등감이 심한 사람은 대부분 마음이 닫혀 있다. 이런 사람은 지나치게 민감해 다른 사람과의 비교를 두려워하며 의식적으로 사람들과의 접촉을 피하며 자신을 좁은 공간 안에 가둬둔다. 이런 경우 타인과 비교하는 고통에서는 벗어날 수 있지만 사람들과의 소통과 정보가 단절되어 스스로 외로움에 갇히고 만다. 그러므로 이런 상황을 피하려면 마음을 열고 일부러 더 많은 사람과 만남을 가져야 한다. 사람들과 어울리다 보면 다방면으로 자신을 인식하게 되어 자신에 대한 평가를 조정할 수 있으며 자신감도 되찾을 수 있다.

6   지나치게 자존심을 세우지 않는다

열등감이 심한 사람은 자존심도 센 편이라 사소한 비판도 받아들이지 못하며 타인의 조언을 거부하고 오히려 언성을 높인다. 누군가 당신의 부족한 점을 지적하며 고칠 수 있도록 돕겠다고 한다면 담담히 그들의 비판을 받아들여야 한다.

어떤 의미에서 자신의 열등감과 직면할 수 있는 것은 매우 다행스러운 일이다. 이것이 당신의 자아를 뛰어넘을 수 있는 시작이기 때문이다. 어느 심리학자는 "우리는 열등감을 넘어 성장한다."라고 말하기도 했다. 열등감을 극복하는 과정은 우리가 진보해 나가는 과정이기도 하다. 남들보다 못하다고 느끼기 때문에 다른 사람을 넘어서려고 노력할 수 있는 것이다.

회사 사람과의 거리는 어느 정도가 적당할까?

어느 회사 기획부의 A팀장은 요즘 답답함을 느끼고 있다. 그녀는 본래 친절하고 명랑한 성격으로 젊은 부하직원들과도 친구처럼 지내며 잘 어울리고 있었다. 하지만 그녀는 언제부터인가 자신이 맡은 팀의 집행능력이 약하다는 사실을 발견하게 됐다. 더구나 자신의 팀원들 중에는 핑계를 대거나 불평을 하는 사람들이 많았다. 엄숙하기만 한 B팀장에 비해 A는 자신의 부하직원들을 가족처럼 친근하고 세심하게 대한다고 생각했지만, 연말 성과 보고회에서 발표된 A의 성과는 B에 훨씬 못 미쳤다.

아마 많은 사람들이 이런 경험을 해본 적이 있을 것이다. 어떤 사람들과는 친하게 지낼수록 마찰과 갈등이 생겨서 처음 만난 사람과의 사이보다 못할 때가 있다. 이는 대체 무엇 때문일까?

프랑스의 대통령이었던 샤를 드골 Charles André Marie Joseph De Gaulle 은 "하인의 눈에는 영웅이 보이지 않는다."라고 말한 바 있다. 이는 타인과의 만남에 있어 특히 경영자가 직원과의 만남에 있어 어느 정도의 여지, 상응하는 심리적 거리를 둬야 한다는 뜻이다.

드골은 심리적 거리의 효과를 매우 잘 활용했던 사람이었다. 실제로 그의 좌우명은 '적당한 거리를 유지하자!'였다. 이 말은 그와 자신의 자문, 브레인, 참모들과의 관계에 깊은 영향을 미쳤다. 그가 프랑스의 대통령으로 있던 10여 년의 세월 동안 그의 비서실과 행정부서, 참모부 가운데 누구도 2년 넘게 일한 사람이 없었다. 그는 이제 막 행정 부서에 들어온 주임에게 항상 다음과 같이 말했다. "나는 자네와 2년 동안만 일할 걸세. 참모부 사람들이 자신의 업무를 직업이라고 생각하지 않는 것처럼 자네도 행정 부서의 주임을 자네의 직업이라고 생각하지 말게." 이는 대통령직을 수행하기 위한 그의 규칙이었다.

드골이 이런 규칙을 세운 이유는 두 가지였다. 첫째, 그는 '이동'이 정상적이고 '고정'이 비정상이라고 생각했다. 이는 그가 군인으로서 부대 생활을 하며 받은 영향 때문으로 보인다. 둘째, 그는 그곳에서 일하는 사람들이 자신에게 없어서는 안 될 사람이 되기를 바라지 않았다. 이동이 있어야 서로 일정한 거리를 유지할 수 있고, 자문과 참모들의 생각이나 결단도 신선함과 진취성을 보존할 수 있다는 것이다. 더불어 그렇게 해야 자문이나 참모들이 대통령과 정부의 이름을 이용해 사리사욕을 챙기는 것을 막을 수 있다고 믿었다.

샤를 드골의 이런 방법은 오늘날의 사람들도 깊이 생각해볼 만한 일이다. 만약 거리가 없으면 리더가 결정을 할 때 비서관이나 소수의 몇몇 사람에게 의지할 가능성이 높아진다. 이럴 경우 브레인으로 활동하는 사람들은 간섭하기 쉬워지며 리더의 이름으로 사적인 이익을 취할 수 있다. 그러므로 지나치게 가깝게 지내는 것보다는 어느 정도 거리를 유지하는 것이 좋다.

경영을 할 때도 상사는 부하직원과 일정한 심리적 거리를 둘 필요가 있다. 너무 멀어서 상대가 긴장하는 일이 있어서도 안 되지만, 또한 지나치게 격의 없이 어울리다 위계질서가 사라지는 일도 막아야 하기 때문이다. 이렇게 적당한 거리를 유지할 때 상사는 부하직원의 존중을 받을 수 있다. 이때 한 가지 원칙이 반드시 지켜져야 한다. 이 원칙은 바로 상사가 자신을 규제할 수 있어야 직원도 규제할 수 있다는 것으로, 모든 사람에게 동일하게 적용되어야 한다.

듣기 싫은 소리를 해야 할 때, 어떻게 전할까?

여기 일정한 온도를 유지하고 있는 따뜻한 물 한 잔이 있다. 또한 그 옆에는 차가운 물과 뜨거운 물이 각각 한 잔씩 놓여 있다. 우선 손을 차가운 물에 넣었다 다시 따뜻한 물에 넣으면 물이 뜨겁게 느껴진다. 하지만 뜨거운 물에 먼저 손을 넣었다 다시 따뜻한 물에 넣으면 물이 차갑게 느껴진다. 따뜻한 물은 온도의 변화가 없는데 어떻게 이런 차이가 나타나는 것일까?

이런 효과가 생기는 것은 '차가움'와 '뜨거움'에 대한 사람들의 기준이 계속 변화하기 때문이다. 손을 차가운 물에 넣었을 때 온도를 감지하는 기준이 생기게 되고 이 기준보다 높은 온도는 뜨겁다고 느끼게 된다. 반대로 손을 뜨거운 물에 넣었을 때도 그에 상응하는 온도를 감지하는 기준이 생겨 그보다 온도가 낮으면 차갑다고 느낀다. 물은 같은 물이지만 기준이 달라지면서 사물에 대한 인식에도 변화가 생긴다. 이렇게 비교되는 자극(정보, 경험 등)에 따라 기준점이 달

라지면서 상황이 실제와 다르게 인식되는 것을 대비 효과contrast effect
라고 부른다.

중국 속담에 '모든 사람들의 마음에는 대저울이 있다'는 말이 있다. 하지만 무게를 재는 저울추의 무게는 일정하지 않다. 심리의 변화에 따라 저울추의 무게도 달라지기 때문이다. 저울추가 작아지면 잴 수 있는 물체의 무게는 커진다. 또한 저울추가 커지면 잴 수 있는 물체의 무게는 작아진다. 사람들이 사물을 감지할 때 이 저울추의 영향을 받는 것이다.

중국의 유명작가 루쉰을 가르친 스승이 다음과 같은 말을 한 적이 있다. "만약 누군가 집의 벽에 창문을 내겠다고 하면 사람들의 반대에 부딪쳐 낼 수 없을 것이다. 하지만 집의 지붕을 직접 벗기겠다고 하면 사람들은 한 발 양보하며 차라리 창문을 내라고 할 것이다." 이는 대비 효과를 활용하면 상대에게서 찬성을 얻어낼 수 있다는 뜻이다. '집의 지붕을 직접 벗기겠다'라고 했을 때 상대의 마음속 '저울추'가 작아져 '벽에 창문을 내겠다'라는 대안을 순순히 받아들이는 것이다.

우리는 종종 다른 사람이 싫어할 일을 해야 할 때가 있다. 이를테면 부하직원을 그리 좋지 않은 부서로 옮기게 하거나 직원의 월급을 깎아야 하는 일들이 그런 종류다. 이런 일은 상대의 이익과 직접적인 관련이 있기 때문에 잘못 처리할 경우 일만 꼬이고 이쪽저쪽에서 다 욕을 먹을 수도 있다. 이럴 때 대비 효과를 합리적으로 활용하면 이 문제들을 비교적 쉽게 해결 할 수 있다. 상대방이 원하는 '뜨거운 물'을 바로 줄 수 있다면 가장 좋은 일이다. 하지만 상황이 여의치 않아 상대에게 '따뜻한 물'을 받아들이게 하고 싶다면, 먼저 '찬물'의 느낌을 보게 한 뒤 '따뜻한 물'을 들이밀어 보라. 아마도 상대는 기꺼이 따뜻한 물을 받아들일 것이다.

어느 기계회사의 사장인 A는 업무상 필요 때문에 직원인 B를 시외의 지사에 보내 일하게 할 작정이었다. 문제는 B의 집이 시내에 있기 때문에 험난한 대화의 과정이 필요하단 사실이었다. 그 때문에 A는 주저하며 B와 이야기하는 것을 미루고 있었다.

고민하던 사장은 B를 불러 이렇게 말했다. "회사에서는 자네를 새로운 곳에 발령을 내기로 했네. 두 가지 선택이 있는데 자네가 하나를 택하면 된다네. 우선 지방에 있는 지사에 내려가 근무할 수도 있고 교외에 있는 지사에 가서 근무할 수도 있어." B는 당연히 오래 살던 시내를 떠나고 싶지 않았지만 지방과 교외 둘 중 하나를 택해야 한다니 그나마 나은 교외를 선택했다. 사실 B의 선택은 본래 회사의 계획과 다르지 않았다. 다만 '지방'이라는 기준점이 B의 마음속 '저울추'를 작게 만든 덕분에 손쉽게 그를 교외에서 근무하게 만들 수 있었던 것이다. 비록 잔꾀로 사람을 속인 것 같은 느낌이 있긴 하지만, 이런 식의 대비 효과가 우리 실생활에서 다양하게 활용된다는 점을 기억할 필요가 있다.

나쁜 상황을 먼저 알려준 뒤 좋은 상황을 이야기하면, 상대는 금세 기분이 좋아지며 부정적인 기분에서 긍정적인 기분으로 변하게 된다. 이 역시 대비 효과의 일종이다. 때로는 낯선 환경에서 당신에 대한 타인의 기대가 너무 높아 나중에 실망하게 되는 상황을 피하기 위해 대비 효과를 응용할 수도 있다. 예를 들어 이제 막 직장에 입사한 신입직원으로 아직 발붙일 땅이 없다면 자신의 태도를 최대한 낮추는 것이 좋다. 이렇게 기대치를 낮춰 놓으면 당신이 좋은 모습을 보였을 때 상대가 더 크게 만족할 수 있는 것이다.

업무가 권태롭게 느껴진다면 어떻게 할까?

A는 새로운 직장으로 출근을 했다. 처음 일을 시작할 때만 해도 A는 자신만만하게 일에 몰두했지만 1년이 지난 뒤 자신이 하는 일이 너무 틀에 박혀 있다는 사실을 발견했다. 계획과 실행에 아무런 차이가 없고 더 이상 신선함을 느낄 수 없었다. 이 직장에 막 들어와 어떤 일을 완성할 때처럼 신나는 일이 없었다. 이 일은 더 이상 그에게 즐거움과 만족을 주지 못했다. 특히 사무실에서 벌어지는 치열한 전투를 볼 때면 오히려 더 염증이 느껴졌다. 그는 기분이 저조해졌고 행동도 괴팍해져 자주 불평을 하고 화를 냈다. 이게 도대체 어떻게 된 일일까?

사실 A는 업무에 대해 권태감을 느끼게 된 것이다. 업무에 권태감을 느끼는 사람은 물을 잃은 물고기처럼 질식할 것 같은 고통을 느낀다. 조사에 따르면 현대인이 업무에 권태감을 느끼는 시간은 갈수록 짧아져 일을 시작한 지 8개월 만에 업무에 염증을 느끼는 사람도 있다. 중국 상하이의 한 조사에 따르면 한 직장에서 만 2년을 근무한 사람들 가운데 33.3%가 업무에 권태감을 느끼며 2.6%가 심각한 번아웃 증후군Burnout syndrome(의욕적으로 일에 몰두하던 사람이 극도의 신체적 정신적 피로감을 호소하며 무기력해지는 현상-역주)에 시달린다고 한다.

업무에 권태감을 느끼는 사람들의 심리적인 충돌은 크게 세 가지 형태로 나타난다. 첫째는 성취에 대한 갈망과 변화에 대한 두려움이 충돌하는 것이다. 단조로운 생활은 염증을 느끼게 하며 변화 가운데 생존을 모색하고자 하는 것은 사람들 누구나 아는 삶의 이치다. 하지만 많은 사람들이 현재의 상황에 권태로움을 느끼면서도 자신을 변화시키는 것을 두려워한다. 여러 해 동안 익숙해진 업무 습관은 이미 정형화되고 격식화된 사고와 업무 방법은 고정되어 버렸다. 업무로 누적된 피로 때문에 새로운 것에 대한 자극은 결여되고 대뇌는 갈수록 게을러지고 있다. 그들은 심신의 건강을 위협하는 여러 가지 요소에 대해 생각하고 싶지 않아 한다. 이는 한편으로는 변화를 필요로 하는 성취감이 결여됐기 때문이며 또 한편으로는 변화를 두려워하기 때문이다.

두 번째는 우수한 직원이 되겠다는 욕심과 좋은 가정 구성원이 되겠다는 소망이 충돌하는 것이다. 어느 정도 나이가 있는 경력자들은 회사의 직원, 자상한 부모, 효도 하는 자식 등 다양한 사회적 역할을 담당하고 있다. 혼자서 다양한 역할을 해내려면 큰 스트레스를 받을 수밖에 없다. 회사에서 업무로 인정도 받고 싶고 가정의 행복도 챙겨야 하니 수많은 직장인이 자신도 모르는 사이에 깊은 고민에 빠져드는 것이다.

　세 번째는 관심에 대한 욕구와 자존심을 지키려는 마음이 충돌하는 것이다. 어떤 의미에서 사회가 진보하고 빠르게 발전할수록 사람은 소외되고 있다. 기업은 선진화된 관리기법과 고급 기술설비를 사용해 사람을 끊임없이 바쁘게 돌린다. 이로 이해 사람들끼리 서로 교류할 시간과 공간이 줄어들고 있다. 하지만 사람은 감정의 동물로 교제에 대한 요구가 항상 존재하고, 업무 스트레스가 클수록 감정적으로 위로를 받고 싶어 한다. 이때 일정한 지위에 오른 사람들은 자신의 자존심을 내려놓지 못하고, 먼저 나서서 사람들과 어울리려 하지 않는다. 그들은 타인의 관심을 갈망하고 자신의 생각을 남들과 나누고 싶어 하지만 자존심을 지키기 위해 안전지대로 몸을 숨겨 버린다.

　이런 심리적 충돌로부터 스스로를 보호하고 문제 상황을 해결하려면 자신도 모르게 선을 긋고 있는 심리적인 한계를 이겨내야 한다. 예를 들어 회사에서 업무가 너무 많아 자신이 하고 싶은 일을 할 시간이 없다고 투덜대는 사람들이 많다. 하지만 이는 일정한 활동 범위 안에 스스로를 가둬두는 것뿐이다. 사람들이 바꿀 수 없다고 생각하는 사물도 실제로는 자신의 심리적 한계 안에 묶어두기에 그런 것이다. 그러니 용감하게 상상하고 돌파하며 변화시켜라. 또한 좋은 기분은 즐거운 생활의 비결이다. 이를 위해 심리학자들은 '기분을 먼저 수습하고 일을 처리하라. 화가 난 상태에서 일과 생활을 하지 말라'고 충고한다. 아무리 똑똑한 사람도 정서가 불량하면 실패에 이르고 만다.

회사에서 가장 불행하고 일을 제일 못하는 직원은 인간관계가 안 좋은 사람이다. 이제 막 회사에 들어왔으면서 학벌만 믿고 거만하게 굴거나 회사는 오래 다녔지만 실력도 없이 불만만 많은 사람은 좋은 인간관계를 맺기 어렵다. 또한 하는 일이 잘 안 풀리는 사람은 항상 남과 자신을 비교하며 누가 나은지를 따지는데, 이런 식으로는 동료와의 사이만 나빠질 뿐이다. 좋은 인간관계를 꾸준히 맺는 것은 자신을 위해 재산을 쌓는 일이다. 중국의 유명한 심리상담가 탕원은 이를 위해 하지 말아야 할 다섯 가지 원칙에 대해 충고한 바 있다. 첫째, 나이가 많다고 나이를 무기로 삼지 말라. 둘째, 유연성 없이 고집피우지 말라. 셋째, 유머로 사람을 다치게 하지 말라. 넷째, 사람에게 관심을 갖되 냉담하게 대하지 말라. 다섯째, 진심으로 대하며 억지 부리지 말라. 이런 몇 가지 원칙을 성실히 지키면 업무의 권태감에서 벗어나 성공의 기초를 닦을 수 있을 것이다.

위아래 샌드위치 신세에서 벗어나려면?

A는 10년 동안 각고의 노력을 한 끝에 평사원에서 중간 관리자가 됐다. 그의 가정도 일도 점점 더 안정되어 가고 있다. 하지만 그에게는 말로 표현할 수 없는 고통이 있었으니 풀무 안에 든 쥐처럼 자신이 상사와 부하직원들 사이에 낀 신세가 됐다는 것이다. 상사에게 따질 수도 없고, 어떻게든 부하직원들의 사기를 북돋우려고 애쓰지만 아무도 상대를 해주지 않고, 매일 이리저리 치이는 기분이다.

중간 관리자는 상사와 부하직원들 사이의 중간다리가 되어 조율을 담당해야 하기에 심리적인 부담이 크다. 상하 관계의 조화가 깨지는 근본 원인은 매우 다양하지만 상사가 주로 업무의 주도권을 쥐고 있다는 것이 제일 큰 문제이다. 그러므로 상사는 합리적인 방법을 통해 부하직원들에게 권한을 부여함으로써 원만한 업무 관계를 조율해야 한다.

상사가 자신의 권한 일부를 직원에게 나눠주는 일은 일종의 '분

신술'과 같다. 부분적인 권력과 책임을 분담하도록 하는 것이다. 상사가 합리적으로 권한을 부여할 수 있으면 다음과 같은 이점이 있다. 첫째, 상사의 부담을 줄여 번잡한 업무에서 벗어나 회사의 큰일을 고려하는 데에 힘을 집중할 수 있다. 중대한 문제의 의사 결정과 전면적인 지휘가 가능해지는 셈이다. 둘째, 인재를 발견하고 활용하며 단련할 수 있다. 상사는 권한을 부여함으로써 부하직원의 적극성과 능동성, 창의성을 북돋워 부하직원이 업무에서 진정한 재능을 선보이게 할 수 있다. 셋째, 권한을 부여하면 일일이 지시하고 결재하는 업무 과정을 줄여 업무 효율을 높일 수 있다. 넷째, 상하 관계를 개선해 일종의 주종 관계에서 서로 힘을 모으고 지지하는 관계로 변화할 수 있다. 이럴 경우 상사와 부하직원의 관계가 더욱 조화로워진다.

그러나 상사는 권한을 부여할 때 반드시 일정한 원칙을 따라야 함을 분명히 인식해야 한다. 그렇지 않으면 직원들을 제대로 지휘하고 감독할 수 없다. 그러므로 이를 위해서는 다음과 같은 원칙을 지켜야 한다.

첫째, 상사가 바로 아래 직급의 직원에게 권한을 직접 넘겨줘야 한다. 여러 직급이 차이 나는 직원에게 권한을 부여하는 것은 적당하지 않다. 또한 자신의 권력 범위를 넘는 권한을 넘겨줘서는 안 된다. 예를 들어 상사가 권한의 일부를 당신에게 부여했다면 당신은 바로 아래 직급의 직원에게 그 직책에 상응하는 권한을 다시 부여해야 한다. 이렇게 하지 않으면 관리계층의 갈등과 관리의 혼란을 야기할 수 있다.

둘째, 업무의 성격에 맞춰 권한을 부여할 사람을 선택해야 한다.

사람을 선택해 권한을 부여하고자 하는 출발점과 목적은 업무에 필요하기 때문이다. 하지만 권한을 누구에게 줄 것인가는 우선 부하직원의 소질과 능력을 이해한 다음 결정해야 한다.

셋째, 권한과 책임, 이익을 대등하게 다뤄야 한다. 이는 권한을 부여받는 사람이 맡은 일만큼 책임을 져야 한다는 의미다. 즉, 일을 맡은 만큼 권한을 행사하고 그에 대한 책임을 지는 것이다. 일을 어떻게 했느냐에 따라 이익도 달라져야 한다.

마지막으로 효과적인 통제가 유지되어야 한다. 권한을 부여한다고 무작정 손을 놓고 방관하면 안 된다. 그렇지 않으면 결국 통제력을 잃어버릴 수밖에 없다. 그러므로 권한을 부여하면서도 통제를 잃지 않아야 하며, 부하직원의 적극성과 능동성을 발휘할 수 있게 해야 하고, 상사가 전체 업무에 대해 효과적인 통제가 유지되도록 해야 한다. 이것이 권한을 부여할 때 반드시 지켜야 할 원칙이다. 또한 전체 업무에 대한 효과적인 통제를 유지하기 위해 업무 규칙과 심사 방법, 보고 제도, 감독 조치 등의 방법을 명확히 제정해야 한다. 일단 부하직원이 원래의 목표에서 심각하게 벗어난다면 때를 놓치지 않고 바로잡아야 한다.

이런 권한 부여는 각 계층의 관리자가 모두 가능하기에 일정한 원칙에 따라 진행해야 한다. 중간 관리자로서 당신은 상사가 당신에게 준 임무를 완수해야 하며 동시에 상사를 도와 부하직원이 임무를 완수하도록 감독하고 지휘해야 한다. 이렇게 중간에서 조율하는 작용은 상하 관계가 제대로 돌아가도록 하는 윤활유가 된다.

좋은 리더가 되려면 무엇이 필요할까?

직장에서 바쁜 업무와 경쟁에 시달리는 직원들은 대부분 일정한 심리적 압박을 느낀다. 상사라면 직원들의 이런 민감함을 이해해야 한다. 물론 상사가 완벽하게 직원의 내면세계를 이해할 수는 없을 것이다. 그래서 좋은 리더라면 자기 반성이 필요하다.

이를테면 상사는 다음과 같은 고민을 할 줄 알아야 한다. '혹시 내가 부하직원에게 불필요한 스트레스를 주고 있는 것은 아닐까?', '내게 비뚤어진 정서가 존재해 부하직원의 심리에 부정적인 영향을 끼치는 것은 아닐까?'

영국의 한 의학 연구에 따르면 회사의 사장이 공정하고 합리적이지 않을 경우, 직원들의 고혈압, 심장병 혹은 중풍의 발생 확률이 증가한다고 한다. 이에 대해 연구자는 "환영 받지 못하는 상사는 직장에서 잠재된 스트레스의 근원이다. 임상의학적인 관점에서 불량한 상사는 직원에게 심리적으로 부정적인 영향을 끼칠 수 있으며, 그들의 심혈관 기능에 큰 영향을 미칠 수 있다."라고 지적했다.

부하직원의 심리적 스트레스를 낮추기 위한 가장 간단하고 직접적인 방법은 리더가 먼저 미소로 상대의 마음을 여는 것이다. 진심에서 우러나온 따뜻한 미소는 직원의 마음을 녹일 수 있을 뿐만 아니라 밝고 유쾌한 기분을 느끼게 해 심리적 스트레스를 낮춰준다. 또한 미소를 짓는 리더 스스로도 좋은 기분을 유지할 수 있다. 많은 회사나 기업에서 필요로 하는 직원은 많이 배우지 못했다 해도 항상 미소를 지을 수 있는 직원이지 얼굴에 온통 '근엄'이라 쓰인 사람이 아니다. 마찬가지로 부하직원들이 원하는 리더도 만면에 웃음을 띤 젠틀맨이지 딱딱하고 엄숙한 재판관이 아니다.

뉴욕 증권거래소의 유명한 펀드 매니저 마이클 스타인하르트 Michael Steinhardt(미국의 헤지펀드 대부이자 투자 천재로 월가 역사상 가장 성공한 펀드 매니저 중 하나-역주)는 본래 매우 엄격하고 융통성 없으며 성질이 포악한 인물이었다. 그 때문에 부하직원들은 항상 그 앞에서 전전긍긍했으며 실수할까 걱정했다. 실제로 그로 인해 업무 효율이 떨어지기도 했다. 훗날 그는 이런 자신의 모습을 반성하고 엘리베이터나 복도, 건물 입구나 건물 안 어디서든 직원을 만나면 환한 미소를 지으며 그들과 악수하기 시작했다. 그 결과 직원들의 심리적 스트레스도 줄어들었을 뿐만 아니라 업무 효율도 높아졌으며 고객이 문전성시를 이뤄 더 많은 돈을 벌 수 있었다. 이처럼 미소는 대자연이 인간에게 선물한 명약으로 사람들의 관계를 조화롭고 돈독하게 만든다. 또한 상사가 부하직원의 심리적 스트레스를 낮춰줄 수 있는 가장 기본적인 수단이기도 하다.

직원들과 마음을 터놓고 이야기하는 것도 그들의 심리적 스트레스를 줄일 수 있는 좋은 수단이다. 일찍이 1930년대 초 미국의 한 전기회사에서 이를 증명하기 위한 호손실험Hawthorne Experiment(1924~1932년에 호손 공장에서 진행된 노무관리에 관한 실험의 총칭으로, 생산능률의 향상에 영향을 미치는 중요한 요인은 작업환경보다도 같이 일하는 사람들 간의 인간관계 등 심리적 안정감이라는 결론을 얻었다-역주)이 진행됐다. 당시 마음을 터놓고 이야기하는 상담은 직원이 자신의 어려움을 호소하고 심리적 부담을 더는 방식의 하나였다. 하지만 얼마 지나지 않아 이 방식은 비난에 직면하게 됐다. 상담이 기업 조직의 정상적인 업무를 방해한다는 이유에서였다. 이는 상담에 참여했던 담당자들이 듣기만 해야 하는 자신의 임무를 잊고 직원들의 문제를 해결해주려 했기 때문이다. 그러나 심리적 자문 방면의 상담은 이런 부정적인 영향을 받지 않았으며 시간이 지날수록 더욱 인기를 얻게 됐다.

이를 통해 경영자들은 부하직원들에게 심리적 스트레스가 있을 때 적당한 시간과 장소를 정해 그들과 마음과 마음을 나누는 교류로 그 스트레스를 덜어주는 것이 좋다고 사실을 알게 됐다.

"모든 책임은 나에게 있다." 1980년 4월, 이란의 미국 대사관 인질 구출작전이 실패로 끝난 뒤 당시 미국 대통령이었던 지미 카터는 텔레비전을 통해 이렇게 발표했다. 그 일이 있기 전 지미 카터에 대한 미국인들의 평가는 그리 높지 않았다. 심지어 어떤 이들은 "역사상 가장 형편없는 대통령이 백악관에 들어갔다."라고 악평을 하기도 했다. 하지만 그가 텔레비전을 통해 한 말 한 마디로 그의 지지율은 무려 10% 이상 올라갔다.

부하직원의 책임을 떠맡거나 모든 책임을 그에게 미루지 않을 때 부하직원의 심리적 부담은 크게 줄어들 수 있으며 상사에게 감사의 마음을 품을 것이다. 또한 당신이 중간 간부일 경우 이는 매우 현명한 선택이기도 하다. 어떤 상사도 남에게 책임을 미루는 사람을 좋아하지 않기 때문이다. 당신이 먼저 나서서 부하직원의 책임을 대신 지면 상사도 더욱 당신을 신임할 것이다.

직장에서 다친 마음, 어떻게 해야 할까?

아무리 강한 마음을 가진 사람도 상처를 받을 때가 있다. 이때 많은 사람들이 자신의 상처를 남에게 보여주지 않고 혼자 풀어버리려 하는데, 심리적 상처도 신체적 상처와 마찬가지로 후유증 없이 아물게 하는 법을 알아야 한다.

 심리학에서 상처를 입는다는 것은 객체가 주체의 필요를 만족시키지 못했을 때 형성되는 상처를 의미한다. '나'의 필요를 만족시키지 못하는 원인은 다양하다. 내가 필요한 것에 대해 표현하지 않았거나 정확히 표현하지 못했을 수도 있고, 상대에게 만족시켜줄 능력이 없을 수도 있다. 또한 상대가 '나'의 필요가 무엇인지 정확히 이해하지 못했을 수도 있다. 그러나 어떤 이유로 만들어진 심리적 상처이든 우리는 있는 그대로 받아들여야 하며 허락하는 마음가짐으로 대처해야 한다. 충돌하는 상대를 '적'으로 간주해서는 안 된다. 그렇지 않으면 당신은 상처를 받았다는 기분에서 영원히 벗어날 수 없다.

1 억울함

며칠 전, 사장은 A를 사무실로 불러 단단히 꾸짖었다. A의 밑에 있는 신입직원이 외부에서 업무와 관련된 연락을 하며 잘못된 언행으로 회사의 이미지에 손상을 입혔기 때문이다. 이 소식을 듣고 화가 난 사장은 모든 성질을 A에게 쏟아 부었다. 다른 직원의 잘못이었지만 A가 그 뒷감당을 해야 했다. 또한 사장의 권위를 지켜주기 위해 A는 이렇다 할 변명도 하지 못하고 묵묵히 참았지만 속으로는 몹시 억울했다.

A가 상처를 받은 이유는 사장이 다른 사람의 잘못을 그녀에게 돌려서 받지 않아야 할 처벌을 받았기 때문이다. 하지만 이 일을 통해 사실 사장이 A에게 알려주려 한 중요한 메시지는 '나는 이 팀을 자네가 책임지도록 맡겼다. 나는 당신을 신임하기 때문에 당신이 나의 믿음에 책임을 져야 한다'라는 것이었다. 하지만 A는 이런 상대의 메시지를 받아들이지 못했다. 그녀는 자신의 시각에서만 문제를 봤기에 억울함을 느낀 것이다.

이런 뜻밖의 상황을 마주쳤을 때 우선은 상대의 말을 받아들이도록 시도해야 한다. 사건의 뒤에 숨겨진 진짜 동기를 이해하고, 개개인의 성장 배경과 지내온 삶을 이해하는 것이다.

2 분노

B는 영업부에 파견되어 성격이 강한 중년 부인과 함께 일하게 됐다. 그녀는 회사 경력이 더 많다는 사실을 내세워 항상 함부로 말

을 해댔다. B는 화가 머리끝까지 치솟았지만 어디에도 마음 놓고 쏟아낼 수 없었다.

    B가 상처를 받은 것은 두 가지 이유 때문이었다. 하나는 그녀의 마음은 분노와 불평으로 가득 찼지만 충돌의 과정에서 쌍방의 힘에 차이가 나 B의 기분이 제때 해소될 수 없었기 때문이다. 다른 하나는 B 스스로 자존심에 상처를 입었다고 느꼈기 때문이다. 많은 사람들 앞에서 개인의 자존심은 지켜져야 할 최저선이 있는데 일단 이 선을 넘어 제때 보상받지 못하면 마음에 큰 상처를 남기게 된다.

    이런 불쾌한 경험을 했을 때 B가 해야 할 급선무는 제때 자신의 부정적 감정을 해소하는 것이다. 그에 앞서 한 가지 분명히 알아야 할 것은 부정적 감정 자체가 꼭 나쁜 것은 아니란 사실이다. 사실 감정 자체는 중립적인 것으로 좋고 나쁨이나 옳고 그름이 있을 수 없다. 부정적인 감정을 해소하기 위해서는 다음과 같은 두 가지 방법을 실천해보면 좋다.

    하나는 운동식 해소법이다. 자신이나 타인에게 피해를 주지 않도록 사람이 없는 넓은 들판이나 바닷가, 풀밭, 산 정상, 탁 트인 운동장, 집의 욕실이나 화장실 등에서 미친 듯이 소리를 지르거나 춤을 추고 주먹을 휘두르거나 다트를 던지는 등 다양한 방법으로 감정을 풀어보라. 다만 감정을 해소하는 과정에서 지금 자신이 어떤 기분인지 명확히 알고 있어야 한다.

    다른 하나는 고립식 해소법이다. 매일 밤 조용하고 외부의 방해를 받지 않는 시간에 혼자서 적어도 1시간 동안 마음을 활짝 열고 하루 동안 느낀 모든 감정을 드러내보도록 하라. 이 시간 동안에는 머릿속으로 어떤 분석이나 판단, 추리를 할 필요 없이 마음껏 기분을 털어놓으면 된다. 이렇게 감정을 다 털어내고 나면 "내 기분은······."이라고 소리 내어 표현해보라. 당신이 자신의 감정을 자세히 이해할수록 이 감정 뒤에 필요한 것이 무엇인지 알 수 있다. 이런 식으로 당신은 점차 자신과 잘 지내는 법을 배우고 자신을 따뜻하게 대할 수 있게 된다.

3 외로움

C는 회사의 신입사원이다. 그녀는 모든 면에서 뛰어난 인재로 사장의 칭찬을 많이 받았다. 하지만 그럴수록 주변 동료들과는 사이가 멀어졌다. 한번은 우연히 동료들이 자신에 대한 험담을 나누고 있는 것을 듣게 됐다. C는 매우 상심했지만 어디에 털어놓을 곳도 없다. 그녀는 스스로 매우 외롭다고 느꼈으며 다음 날 아침 회사 앞에 도착했지만 좀처럼 안으로 들어가지 못했다.

사람의 모든 감정적 반응 속에는 만족되지 못한 심리적 욕구가 숨겨져 있다. 즉, 따돌림 당하거나 무시당한다며 슬퍼할 때 C는 사실 사람들이 자신을 중시하고 받아주며 관심을 보여주길 바라는 것이다. 실제생활에서 우리의 욕구를 만족시켜줄 수 있는 사람은 제각각이다. 만약 배우자의 인정을 받고 싶다면 배우자에게 인정을 바라야 하며, 부모의 격려가 필요하다면 부모에게 격려를 바라야 한다. 이 과정은 사실 자신의 지지 시스템을 명확히 하고 세우는 과정이다.

구체적으로 말해 관계를 친밀하게 할 수 있는 능력을 만들고, 마음과 마음이 만나는 능력을 향상시키는 것이다.

중년 우울증을 효과적으로 이겨내려면?

현대 사회에서는 일반적으로 중년기를 40~60세 정도로 규정한다. 생활 조건이 좋아지고 사람의 수명이 늘어나면서 중년기의 연령 폭도 넓어졌다. 표면적으로 이 시기의 사람은 인생의 전성기를 누리는 것처럼 보이지만, 실제로는 심리적으로나 생리적으로 다양한 변화가 일어나는 시기이다.

중년기는 일생에서 심리적 부담과 스트레스가 가장 무거운 시기이다. 가정이 안정적인지 아닌지, 사업이 원만한지 아닌지에 따라 특유의 심리 변화가 일어난다. 특히 몇 번의 좌절을 겪고 나면 지나치게 초조해하며 걱정이 많아진다. 이런 상황이 길어지면 날이 갈수록 우울해지고 말수가 적어지며 밤에도 잠을 이루지 못한다. 이것이 바로 중년에 걸리기 쉬운 '중년 우울증'이다.

이 특별한 증상은 심리와 생리 두 방면으로 나타난다. 일단 생리적으로 사람은 유아기와 청소년기, 청년기, 장년기를 거치며 줄곧 성장을 경험했기에 이런 상태가 끝이 없으리란 느낌을 갖고 있다. 하지만 중년에 들어서면 성장이 점차 멈추고 쇠퇴하는 현상이 나타난다. 또한 이 시기에는 신체에 특별한 병이 없어도 몇몇 작은 변화가 일어나면서 의욕은 있어도 몸이 따라주지 않는다는 느낌을 받는다. 심리적으로는 일이든 학습이든 생활이든 서로 다른 정도의 공허함과 염증이 생긴다. 이십대에 사회에 들어왔을 때는 모든 것이 새롭고 하는 일마다 활기가 넘쳤다. 하지만 10년, 20년이 지나면 업무는 익숙해지고 환경에 변화가 줄어들며 인간관계에도 긴장감이 사라져 쉽게 지루하고 무미건조함을 느끼게 된다. 중년기의 또 다른 어두운 그림자는 인생의 전성기가 지났다는 느낌이다. 중년에 이르러 문득 뒤를 돌아보면 인생의 여러 굴곡을 지나왔다는 생각에 쓸쓸한 기분을 피할 수 없다. 이런 모든 부정적인 감정은 유기체의 면역력과 방어기능을 떨어뜨리고 건강을 해칠 수 있다. 그러므로 이 시기에 심리와 신체의 건강을 유지하는 것은 매우 중요한 일이다.

중년 우울증은 어떤 태도로 인생을 대하는가에 따라 상당히 달라진다. 이때를 순조롭게 넘기지 못하면 혼란과 무력감, 공허함 등이 인생의 발전을 방해하고 건강에 영향을 줘 삶의 의미를 잃게 될 것이다. 반면 이때를 순조롭게 넘기면 도전을 받아들여 곤경 속에서도 희망을 보게 되며 새로운 발전기에 접어들게 된다. 심리학자들은 자신을 정확히 인식하고 받아들이라고 조언한다. 그래야만 적당한 목표를 찾을 수 있으며 좋은 방법을 찾아 열등감이나 오만에 빠지지 않고 자신 있게 모든 일에 대처할 수 있기 때문이다.

그러기 위해서는 우선 가슴을 열고 낙관적으로 생각하며 감정을 안정시켜야 한다. 보통 이 시기에는 사회적 요소가 심리를 자극하는 경우가 많다. 복잡한 업무와 생활환경에 매몰되지 말고 사소한 것에 연연하지 않을 줄 알아야 한다. 또한 중대한 사건에 대해서도 극복할 수 있다는 긍정적 심리를 유지하는 것이 매우 중요하다.

둘째, 좋은 인간관계를 맺어야 한다. 건전한 심리적응능력은 좋은 인간관계를 바탕으로 하기 때문이다. 자신과 성격이나 취미, 기질 등이 다른 사람들과도 잘 지낼 줄 알아야 한다. 또한 정확히 자신을 평가하고 객관적으로 자신의 장단점을 파악해 주변 사람들에 대한 이해를 넓혀나가야 한다. 사람들과 많이 교류하고 이해하며 존중할 때 서로 마음의 거리를 줄일 수 있고, 여러 불쾌한 일을 피할 수 있다. 같은 맥락에서 사람이나 일에 대해 지나치게 높은 기대감을 품어서는 안 된다. 중년은 같은 연령대 사람들의 사회적 지위와 경제적 수입에 큰 차이가 나는 시기이다. 그러므로 같은 연배의 사람이 상사가 되거나 돈을 많이 벌었다고 해도 담담히 받아들여야 하며 질투감이나 열등감을 피해야 한다. 사실 행복이란 주관적인 느낌이자 심리상태일 뿐이다.

마지막으로 중년에는 일과 휴식을 적절히 안배할 줄 알아야 한다. 보통 이 시기에는 업무에서 여유를 가질 수 없고, 가정의 기둥으로 연로한 부모를 돌봐야 하며 자녀의 교육에서도 자유로울 수 없다. 이런 모든 일은 폭넓게 계획하고 합리적으로 안배해야 한다. 바쁠 때일수록 여가활동을 소홀히 해서는 안 된다. 여가활동은 일종의 적극적인 휴식 방식이자 마음가짐을 조절할 수 있는 좋은 약이다. 특히 운동으로 몸을 관리하는 것이 매우 중요한데 이를 통해 체력을 강화하고 심신의 잠재력을 폭넓게 발휘할 수 있다.

소비 욕구, 어떻게 통제할까?

30세인 A는 외국계 기업에 다니는 직장인이다. 회사는 업무 스트레스가 크고 경쟁도 치열하지만, 그녀는 줄곧 뛰어난 업무 성과를 올리며 상사의 칭찬을 받았고 동료들과의 관계도 원만했다. 하지만 우연히 남편과 크게 싸운 이후로 옷가게만 보면 들어가 별별 화려한 옷들을 다 사들이기 시작했다. 사실 그녀도 자신에게 그렇게 많은 옷이 필요하지 않다는 것을 알고 있었다. 또한 옷을 사기 전에는 몇 벌을 살지 마음에 정해놓았지만 막상 가게에 들어서면 이런저런 옷을 고르느라 정신이 없었다. A는 자신의 소비 욕구를 통제할 수 없어 몹시 고민스러웠다. 그녀의 이런 행동은 정상적인 업무에도 영향을 미쳤다.

당신은 기분이 나쁠 때 어떤 일을 하는가? 아마 남자들은 대부분 줄담배를 피우거나 술을 진탕 마시고 뻗어버릴 것이다. 반면 여자들은 미친 듯이 쇼핑을 하거나 맛있는 음식을 마음껏 먹으며 수다를

떨 것이다. 하지만 소비 욕구가 당신의 경제능력을 넘어선다든지 쇼핑을 할 때마다 자신의 행동을 후회하는 상황이 반복되면 이것이 바로 소비 중독이다. 이런 현상은 심리에 문제가 있을 때 스트레스를 해소하려는 비정상적인 방법이므로, 적당한 조절이 필요하다.

쇼핑 중독은 기본적으로 업무 스트레스가 큰데 평소 적합한 해소 방법을 찾지 못한 사람들 사이에서 많이 나타난다. 하지만 그 결과는 원래의 의도와 어긋나는 경우가 많다. 그들 대부분은 쇼핑을 하고 난 뒤 자신의 행동에 대해 부끄러움과 죄책감을 느끼며 충동을 참지 못했다는 사실에 고통스러워한다. 이런 심리의 전환은 몇 가지 심리기제를 포함한다. 쇼핑 중독자는 며칠에서 몇 주 정도 스트레스가 쌓이면 충동에 의해 물건을 사들인다. 그들은 비싼 물건이나 특별히 필요하지도 않은 물건을 사며 이런 긴장을 해소하고 비교적 가벼운 기분으로 집에 돌아온다. 그 뒤로 잠시 동안은 소비 욕구를 자제하지만 스트레스가 쌓이면 다시 쇼핑을 하며 이런 식으로 같은 패턴이 반복된다. 쇼핑 중독자는 말로 표현하기 힘든 심리적 고통에 시달리며 이로 인해 일상적인 업무와 생활도 영향을 받는다.

심리학에 따르면 많은 사람들이 스트레스를 받을 때 쇼핑을 하거나 폭식, 폭음을 하는 방식으로 압박감을 푼다. 하지만 스스로 소비를 통해 스트레스를 푼다는 사실을 깨달았다면 절대로 소홀히 생각해서는 안 된다. 이럴 때 당신은 자신에게 "나는 뭘 피하고 있는 거지?" 같은 질문을 던져봐야 한다. 이 문제에 대해 정면으로 마주하고 해결할 때 당신의 심리도 균형을 찾을 수 있다. 소비 욕구를 해결하기 위한 구체적인 실천 방안은 다음과 같다.

(1) 스트레스에 대해 정확히 인식하고 대처하라 : 자신의 일상적인 업무 등에서 어떤 스트레스를 받는지 정확히 인식하고 대처해야 하며 해소할 수 있는 적합한 방법을 찾아야 한다. 이를테면 친구와 수다를 떤다든지, 가까운 사람과 스트레스를 나누는 방식을 이용하는 것도 좋다.

(2) 장부를 적는 습관을 들여라 : 지금까지 사들인 물건의 통계를 내서 쓸모없거나 여분이 있는 것이 얼마나 되는지 파악하라. 또한 소비한 전체 금액을 계산해 얻은 이익과 손실이 얼마나 되는지 헤아려보라.

(3) '다음에 사야지'라는 생각을 이용해 소비를 미루라 : 어떤 물건이 유난히 눈에 들어올 때 급하게 사지 말고 '다음에 사야지'라고 스스로에게 암시를 걸어보자. 며칠만 지나면 마음이 변해 쇼핑하려는 욕구가 줄어들 수 있다.

(4) 혼자 쇼핑하지 마라 : 혼자서 거리를 걷거나 외로운 느낌이 들 때 사람은 가게 주인의 권유를 거절하지 못하고 쉽게 지갑을 열게 된다. 이럴 때 효과적인 방법은 살 물건이든 아니든 독하게 값을 깎는 것이다. 가격을 흥정하다 보면 난관에 부딪치게 마련이며 외롭다는 느낌도 사라진다.

(5) 직접적인 효과가 있는 방법을 시도하라 : 밖에 나갈 때 너무 많은 돈을 들고 나가지 않는다든지, 일용품 같은 것을 사러

갈 때 꼭 필요한 것과 그렇지 않은 것을 미리 구분해놓는다. 혼자서 자신이 없다면 다른 사람과 함께 가서 자신이 자제력을 잃을 때 알려달라고 미리 도움을 청해도 좋다.

(6) 자신의 집중력을 다른 곳으로 돌려라 : 소비 욕구가 생기면 집중력을 다른 곳으로 돌려 정신을 분산시키거나 물건을 사고 싶다는 생각을 잊게 하라. 마음이 공허하거나 답답하고 심심할 때 가장 좋은 해결방법은 강렬한 운동을 하는 것이다.

부록

부록 1 연도로 보는 심리학 역사

부록 2 진짜 나를 발견하는 심리 테스트

부록 1   연도로 보는 심리학 역사

BC 510년경 중국의 철학자 공자는 후천적 학습을 강조한 '성습론性習論'과 '학지론學知論'을 제시했으며 이는 훗날의 교육심리학과 일맥상통한다.

BC 450년경 고대 그리스의 철학자 엠페도클레스Empedocles가 세상만물이 근원물질인 4원소(흙, 물, 불, 공기)로 이뤄져 있다고 주장했다. 그의 주장에 따르면 인간의 심리적 특성은 신체의 특수한 구조에 의존하며, 신체를 구성하는 4요소의 혼합 비율은 각기 다르다.

BC 429년경 고대 그리스의 철학자 데모크리토스Democritos의 주장에 따르면 생활과 심리활동은 모두 영혼의 기능이자 원자의 기계적 작용이다. 또한 심리는 물질에서 파생되어 나온 존재이다.

BC 400년경 고대 그리스의 의학자 히포크라테스Hippocrates는 뇌를 심리적 기관이라 여겼다. 그는 엠페도클레스의 4원소설을 발전시켜 인체가 네 가지 액체로 구성되어 있다는 4액체설을 주장했다. 그는 자신의 저서를 통해 이 4액체가 인간의 성질을 형성한다고 주장했다. 또한 그는 심리질환을 불안증과 우울증, 치매라는 세 가지로 구분했다.

BC 380년경 고대 그리스의 철학자 플라톤Plato은 물체와 관념이란 두 현상을 인정했으며 관념은 선천적으로 타고난 것 외에는 모두 감각기관의 관찰로 얻어진 결과라고 주장했다. 그의 이런 생각은 심신이 원론의 기초가 됐다.

BC 350년경 고대 그리스의 철학자 아리스토텔레스Aristoteles는 5가지 감각이론과 3종류의 연상법칙을 제시했다.

BC 320년경 중국의 철학자 맹자는 '성선설性善說'을 주장했으며, 환경과 교육이 인성의 발전에 미치는 작용을 중시했다.

BC 260년경 중국의 철학자 순자는 '성악설性惡說'을 주장했으며 '화성기위化性起偽' 즉, '사람의 본성을 개조해 도덕관념을 수립하는 것'을 중시했다.

1650년 영국의 철학자 토머스 홉스Thomas Hobbes는 《리바이어던Leviathan》이란 저서의 1부에 해당하는 《인간론》을 출판해 기계론적 결정론을 주장했다.

1675년 네덜란드의 철학자 스피노자Baruch de Spinoza는 《에티카Ethica in Ordine Geometrico Demonstrata》를 집필해 심신평행론을 주장했다.

1690년 영국의 철학자 존 로크John Locke는 《인간오성론》이란 저서를 통해 '관념의 연합'이란 말을 만들어냈으며, 인간의 정신이 하얀 종이와 같다는 '백지설theory of tabula rasa'을 주장했다.

1695년 독일의 철학자 고트프리트 라이프니츠Gottfried Wilhelm von Leibniz는 '심신평행론'을 주장했으며 '통각apperception(지각의 반성적 의식-역주)'이란 개념을 만들어냈다.

1734년 독일의 철학자 크리스티안 폰 볼프Christian von Wolf는 《심리 실험과 심리 추론》이란 책을 출간했으며 '심리학'이란 용어를 처음으로 사용했다.

1739년 영국의 철학자 데이비드 흄David Hume은 자신의 저서 《인성론》에서 연상주의와 현상주의 및 과학적 인과론을 이용해 자연현상의 규칙을 설명했다.

1754년 프랑스의 철학자 콩디야크ienne Bonnot de Condillac는 《감각론》이란 저서를 출판했다.

1765년 독일의 철학자 고트프리트 라이프니츠의 유고인 《신인간오성론》이 출판됐다.

1775년 오스트리아의 의사 프리드리히 메스머Friedrich Anton Mesmer는 《동물자기론》을 발표하고, 메스머리즘(최면술)을 이용해 정신질환자들을 치료할 것을 주장했다.

1807년 영국의 의학자 찰스 벨Charles Bell과 프랑스의 의학자 프랑수아 마장디Fran is Magendie는 감각신경과 운동신경의 구조와 기능의 차이를 발견했다.

1808년 프랑스의 해부학자 프란츠 요제프 갈Franz Joseph Gall은 인간의 정신 상태를 알 수 있다는 골상학을 발표했다.

1816년 독일의 철학자 요한 헤르바르트Johann Friedrich Herbart는 《심리학 교본》이란 책을 출판했다.

1821년 프랑스의 생리학자 장 피에르 플루랑Jean Pierre Flourens은 처음으로 뇌기능 실험을 진행했다.

1822년 프리드리히 베셀Friedrich Wilhelm Bessel은 천문관측을 통해 반응속도의 개별적 차이를 발견했다.

1825년 푸르키네 현상Purkinje Phenomenon(빛이 약할 경우에 눈이 장파장長波長보다 단파장의 빛에 대해 민감해지는 현상-역주) 발견.

1826년 독일의 생리학자 요하네스 뮐러Johannes Peter Müller는 《시각비교생리학》이란 책을 발표해 '특수신경에너지' 이론을 주장했다.

1832년 독일의 철학자 베네케Friedrich Eduard Beneke는 심리학을 자연과

학으로 봐야 한다고 자신의 저서를 통해 주장했다.

1834년 독일의 해부학자 프란츠 요제프 갈과 골상학자 요한 슈푸르츠하임Johann Kaspar Spurzheim은 뇌의 기능이 부위별로 구별된다는 가설을 세우고 뇌기능에 관한 연구를 추진했다. 이후 독일의 생리학자 에른스트 베버Ernst Heinrich Weber가 《촉각과 일반감각》이란 책을 발표하고 '베버의 법칙Weber's Law(자극의 강도와 식별영역과의 관계를 설명한 법칙-역주)'을 주장했다.

1838년 프랑스의 의학자 장 도미니크 에스퀴롤Jean-étienne Dominique Esquirol은 '환각halluciation'이란 단어를 처음 명명했다. 이후에 영국의 물리학자 휘트스톤Charles Wheatstone은 입체경을 발명했다.

1840년 영국의 생물학자 찰스 다윈Charles Robert Darwin이 자연선택설을 발표했다.

1843년 영국의 의사 제임스 브레이드James Braid가 《신경최면학》이란 책을 출판하고 '최면술'이란 단어를 처음 고안해냈다.

1850년 독일의 생리학자 헤르만 폰 헬름홀츠는 신경 흥분전도 속도를 측정하는 방법을 처음으로 고안해 실험했다.

1855년 영국의 물리학자 제임스 맥스웰James Clerk Maxwell이 가색법加色法을 창안했다.

1860년 독일의 물리학자 페히너Gustav Theodor Fechner가 《정신물리학요론》을 출판했다.

1861년 프랑스의 외과의사 폴 브로카Paul Broca가 대뇌의 언어중추 부위를 발견했다.

1863년 독일의 심리학자 빌헬름 분트Wilhelm Maximilian Wundt가 《인간과 동물의 정신에 대한 강의》란 책을 출판했다. 또한 러시아의 생리학자 이반 세체노프Ivan Mikhailovich Sechenov가 《뇌의 반사》란 책을 출판해 새로운 반사학설로 각종 심리현상을 설명했다.

1865년 영국의 철학자 존 스튜어트 밀John Stuart Mill은 연상의 4가지 법칙을 제시했는데 바로 유사의 법칙과 접근의 법칙, 다수의 법칙, 불가분의 법칙이 그것이다.

1869년 영국의 유전학자 프랜시스 골턴Francis Galton은 《유전성의 천재와 그 법칙》이란 책을 출판했다.

1872년 영국의 생물학자 찰스 다윈은 《사람과 동물의 감정 표현》이라는 책을 출판해 인간의 의식과 동물의 심리 발전의 연속성에 대해 강조했다.

1874년 독일의 철학자 프란츠 브렌타노Franz Brentano가 《경험적 입장에서의 심리학》이란 책을 출판해 작용심리학act psychology을 창안했다. 또한 독일의 의사 베르니케Christian Wernicke가 실어증을 연구해 대뇌의 청각언어중추를 발견했다. 독일의 심리학자 빌헬름 분트는 《생리학적 심리학》이란 책을 출판했다.

1876년 세계 최초의 심리학 잡지 〈마음Mind〉이 창간됐으며, 영국의 심리학자 알렉산더 베인Alexander Bain이 편집장을 맡았다.

1879년 독일의 심리학자 빌헬름 분트가 라이프치히대학교에 세계 최초의 심리학 실험실을 건립해 현대 심리학의 탄생을 알렸다.

1881년 빌헬름 분트가 편집장을 맡아 세계 최초의 실험심리학 잡지인 〈철학 연구〉를 발간했다. 훗날 미국의 경영학자 프레더릭 테일러Frederick Taylor는 최신 심리학을 응용해 생산의 효율을 높일 수 있는 '테일러리즘'을 창시했다.

1882년 영국의 심리학자 윌리엄 프레이어William Thierry Preyer는 심리학사에서 최초로 관찰과 실험을 통한 연구로 아동의 심리발전을 체계화한《아이의 마음》이란 책을 출판했다.

1883년 미국의 심리학자 그랜빌 홀Granville Stanley Hall은 존스홉킨스대학에 미국 최초의 심리학 실험실을 건립했다.

1885년 독일의 심리학자 헤르만 에빙하우스Hermann Ebbinghaus는《기억에 관하여》를 출판해 기억의 '망각곡선' 이론을 발표했으며, 기억 측정 방법인 '절약법'을 고안해냈다. 덴마크의 심리학자 칼 랑게Karl Lange가 감정이론을 발표했으며, 비슷한 시기에 미국의 심리학자 윌리엄 제임스William James도 같은 이론을 발표해 '제임스-랑게 감정이론'이라 부르기도 한다.

1886년 오스트리아의 물리학자 에른스트 마흐Ernst Mach가《감각의 분석》이란 저서를 출판했다.

1887년 미국의 심리학자 그랜빌 홀이 미국 최초의 심리학 잡지인 〈미국심리학잡지〉를 발간했다.

1889년 최초의 국제심리학회의가 8월 6~10일에 파리에서 개최됐으며 프랑스의 신경병학자 쟝 샤르코Jean Martin Charcot가 회장을 맡았다.

1890년 윌리엄 제임스의《심리학 원리》가 출판됐다. 또한 미국의 심리학자 제임스 커텔James McKeen Cattell이《심리검사와 그 측정》란 책을 출판하고 '심리검사'란 말을 처음 사용했다.

1892년 미국 심리학회가 설립되어 그랜빌 홀이 초대 회장이 됐다. 또한 미국의 심리학자 에드워드 티치너Edward Bradford Titchener가《인지시간 측정에 대해》란 책을 출판했으며, 이후에 코넬대학교에서 구조주의 심리학을 처음 시작했다.

1893년 미국에서 〈심리학 평론〉이란 잡지가 창간됐으며 제임스 커텔이 편집장을 맡았다.

1894년 독일의 실험심리학자 퀼페Oswald Külpe가 뷔르츠부르크학파를 세웠다.

1895년 프랑스 최초의 심리학 잡지 〈심리학 연간〉이 창간됐다.

1896년 프랑스의 사회심리학자 귀스타브 르봉Gustave Le Bon이 《군중심리학》이란 책을 출판하고, 암시에 걸리기 쉬운 군중심리에 대해 주장했다. 미국의 심리학자 존 듀이John Dewey는 심리학사의 중요 논문인 〈심리학 중의 반사궁 개념〉을 발표했다.

1897년 영국 최초의 심리학 실험실이 케임브리지대학교에 설립됐다.

1898년 아르헨티나 최초의 심리학 실험실이 설립됐다. 이는 라틴아메리카에서 처음 세워진 심리학 실험실이기도 했다. 또한 미국의 심리학자 에드워드 손다이크Edward Lee Thorndike가 처음으로 객관적 방법을 이용해 동물의 행동을 연구한 결과를 〈동물의 지능〉이란 논문을 통해 발표했다.

1900년 독일의 심리학자 빌헬름 분트가 《민족 심리학》 1권을 출판했으며 1920년 10월에 전권을 완성했다. 또한 독일의 정신분석학자 프로이트가 《꿈의 해석》이란 책을 출판했다.

1901년 프랑스 심리학회 설립.

1902년 영국 심리학회 설립. 심리학자 찰스 마이어스Charles Samuel Myers가 초대 회장을 맡았다.

1903년 독일 심리학회 설립. 호주 최초의 심리학 실험실이 세워졌다.

1904년 〈영국심리학잡지〉가 창간됐으며, 미국의 심리학자 제임스 커텔과 제임스 볼드윈James Mark Baldwin이 주도한 〈심리학회보〉가 발간됐다. 또한 영국의 심리학자 찰스 스피어먼Charles Edward Spearman이

〈일반 지능〉이라는 논문을 발표해 지능의 '이인자설=因子說'을 최초로 주장했다.

1905년 '비네-시몽 검사법Binet-Simon test(프랑스의 심리학자 A.비네가 의학자인 T.시몽의 협력을 얻어 고안한 최초의 지능검사법-역주)'이 발표됐다.

1908년 국제정신분석학협회의 제1회 회의가 오스트리아 잘츠부르크에서 거행됐다. 또한 영국의 사회심리학자 윌리엄 맥두걸William McDougall이 저서 《사회심리학서설》을 출판했다. 같은 해에 미국의 심리학자 에드워드 로스Edward Alsworth Ross도 《사회심리학》이란 책을 출판했다. 또한 독일의 심리학자 헤르만 에빙하우스가 《심리학 개요》를 발표했다.

1911년 독일의 심리학자 빌리암 슈테른William Stern이 처음으로 '지능지수'란 개념을 제안했다.

1912년 유대계 독일 심리학자 막스 베르트하이머Max Wertheimer가 가현운동假現運動(객관적으로는 움직이지 않는데도 움직이는 것처럼 느껴지는 심리적 현상-역주)을 연구한 《운동시運動視의 실험적 연구》란 책을 발표하고 게슈탈트 심리학(형태심리학)을 수립했다. 또한 러시아의 심리학자 첼파노프Georgii Ivanovich Chelpanov는 러시아 최초의 심리학 연구소를 모스크바대학교에 세웠다. 오스트리아의 심리학자 아들러는 《신경쇠약의 특색에 관하여》란 책을 통해 '개인심리학'이란 용어를 처음 사용했으며, 개인심리학파를 창시했다.

1913년 미국의 심리학자 존 왓슨John Broadus Watson은 〈행동주의자 관점에서 본 심리학〉이란 논문을 발표하고, 행동주의심리학을 창시했다. 또한 유대계 독일 심리학자 후고 뮌스터베르크Hugo Münsterberg는

《심리학과 산업 능률》란 책을 출판했다. 미국 심리학자 에드워드 손다이크는 《교육심리학》이란 책을 출판해 연습의 법칙과 효과의 법칙에 대해 주장했다.

1916년 미국 〈실험심리학잡지〉창간. 미국의 심리학자이자 스탠퍼드 대학교 교수인 루이스 터먼Lewis Madison Terman 교수가 '비네-시몽 검사법'을 수정해 '스탠퍼드-비네 지능검사'로 만들었다.

1917년 지그문트 프로이트는 《정신분석 강의》란 책을 출판했다. 또한 독일의 심리학자 볼프강 퀼러Wolfgang Kohler는 《유인원의 지혜》란 책을 출판했다.

1919년 심리학자 존 왓슨이 《인간심리학》이란 책을 출판했다.

1920년 국제 응용심리학회 설립, 스위스의 신경학자 에두아르 클라파레드Edouard Claparede가 초대 회장을 맡았다.

1923년 스위스의 심리학자인 피아제Jean Piaget는 《아동의 언어와 사고》란 책을 출판했다. 또한 프로이트는 《자아와 이드》란 책을 출판해 인격의 구조를 '이드와 자아, 초자아'로 구분해 설명했다.

1924년 미국의 사회심리학자 고든 올포트Gordon Willard Allport는 《사회심리학》이란 책을 출판했다.

1927년 러시아의 생리학자 이반 파블로프Ivan Petrovich Pavlov는 《대뇌 양 반구의 작용에 관한 강의》란 책을 출판했다.

1929년 미국의 심리학자 에드윈 보링Edwin Garrigues Boring은 《실험심리학사》란 책을 출판했다. 또한 심리학자 볼프강 퀼러가 《게슈탈트 심리학》이란 책을 출판했으며, 미국의 심리신경학자 칼 S. 래슐리Karl Spencer Lashley는 대뇌피질 기능 등의 학설을 발표했다.

1930년 국제정신건강협회 설립.

1932년 구소련의 교육심리학자 레프 비고츠키Lev Semenovich Vygotsky는 《사유와 언어》라는 책을 출판했다.

1941년 스위스의 심리학자 잉헬더Bärbel Elisabeth Inhelder와 피아제는 공동으로 《아동 숫자관념의 발전》이란 책을 출판했다.

1944년 영국의 심리학자 프레더릭 바틀렛Sir Frederick Charles Bartlett은 《기억: 실험심리학 및 사회심리학 연구》란 책을 출판해 '도식圖式'의 개념을 제시했다.

1945년 호주 심리학회 설립.

1947년 영국 심리학자 한스 위르겐 아이젠크Hans Jürgen Eysenk은 《인격의 위도》란 책을 출판했으며, 미국의 사회심리학자 가드너 머피Gardner Murphy가 《인격》이란 책을 출판해 인격의 생물사회적 이론을 발전시켰다. 또한 캐나다의 심리학자 도널드 헵Donald Olding Hebb은 《행동의 조직》이란 책을 출판해 신행동론을 주장했다. 루마니아 출신의 미국 심리학자 데이비드 웩슬러David Wechsler는 아동용 지능검사표를 발표했다.

1951년 미국의 심리학자 칼 로저스Carl Ransom Rogers는 《환자 중심 치료》란 책을 출판했다. 같은 해에 국제심리과학연합회가 설립됐다.

1953년 미국의 심리학자 스키너가 《과학과 인간의 행동》이란 책을 출판했다.

1954년 미국의 사회심리학자 매슬로우가 《인간의 동기와 성격》란 책을 출판했다.

1967년 독일 출신의 미국 인지심리학자 율릭 나이서Ulric Neisser는 《인지심리학》이란 책을 출판했다.

1973년 러시아 심리학자 알렉산드르 루리야Alexander Romanovich Luria는

《신경심리학의 원리》란 책을 출판했다.

1981년 캐나다 출신의 미국 의학자 데이비드 허블David Hunter Hubel과 스웨덴의 신경생물학자 토르스텐 비셀Torsten Nils Wiesel은 대뇌시신경피질 기능구조 연구 및 미국의 신경생물학자 로저 스페리Roger Wolcott Sperry의 뇌 해부 연구로 노벨생리·의학상을 공동 수상했다.

부록 2 진짜 나를 발견하는 심리 테스트

①

선천지능 테스트

지능은 복잡하고 다차원적인 선천지능과 후천적인 지능 향상이 모두 중요하다. 직업을 선택하거나 리더십을 향상시키려면 어떤 방면의 타고난 자질이 필요한데 당신에게 마침 그런 자질이 있다면 그것을 자본 삼아 성공에 이를 수 있다. 선천지능 테스트 측정을 통해 개인이 각종 직업에 필요한 기본능력과 소질을 갖추고 있는지 아닌지를 확인해보자.

검사 설명 : 이 테스트는 자신의 장점을 제대로 파악하고 싶은 성인 모두에게 적용할 수 있으며 총 120문항으로 구성되어 있다. 검사 시간은 30분으로 오래 고민하지 말고 즉각 답변해야 한다. 당신의 일상적 행동과 경험을 고려해 각 문항의 서술이 당신의 행동이나 생각과 일치하는지 판단하라. 각 문항의 선택란에 나오는 숫자는 당신이 동의하는 정도를 표시한다. 이를테면 '1'은 거의 동의할 수 없다는 뜻이며, '5'는 매우 동의한다는 뜻이다. 답변에는 옳고 그름이나 좋고 나쁨의 구분이 없으니 건너뛰는 문항 없이 가능한 빨리 답하도록 하라.

번호	검사 문제	선택
1	나는 새로운 단어를 배우면 대화나 글쓰기에 적용하려 한다.	1 2 3 4 5
2	나는 알게 된 정보를 도표로 표시하는 것을 좋아한다.	1 2 3 4 5
3	나는 머릿속으로 정확한 그림을 상상할 수 있다.	1 2 3 4 5
4	나는 듣는 사람이 없어도 노래 부르는 것을 좋아한다.	1 2 3 4 5
5	나는 가위, 망치, 칼, 솔, 바늘, 펜치 등의 공구를 익숙하게 사용한다.	1 2 3 4 5
6	나는 다른 사람의 기분이나 성격, 가치관, 목적을 이해한다.	1 2 3 4 5
7	나는 스스로 믿고 있는 것이 무엇이며, 현재의 행동방식이 어떻게 형성됐는지 분명히 알고 있다.	1 2 3 4 5
8	나는 나무와 화초를 심는 것을 좋아한다.	1 2 3 4 5
9	나는 어떤 관점에 대해 변론하거나 어떤 일에 대해 설명하는 것을 좋아한다.	1 2 3 4 5
10	나는 지능검사나 논리적 해답을 구하는 수수께끼를 좋아한다.	1 2 3 4 5
11	나는 옷과 헤어스타일, 자동차, 자전거 등 평소에 사용하는 사물의 스타일을 중시한다.	1 2 3 4 5
12	음악이 답답해지거나 박자가 맞지 않고 멜로디가 틀리면 금방 발견한다.	1 2 3 4 5
13	나는 춤이나 게임 혹은 시합 같은 신체운동에 능하다.	1 2 3 4 5
14	나는 타인에게 영향을 줄 수 있으며, 내가 믿는 신념이나 취향, 바람 등에 대해 그들이 반응하게 할 수 있다.	1 2 3 4 5
15	나의 자기인식은 평소 생활에서 현명한 결정을 내리는 데에 도움이 된다.	1 2 3 4 5
16	나는 자연과 환경사업에 관심이 있다.	1 2 3 4 5
17	나는 글로 사물을 정확히 묘사할 수 있다.	1 2 3 4 5
18	나는 숫자나 통계수치를 잘 기억한다.	1 2 3 4 5
19	나는 물건을 뜯었다가 원래 모양으로 맞추는 것을 좋아한다.	1 2 3 4 5
20	내 머릿속에는 '음악 도서관'이 있다.	1 2 3 4 5

21	나는 수공예품이나 모형을 잘 만든다.	1 2 3 4 5
22	나는 교육이나 치료, 상담 등 남을 돕는 직업을 갖고 싶다.	1 2 3 4 5
23	자기 기분을 정확히 아는 것이 어떤 일에 어느 정도 헌신하거나 몰입할지 결정하는 데에 도움이 된다.	1 2 3 4 5
24	나는 공원이나 동물원, 수족관에 가는 것을 좋아한다.	1 2 3 4 5
25	나는 말로 다른 사람을 잘 설득한다.	1 2 3 4 5
26	나는 체스나 다이아몬드게임처럼 전략을 운용해야 하는 게임을 좋아한다.	1 2 3 4 5
27	나는 그림이나 기본 설계도를 그려 문제 해결하기를 좋아한다.	1 2 3 4 5
28	나는 몸으로 음악 소리 내는 것을 좋아한다(허밍, 박수, 손가락 튕기기 등).	1 2 3 4 5
29	나는 습관적으로 동작을 이용해 스스로 기억하는 편이다.	1 2 3 4 5
30	나는 효과적인 협조자가 되어 다른 사람이나 집단의 문제를 해결하는 일에 도움이 될 수 있다.	1 2 3 4 5
31	나는 서로 다른 환경에서의 느낌과 감정, 신념의 복잡성을 이해한다.	1 2 3 4 5
32	나는 자연으로 캠핑이나 소풍을 가는 것을 좋아한다.	1 2 3 4 5
33	나는 서점이나 도서관에 가서 책을 보면서 방법을 연구하는 것을 좋아한다.	1 2 3 4 5
34	나는 안산이 쉬운 일이라고 느낀다.	1 2 3 4 5
35	나는 미로나 시각적 착각을 이용한 놀이를 좋아한다.	1 2 3 4 5
36	나는 주변의 소리로부터 멜로디를 쉽게 구별해낸다.	1 2 3 4 5
37	나는 손으로 수리를 하거나 물품을 만드는 것을 좋아한다.	1 2 3 4 5
38	다른 사람이 숨기려 해도 나는 상대의 진짜 동기를 간파할 줄 안다.	1 2 3 4 5
39	나의 내면세계는 내가 힘을 얻거나 다시 시작할 수 있는 원천이다.	1 2 3 4 5
40	나는 다양한 환경과 일에 쉽게 적응한다.	1 2 3 4 5
41	나는 철자놀이나 십자말풀이 같은 글자놀이를 좋아한다.	1 2 3 4 5

42	나는 어떤 것의 수를 추측하는 것을 좋아한다.	1 2 3 4 5
43	나는 입체공간을 데생이나 유화, 조각, 설계도 등으로 표현할 수 있다.	1 2 3 4 5
44	나는 생각하거나 어떤 일을 할 때 허밍으로 흥얼거리거나 작은 소리로 노래하는 것을 좋아한다.	1 2 3 4 5
45	나는 평형감과 협조능력이 좋다.	1 2 3 4 5
46	나는 인간관계의 폭이 넓은 편이다.	1 2 3 4 5
47	나는 나의 관점에 자신이 있으며 쉽게 흔들리지 않는다.	1 2 3 4 5
48	나는 가봤던 곳이나 봤던 동물, 식물, 사람, 물건의 이름을 잘 기억한다.	1 2 3 4 5
49	나는 다른 사람과 대화할 때 단어를 조심스럽게 선택하며 직접적으로 말하거나 말속에 숨겨진 뜻이 없도록 주의한다.	1 2 3 4 5
50	나는 시비가 분명한 문제와 명확한 답을 좋아한다.	1 2 3 4 5
51	나는 색채와 곡선, 형태의 미묘한 차이를 잘 구분해낼 줄 안다.	1 2 3 4 5
52	나는 다양한 노래를 잘 구분할 줄 안다.	1 2 3 4 5
53	나는 새로운 춤이나 운동을 빨리 배운다.	1 2 3 4 5
54	나는 다른 사람과 쉽게 친해진다.	1 2 3 4 5
55	나는 자신의 감정과 신념, 태도에 책임질 줄 안다.	1 2 3 4 5
56	나는 주변이나 자연에서 만난 사람, 장소, 사물에 관심을 갖는다.	1 2 3 4 5
57	나는 자신 있는 말과 글로 내 뜻을 표현할 줄 안다.	1 2 3 4 5
58	나는 화학이나 엔지니어, 물리, 천문학, 수학 등과 관련된 일을 하고 싶다.	1 2 3 4 5
59	나는 지도를 잘 볼 줄 안다.	1 2 3 4 5
60	나는 동시에 연주되는 여러 악기의 소리 차이를 구분할 줄 안다.	1 2 3 4 5
61	나는 목공이나 모형 조립, 재봉 같은 수공으로 하는 활동을 좋아한다.	1 2 3 4 5
62	나는 새로운 사람과 만나고 함께 일하는 것을 좋아한다.	1 2 3 4 5
63	나는 많은 사람 앞에서 침착하고 자신감이 있다.	1 2 3 4 5

64	나는 습관적으로 동네나 학교, 집 근처의 환경을 유심히 살핀다.	1 2 3 4 5
65	나는 말할 때나 글을 쓸 때나 어법이 비교적 정확하다.	1 2 3 4 5
66	나는 사실이나 이유, 원칙 등에 대해 엄격하고 신중하게 받아들인다.	1 2 3 4 5
67	나는 색깔의 매치나 코디에 능숙하다.	1 2 3 4 5
68	나는 다양한 음악을 좋아한다.	1 2 3 4 5
69	나는 말할 때 손동작을 많이 쓴다.	1 2 3 4 5
70	나는 결정을 내릴 수 없을 때 다른 사람의 의견을 구하는 편이다.	1 2 3 4 5
71	나는 자신의 상황에 어울리는 목표를 세우는 것을 좋아하며 그 목표를 적극적으로 실현한다.	1 2 3 4 5
72	나는 기회만 있으면 자연으로 나가고 싶어 한다.	1 2 3 4 5
73	나는 소리나 박자, 음조의 변화, 말의 운율에 민감하다. 특히 시를 지을 때 그렇다.	1 2 3 4 5
74	나는 문제를 만났을 때 논리적으로 분석하고 순서대로 해결한다.	1 2 3 4 5
75	나는 다른 사람의 이름보다 생김새를 잘 기억한다.	1 2 3 4 5
76	나는 노래 가사를 바꿔 부르는 식으로 구체적인 사항을 기억하기를 좋아한다.	1 2 3 4 5
77	나는 다른 사람의 자세와 표정을 잘 따라한다.	1 2 3 4 5
78	나는 남들과 충돌하는 것을 싫어하며, 그런 일이 일어난 경우에는 가능한 한 잘 지내보려 한다.	1 2 3 4 5
79	나는 자신과 관련된 일에 대해 시간을 내어 자세히 생각하는 편이다.	1 2 3 4 5
80	나는 자연현상의 변화를 잘 예측한다(장마가 온다든지 비가 내리는 것 같은).	1 2 3 4 5
81	나는 자주 폭넓게 책을 읽는다.	1 2 3 4 5
82	사람들이 수학 문제가 생기면 내게 도움을 청한다.	1 2 3 4 5
83	나는 퍼즐을 잘 맞추며 설명서를 읽거나 모형 혹은 도면 만들기를 잘 한다.	1 2 3 4 5

84	나는 주음이나 화성 같은 음악의 기본원칙을 잘 이해하고 있다.	1 2 3 4 5
85	나는 구경하는 것보다 직접 운동에 참여하는 것을 좋아한다.	1 2 3 4 5
86	나는 사람들을 편하게 만들 줄 안다.	1 2 3 4 5
87	나는 내가 잘하는 것과 못하는 것을 잘 알고 있다.	1 2 3 4 5
88	나는 생물을 좋아하며 화학을 좋아하지 않는다.	1 2 3 4 5
89	나는 편지나 이메일 쓰는 것을 중요한 교류방식으로 삼고 있다.	1 2 3 4 5
90	나는 거의 모든 일이 논리적인 해설이 가능하다고 믿는다.	1 2 3 4 5
91	나는 영화를 볼 때 듣는 것보다 보는 것에 신경 쓰는 편이다.	1 2 3 4 5
92	나는 음감과 음의 정확도가 매우 좋다.	1 2 3 4 5
93	공을 던지거나 활을 쏘고, 골프를 치는 등의 운동을 할 때 목표 명중률이 높다.	1 2 3 4 5
94	나는 타인의 반응에 많이 신경 쓴다.	1 2 3 4 5
95	나는 혼자서 카드게임이나 컴퓨터게임을 하는 것을 좋아한다.	1 2 3 4 5
96	나는 야외에서 하는 활동, 사냥이나 낚시, 탐조 등에 일가견이 있다.	1 2 3 4 5
97	나는 외국어 배우기를 좋아한다.	1 2 3 4 5
98	과학에 관련된 최신 토론이나 토픽을 매우 좋아한다.	1 2 3 4 5
99	나는 방향감각이 좋다.	1 2 3 4 5
100	나는 이성과 감성을 모두 동원해 음악을 감상한다.	1 2 3 4 5
101	나는 손으로 직접 조작해봐야 일의 원리를 이해할 수 있다.	1 2 3 4 5
102	나는 다른 사람과 함께 일하는 것을 좋아한다.	1 2 3 4 5
103	나는 다른 사람의 충고보다 내 판단을 믿는 편이다.	1 2 3 4 5
104	나는 자연을 배경이나 대상으로 그림 그리거나 촬영하기를 좋아한다.	1 2 3 4 5
105	나는 이름이나 사건을 잘 기억한다.	1 2 3 4 5
106	나는 상황 속에서 규칙이나 차이를 잘 찾아낸다.	1 2 3 4 5

107	나는 책을 읽을 때 머릿속에 줄거리가 떠오른다.	1 2 3 4 5
108	나는 많은 사람 앞에서 노래하거나 악기를 연주하는 등 공연하는 것을 좋아한다.	1 2 3 4 5
109	나는 몸을 쓰는 운동으로 스트레스를 덜거나 만족을 얻는 편이다.	1 2 3 4 5
110	나는 남에게는 관대하고 자신에게는 엄격하려 노력한다.	1 2 3 4 5
111	나는 일기를 쓰거나 매일의 활동을 기록하기를 좋아한다.	1 2 3 4 5
112	나는 집밖에서 편안함과 자신감을 느낀다.	1 2 3 4 5
113	나는 자주 은유적인 표현을 사용하며 말의 표현력이 좋다.	1 2 3 4 5
114	나는 사회나 영어보다 수학을 좋아한다.	1 2 3 4 5
115	나는 한 자리에 서서 어떤 물건을 다른 각도에서 본 모습을 상상할 수 있다.	1 2 3 4 5
116	나는 음악적 취향이 명확해 스스로 무슨 노래를 좋아하고 싫어하는지 잘 알고 있다.	1 2 3 4 5
117	나는 단막극이나 연극에 출연하는 것을 좋아한다.	1 2 3 4 5
118	나는 사교적 모임이나 활동을 좋아하며, 친구를 잘 사귄다.	1 2 3 4 5
119	나는 자주 나 자신과 내 가치관에 대해 생각한다.	1 2 3 4 5
120	나는 숲속에서 태양과 별에 의지해 방향을 찾을 수 있다.	1 2 3 4 5

채점 규칙 : 문항의 순서대로 자신에게 맞는 답을 고른 뒤 다음 '선천지능 분류와 관련 문항 번호표'에 따라 각 지능 유형의 점수를 합산한다. 그 다음 '선천지능 유형 평가 정도표'를 참고해 각 유형의 강도 수준을 확인하면 된다.

선천지능 분류와 관련 문항 번호표

능력 유형	관련 문항 번호	합계 점수
언어 재능	1, 9, 17, 25, 33, 41, 49, 57, 65, 73, 81, 89, 97, 105, 113	
논리 재능	2, 10, 18, 26, 34, 42, 50, 58, 66, 74, 82, 90, 98, 106, 114	
도형 기능	3, 11, 19, 27, 35, 43, 51, 59, 67, 75, 83, 91, 99, 107, 115	
음악 재능	4, 12, 20, 28, 36, 44, 52, 60, 68, 76, 84, 92, 100, 108, 116	
신체 재능	5, 13, 21, 29, 37, 45, 53, 61, 69, 77, 85, 93, 101, 109, 117	
인간관계 재능	6, 14, 22, 30, 38, 46, 54, 62, 70, 78, 86, 94, 102, 110, 118	
자기 능력	7, 15, 23, 31, 39, 47, 55, 63, 71, 79, 87, 95, 103, 111, 119	
자연 재능	8, 16, 24, 32, 40, 48, 56, 64, 72, 80, 88, 96, 104, 112, 120	

선천지능 유형 평가 정도표

능력 분류	낮은 강도	중간 강도	높은 강도
언어 재능	15~32점	33~55점	56~75점
논리 재능	15~32점	33~55점	56~75점
도형 기능	15~32점	33~55점	56~75점
음악 재능	15~32점	33~55점	56~75점
신체 재능	15~32점	33~55점	56~75점
인간관계 재능	15~32점	33~55점	56~75점
자기 능력	15~32점	33~55점	56~75점
자연 재능	15~32점	33~55점	56~75점

능력 강도 특징 설명표

강도 등급	능력 강도 특징
낮은 강도	당신은 이 영역의 활동을 피하는 경향이 있다. 특별한 격려를 받지 않는 한 이 상태로는 전문적 기술을 습득하기에 장애가 있으므로 더 많은 노력이 필요하다. 하지만 모든 지능은 이 항목을 포함해 언제든 향상이 가능하다는 사실을 잊지 말라.
중간 강도	당신은 이 종류의 능력을 이용할 수도 있으면 남겨둘 수도 있다. 당신이 이 지능을 인정한다고 해서 반드시 활용하고 싶어 하는 것은 아니다. 또한 그렇다고 당신이 평소에 이 지능을 사용하지 않으려고 피하는 것도 아니다. 이 영역의 전문 기술을 강화하면 만족감을 얻을 수 있지만 그러려면 많은 노력이 필요하다.
높은 강도	당신은 기꺼이 이 지능을 활용하고 있다. 당신은 이 속에서 흥분과 도전의식을 느끼거나 몰두하고 있는 상태다. 당신은 기회만 있으면 이 지능을 활용하려고 선택할 것이다. 이 영역의 전문가가 되는 것은 그럴 만한 가치가 있는 일이면 충분히 실현할 수 있다. 게다가 중간 강도 혹은 낮은 강도의 사람보다 적은 노력만 들이면 된다.

8종류 지능의 구체적 특징과 적합한 직업 : 우리는 우선 높은 수준의 재능이란 상대적인 개념이며, 어떤 사람들은 동시에 여러 재능에서 높은 수준을 보일 수 있음을 알아야 한다. 그러므로 다음에 소개하는 특징과 직업은 참고만 하기를 바란다. 또한 일정한 학습이나 훈련을 거치면 어떤 방면의 재능이 강화되어 그와 관련된 직업에서 일할 수도 있다.

재능 유형과 적합한 직업 분석표

재능 유형	돋보이는 재능	구체적 특징	적합한 직업
언어 재능	독서와 글쓰기를 좋아하고, 명칭이나 장소에 대한 기억력도 좋은 편이다.	이야기하는 것을 좋아하며, 다른 사람에게 당신의 뜻을 쉽게 이해시킨다. 당신에게 가장 좋은 학습방법은 직접 보고, 말하고, 듣는 것이다.	언어 재능이 뛰어난 사람은 시인이나 작가, 연설가, 변호사, 정치가, 교사 등의 직업이 적합하다.
논리 재능	숫자를 활용하고 실험하는 것, 각종 모형과 관계에 관련된 연구를 좋아한다.	질서가 있는 활동을 좋아한다. 가장 좋은 학습방법은 정보를 분류하고, 추상적인 문제에 대해 깊이 생각해 기본원리를 찾아내는 것이다.	논리 재능이 뛰어난 사람은 수학자나 생물학자, 지질학자, 엔지니어, 물리학자, 연구자와 기타 과학자 등의 직업이 적합하다.
도형 재능	사물을 상상하고, 변화를 느끼며, 잘못되고 어려운 것을 탐색하기를 좋아한다.	그림을 그리고 만들며 설계하고 새로운 것을 창조하는 것을 좋아한다. 가장 좋은 학습방법은 영화나 동영상 등을 눈으로 보며 관찰하는 것이다.	도형 재능이 뛰어난 사람은 보통 조각이나 회화(繪畫), 외과수술, 공학 등의 직업이 적합하다.
음악 재능	환경 속 소리에 민감하고, 음악을 좋아하며, 음악을 들으며 공부하거나 책 읽기를 좋아한다.	음조와 박자를 타면서 선율과 음악이 흐르는 가운데 학습을 할 때 가장 큰 효과를 볼 수 있다.	음악 재능이 뛰어난 사람은 가수나 지휘자, 작곡가 등이 어울리며 음악을 좋아하고 감상하며 활용할 수 있는 직업이 적합하다.

신체 재능	몸을 움직이는 능력이 뛰어나고 생각이나 느낌을 몸으로 표현하는 것을 좋아한다.	활동적이고 사물을 세밀하게 다루거나 조작하는 능력이 탁월하다. 만지거나 움직이는 등 직접 해보는 학습법이 효과적이다.	직접적으로 신체를 움직이는 운동선수, 무용가, 안무가, 배우 등이 적합하다. 또한 손으로 사물을 잘 다룬다는 점에서 공예가, 엔지니어, 발명가 등도 좋다.
인간관계 재능	다른 사람과 함께 있거나 이야기하는 것을 좋아한다. 또한 사회활동에 참여하는 것을 즐긴다.	다른 사람을 이해할 줄 아는 능력이 있으며, 사람들도 당신에게 자주 도움을 청한다. 가장 좋은 학습방법은 소그룹 모임을 만들어 함께 나누고 참여하는 것이다.	인간관계 재능이 뛰어난 사람은 판매나 상담, 자문, 교육 등의 직종이나 다른 사람에게 도움을 주는 직업이 적합하다.
자기 능력	독립적 사고를 하며 창의적이다.	내면의 생각과 느낌에 집중하며 자신의 본능에 따라 처음의 목표를 추구하는 편이다. 또 이런 과정 속에서 만족감을 느낀다.	자신의 업무 방식에 맞춰 일을 조정하는 것을 매우 중요하게 여긴다. 이런 사람은 철학자나 기업가 등의 직업이 어울린다.
자연 재능	자연과 동식물을 좋아하고 캠핑이나 여행 가는 것을 즐긴다.	강한 환경적응능력을 갖추고 있으며, 열악한 환경에서도 일반 사람보다 생존능력이 강한 편이다.	생물학자나 여행모험가, 지질 관련 업무에 어울리며 특수 경찰이나 특수부대원이 될 수도 있다.

핵심 자질 테스트

심리학자들이 고안한 심리 테스트를 통해 우리는 개인의 핵심 자질과 각종 능력을 가늠할 수 있다. 이를 통해 자신의 능력에 대해 합리적인 예상을 할 수 있으며 장점을 개발하고 약점을 보완해 경쟁력을 높이기 위한 자료로 활용할 수 있다.

검사 설명 : 각 문항은 일종의 상황을 서술하고 있으므로 개인의 상황에 맞춰 평가하면 되며 테스트는 총 25문항으로 구성되어 있다. 테스트 시간은 10분 정도 소요되며 오래 고민하지 말고 개인의 상황에 맞춰 정확하게 대답하면 된다. 각 문항의 서술에 따라 생각하되 '대부분의 사람들보다 많이 부족할 경우' A를, '대부분의 사람들보다 조금 모자랄 경우'에는 B를, '대부분의 사람과 큰 차이가 없는 경우'에는 C를 선택하면 된다. 또한 '대부분의 사람들보다 약간 좋을 경우'에는 D를, '대부분의 사람들보다 훨씬 나을 경우'에는 E를 선택하면 된다.

번호	테스트 문항	선택 항목
1	업무를 조리 있게 진행하며, 항상 중요한 문제를 하기 위해 정신을 집중한다.	A B C D E
2	조직 안에서 평판이 좋으며 신망이 있다.	A B C D E
3	상사에게 중요한 문제를 보고할 때 정확히 의사를 표현하며 상사의 중시를 받는다.	A B C D E
4	항상 둘 이상의 방안을 분석하고 비교한 뒤 결정을 내린다.	A B C D E
5	공공장소에서 자신감 있고 조리 있게 발언한다.	A B C D E
6	조직 안에서 구성원 사이에 충돌이 생겼을 때 먼저 나서서 중재를 하는 편이다.	A B C D E
7	비즈니스 경쟁에서 이기기 위해 상대의 자료를 충분히 수집한다.	A B C D E
8	좌절과 문제를 맞닥뜨렸을 때 그 원인을 깊이 있게 분석한다.	A B C D E
9	다른 사람들이 못하는 일이 있을 때 상사가 내게 맡긴다.	A B C D E
10	업무를 하려 하면 힘이 생기고 활력이 넘친다.	A B C D E
11	조직 안에서 업무가 실패했을 때 나서서 책임을 지는 편이다.	A B C D E
12	복잡한 상황에서 과감한 결정을 내릴 줄 안다.	A B C D E
13	모든 조직 구성원을 공평하게 대할 줄 안다.	A B C D E
14	이 직종의 발전 추세에 대해 깊이 있게 이해하고 있으며, 이 직종과 관련된 시장의 동태를 늘 주시하고 있다.	A B C D E
15	동료와 업무에 관해 토론할 때 자신의 관점을 정확히 표현할 줄 안다.	A B C D E
16	항상 정해진 시간 안에 임무를 완수한다.	A B C D E
17	업무보고나 회의록, 서신 등을 간단명료하게 작성할 줄 안다.	A B C D E
18	자신의 일상 업무를 기업의 장기적 발전을 위한 전략과 조화시킬 줄 안다.	A B C D E
19	업무 중에 방안을 결정해야 할 때 신속하게 관련 자료와 수치를 수집할 수 있다.	A B C D E

20	다른 부문의 업무 내용을 이해한다.	A B C D E
21	조직이 곤란한 일을 겪게 됐을 때 주동적으로 어려운 일을 맡는 편이다.	A B C D E
22	언제나 자신이 일하는 업무에 열정적으로 몰두하는 편이다.	A B C D E
23	다른 사람들의 의견을 들은 뒤 결정을 내리는 편이다.	A B C D E
24	회사와 관련된 문건을 자주 읽는다.	A B C D E
25	업무 중에 분쟁이 생기면 짧은 시간 안에 동료에게 자신의 입장을 정확히 표현할 줄 안다.	A B C D E

채점 규칙 : 이 테스트의 각 문항에서 'A'를 선택하면 0점, 'B'를 선택하면 1점, 'C'를 선택하면 2점, 'D'를 선택하면 3점, 'E'를 선택하면 4점을 준다. 아래 '핵심 자질 유형과 관련 문항 번호표'를 참고해 각 문항의 점수를 합산한다.

핵심 자질 유형과 관련 문항 번호표

자질 유형	문항 수	문항 번호	점수
소통 능력	5	3, 5, 15, 17, 25	
추리 능력	5	4, 8, 12, 19, 23	
집단정신	5	2, 6, 11, 13, 21	
비즈니스 마인드	5	7, 14, 18, 20, 24	
진취심	5	1, 9, 10, 16, 22	

점수 결과 : 점수가 높을수록 해당 능력의 자질이 높은 것이다. 점수가 10점 미만일 경우 그 자질이 부족하다는 뜻으로 노력이 필요하다. 10~14점일 경우 그 자질이 높은 편이란 뜻이며, 15점 이상일 경우 그 자질이 매우 뛰어나다는 뜻이다.

③ 대뇌능력 테스트

어떤 사람은 지능지수(IQ)가 높으면서도 사회적응능력이나 임무를 완수하는 능력 떨어지기도 한다. 이는 뛰어난 자질을 갖고 있으면서도 자신의 대뇌를 잘 활용할 줄 모르기 때문이다. 자신의 우수한 두뇌를 개발하는 것은 성공의 관건이다. 이 테스트는 일상생활과 업무의 실천을 근거로 성인에게 개인의 두뇌 작업능력을 전문적으로 측정해 제공하기 위한 도구다.

　이 테스트는 주의력과 전환능력, 창의력, 민감도, 자기조절 능력 등 5개 방면에서 개인의 대뇌 작업능력을 분석하고 평가한다. 또한 성인이 갖춰야 할 대뇌의 작업능력을 충실히 반영하고 있으며 대뇌 작업 상황의 분석과 제안도 제공한다. 이를 통해 개인이 좀 더 정확히 대뇌 상황을 인식하도록 돕고 자신을 교정하고 훈련하기 위한 참고 자료가 되길 바란다.

　이 테스트는 개인의 업무와 생활에 관한 문제들로 응답에 옳고 그름이 없으니 자신의 실제 생각대로 답하면 된다. 오래 생각할 필요 없이 바로 답을 하라.

번호	테스트 문항	선택 항목
1	다른 사람의 말을 들을 때 종종 다른 생각을 하는가?	예 아니오
2	당신은 능동적이고 적극적으로 회의와 오락 활동에 참여하는가?	예 아니오
3	당신은 취미나 체육활동을 자주 하는가?	예 아니오
4	중간에 계획을 바꾸면 화를 잘 내는 편인가?	예 아니오
5	매일 자기계발을 목표로 일(학습)하는가?	예 아니오
6	당신은 일(학습)할 때 동시에 다른 일(학습)을 하는가?	예 아니오
7	당신은 평소 비슷한 종류의 책을 읽는가?	예 아니오
8	당신은 음악을 들으면 바로 흥이 나는가?	예 아니오
9	당신은 기본적으로 한 명의 친구와만 가깝게 지내는가?	예 아니오
10	당신은 하루에 한 번은 신체 단련을 하는가?	예 아니오
11	다른 사람의 질책을 받으면 쉽게 잊지 못하는가?	예 아니오
12	당신은 다른 사람의 말과 행동에 주목하는 편인가?	예 아니오
13	자신의 생각에 대해 직접적으로 말하는 편인가?	예 아니오
14	타인이 다른 의견을 이야기할 때 당신은 받아들이지 못하는 편인가?	예 아니오
15	당신은 평소 지나친 음주를 자제하는가?	예 아니오
16	대화를 할 때 당신은 무의식중에 다른 이야기를 꺼내는 편인가?	예 아니오
17	당신의 성격은 연이어진 업무를 하기에 적합한가?	예 아니오
18	당신은 사소한 일을 잘 잊어버리는가?	예 아니오
19	당신은 사고방식이나 생활방식이 다른 사람과 함께 업무에 대해 연구하기를 싫어하는가?	예 아니오
20	머리로만 기억하기보다 메모에 더 의존하는가?	예 아니오
21	회의가 길어지면 하품을 자주 하는가?	예 아니오
22	불쾌한 일이 일어난 뒤 쉽게 잊지 못하는가?	예 아니오
23	자려고 누우면 바로 잠이 드는가?	예 아니오

24	당신은 업무(학습)가 순서대로 진행되지 않을 때 불만을 느끼는가?	예 아니오
25	당신은 매일 일찍 잠에서 깨는가?	예 아니오
26	걱정되는 일이 생겼을 때 당신은 하루 종일 마음에 두고 있는가?	예 아니오
27	당신은 시간표의 구속을 받는 것을 좋아하지 않는가?	예 아니오
28	당신은 문제를 해결한 뒤 종종 해방감을 느끼는가?	예 아니오
29	당신은 충돌이 있을 때 금방 적응하는 편인가?	예 아니오
30	당신은 콩류의 음식과 채소를 자주 먹는가?	예 아니오
31	이 일을 했다 저 일을 했다 하며 하루 종일 바쁘게 시간을 보낸 적이 있는가?	예 아니오
32	당신은 많은 일을 한 번에 집중해 처리하기를 좋아하는가?	예 아니오
33	골치 아픈 일이 생겼을 때 당신은 많이 고민하지 않을 수 있는가?	예 아니오
34	상사가 바뀐 뒤 당신은 새 상사에 대해 금방 익숙해지는가?	예 아니오
35	당신은 문제를 총결산하고 사고하는 습관이 있는가?	예 아니오
36	방금 읽은 책(필기한 것)을 다시 여러 번 읽는 편인가?	예 아니오
37	평소와 다른 스타일의 옷을 입으면 불편하게 느껴지는가?	예 아니오
38	아침에 일찍 일어나면 당신은 정신이 맑은 편인가?	예 아니오
39	사람들이 당신에게 고집이 세다고 말하는가?	예 아니오
40	당신은 숨을 깊고 길게 쉬는 편인가?	예 아니오
41	한 가지 일을 하는 시간이 길어지면 빨리 끝내고 싶어 마음이 급해지는가?	예 아니오
42	당신은 어떤 일을 할 때 마지막 시한까지 쫓기는 것을 원하지 않는가?	예 아니오
43	당신은 중요한 일에 대한 바로 기록하는 습관이 있는가?	예 아니오
44	당신은 남에게 대신 일을 처리해달라고 부탁하기를 싫어하는가?	예 아니오
45	당신은 언제 어디서나 쉽게 긴장을 푸는 편인가?	예 아니오

46	당신은 일(학습)을 할 때 시간이 느리게 간다고 느끼는가?	예 아니오
47	당신과 사귀는 친구 대부분은 뜻과 생각이 일치하는 사람인가?	예 아니오
48	당신은 흉통이나 위통을 느껴본 적이 없는가?	예 아니오
49	당신은 자신이 원하지 않는 일을 맡았을 때 속수무책이라고 느끼는가?	예 아니오
50	당신은 담배를 피우지 않는 습관을 갖고 있는가?	예 아니오
51	일(학습)을 할 때 당신은 주변 사람들의 말소리가 정확히 들리는가?	예 아니오
52	당신은 여러 교통수단을 갈아탈 때 피곤함을 느끼는가?	예 아니오
53	당신은 보통 사람들보다 잘 논다고 생각하는가?	예 아니오
54	당신은 생활환경을 바꾸는 것을 싫어하는가?	예 아니오
55	당신은 평소 즐겁게 일(학습)을 하는 편인가?	예 아니오
56	당신은 사람을 기다릴 때 시간이 길어지면 견디지 못하는 편인가?	예 아니오
57	당신의 취미나 기호는 한결같은 편인가?	예 아니오
58	어떤 일에 흥미가 생겼을 때 당신은 이론적으로 그렇게 된 이유에 대해 연구하는 것을 좋아하는가?	예 아니오
59	당신은 한 가지 일(학습)을 한결같이 좋아하는가?	예 아니오
60	당신은 애매한 말과 행동을 싫어하는가?	예 아니오

채점 규칙 : 이 테스트는 주의력과 전환능력, 창의력, 민감성, 자기조절 능력 등 5개 방면으로 대뇌의 작업능력을 분석하고 평가한다. 다음 문항 번호표를 참조해서 주의력과 전환능력, 민감성은 '아니오'란 답에 1점을 주고, 창의력과 자기조절 능력은 '예'란 답에 1점을 준다. 각 문항의 응답에 따라 점수를 내고 항목별로 점수를 합산해 문항 번호표에 적는다.

대뇌능력 분류와 관련 문항 번호표

항목	문항 번호	점수
주의력	1, 6, 11, 16, 21, 26, 31, 36, 41, 46, 51, 56	
전환능력	2, 7, 12, 17, 22, 27, 32, 37, 42, 47, 52, 57	
창의력	3, 8, 13, 18, 23, 28, 33, 38, 43, 48, 53, 58	
민감성	4, 9, 14, 19, 24, 29, 34, 39, 44, 49, 54, 59	
자기조절 능력	5, 10, 15, 20, 25, 30, 35, 40, 45, 50, 55, 60	

점수 결과 : 아래 평가 정도표를 참조해서 자신의 수준을 확인한다. 이 테스트에서 비교적 낮은 점수를 받았다고 해서 반드시 자신의 대뇌 작업기능이 나쁘다는 뜻은 아니다. 점수가 낮다 해도 어느 정도 특징과 장점이 있게 마련이다. 중요한 것은 자신의 특징을 정확히 안 뒤 장점은 키우고 단점은 보완하는 일이다.

대뇌 작업능력 평가 징도

항목	부족	보통	좋음
주의력	0~4	5~8	9~12
전환능력	0~4	5~8	9~12
창의력	0~4	5~8	9~12
민감성	0~4	5~8	9~12
자기조절 능력	0~4	5~8	9~12

4

감성지수 테스트

감성지수란 자신의 감정과 타인의 감정에 대해 인지하고 이해하며 컨트롤할 수 있는 능력을 말한다. 이 테스트는 직장 내 업무 생활과 인간관계를 중심으로 정리한 약식 테스트이다. 감정 통제능력과 감정 안정성, 감정 균형능력, 좌절 감당능력, 감정 대응능력, 생활 조절력, 사회 적응능력 등 7개 방면으로 나눠 평가를 진행한다.

검사 설명 : 이 테스트는 30문항으로 구성되어 있으며 총 소요 시간은 20분이다. 각 문항은 여러 상황에 대한 서술로 응답자는 자신의 실제생활에 맞춰 '1', '2', '3', '4' 중에 자신이 동의하는 정도를 체크하면 된다. '1'은 동의하지 않음을, '2'는 확실하지 않음을, '3'은 기본적으로 동의함을, '4'는 매우 동의함을 뜻한다. 오래 생각할 필요 없이 자신의 상황에 맞는 답을 하면 된다.

번호	테스트 문항	동의 정도
1	나는 평소에 침착하게 냉정을 유지하며 적극적이고 낙천적이다.	1 2 3 4
2	나는 압박감을 느낄 때도 생각이 명료하며 손안의 임무에 집중한다.	1 2 3 4
3	나는 자신의 잘못을 과감히 인정할 줄 안다.	1 2 3 4
4	나는 항상 약속을 지킨다.	1 2 3 4
5	나는 자신의 목표를 실현하기 일에 책임감을 느낀다.	1 2 3 4
6	나는 조리 있고 세심하게 업무를 진행한다.	1 2 3 4
7	나는 자주 각종 다량의 자료 속에서 새로운 생각을 찾고 발굴할 줄 안다.	1 2 3 4
8	나는 새로운 생각을 해내는 일에 능숙하다.	1 2 3 4
9	나는 다량의 수요를 효과적으로 처리하고 끊임없이 변화하는 요구에 적절히 대처할 줄 안다.	1 2 3 4
10	나는 결과를 중시하며, 이것이 목표를 실현하기 위한 강한 동력이 된다.	1 2 3 4
11	나는 도전적인 목표를 제시하고 이를 실현하기 위해 적극적으로 노력하는 편이다.	1 2 3 4
12	나는 업무 성과를 높이는 방법을 배우기 위해 항상 노력하며, 이를 위해 나보다 젊은 직원들의 제안에도 귀 기울일 줄 안다.	1 2 3 4
13	나는 조직의 중요한 목표를 실현하기 위해 나 자신의 이익을 희생할 준비가 되어 있다.	1 2 3 4
14	나는 회사의 사명을 이해하고 동감한다.	1 2 3 4
15	팀의 가치는 내가 정책을 결정하고 선택하는 일에 영향을 미친다.	1 2 3 4
16	나는 조직 전체의 목표를 추진할 기회를 적극적으로 찾고 있으며 이를 위해 타인의 도움을 받을 수도 있다.	1 2 3 4
17	현재 업무에서 내가 추구하는 것은 사람들의 요구나 기대를 뛰어넘는 더 높은 목표다.	1 2 3 4

18	장애와 좌절은 시간을 연기시킬 뿐 나를 멈출 수는 없다.		1 2 3 4
19	나는 때로 시대에 뒤떨어진 규정이나 형식적인 서류 등을 피해야 한다고 생각한다.		1 2 3 4
20	나는 그것이 전혀 새로운 것에 대한 시도라고 해도 새로운 시각을 모색하는 편이다.		1 2 3 4
21	나는 업무 중에 사사로운 이해득실에 연연하지 않기 때문에 기쁜 일이 있든 슬픈 일이 있든 크게 영향 받지 않는다.		1 2 3 4
22	상황의 변화에 따라 나는 신속하게 책략을 조정할 줄 안다.		1 2 3 4
23	새로운 정보를 수집하는 것은 업무에 있어 부정확성을 낮추고 더 나은 일처리를 위한 가장 좋은 수단이다.		1 2 3 4
24	나는 보통 좌절하게 됐을 때 그 일이 누구의 부족한 점 때문이라고 생각하지 않는다(나 자신이나 다른 사람의).		1 2 3 4
25	나는 성공에 대한 기대감으로 행동할 뿐 시작부터 실패할 것을 걱정하지 않는다.		1 2 3 4
26	업무 스트레스가 있을 때 나는 스스로 여유를 찾을 줄 안다.		1 2 3 4
27	다른 사람들이 필요로 한다면 나는 그들을 위해 조언하거나 마음에서 우러나온 지지를 보내는 편이다.		1 2 3 4
28	나는 흥미가 없는 일에서도 열정을 이끌어낼 줄 안다.		1 2 3 4
29	나는 동료들 사이의 언쟁을 성공적으로 해결하는 편이다.		1 2 3 4
30	나는 다른 사람들과 친밀하게 대화를 나눌 줄 안다.		1 2 3 4

채점 규칙 : 총 30문제의 점수를 합치면 전체 감성지수의 점수가 된다. 또한 아래의 표와 대조해 자아의식, 경영에 대한 감성, 자기 열정, 타인과의 성의 있는 소통, 사교능력 등 5개 방면에 상응하는 문항의 점수를 합치면 당신의 감성지수 5대 요소의 개별 점수가 된다.

감성지수 관련 문항 번호표

요소	문항 번호	점수
자아의식	1, 6, 11, 16, 21, 26	
경영에 대한 감성	2, 7, 12, 17, 22, 27	
자기 열정	3, 8, 13, 18, 23, 28	
타인과의 성의 있는 소통	4, 9, 14, 19, 24, 29	
사교 능력	5, 10, 15, 20, 25, 30	

테스트 점수에 대한 설명 : 이 테스트의 점수는 당신의 감성지수를 설명한다. 당신이 100점 이상의 점수를 받았다면 매우 높은 감성지수를 갖추고 있는 것이다. 60~100점은 발전 가능성이 있는 경영관리 능력의 감성지수를 갖추고 있다. 60점 미만은 평균적인 감성지수에 모자란다는 뜻이다. 감성지수의 5대 요소인 자아의식과 경영에 대한 감성, 자기 열정, 타인과의 성의 있는 소통, 사교 능력 등 각 요소에서 20점 이상을 받았다면 매우 높은 감성지수를 갖췄다는 것이며, 15점 미만은 그 반대의 의미다.

⑤

성격 테스트

심리학자 칼 구스타프 융은 사람의 성격을 내향형과 외향형으로 구분했다. 그의 성격 유형론은 미국으로 전해진 뒤 미국식으로 새롭게 발전했다. 특히 미국의 심리학자 윌리엄 몰튼 마스턴은 그의 학설을 근거로 '성향 검사'를 고안해냈다. 이 테스트는 외향과 내향의 차이를 수치의 많고 적음으로 환원해 여러 문제를 설정한 뒤, 응답자의 '예' 혹은 '아니오'의 대답해 따라 수치를 계산해 그 성격의 성향을 판정하는 것이다. 이런 테스트 방법은 우리의 일상생활에서 드러나는 성격의 성향을 이해하는 데에 도움이 된다. 무엇보다 이 성향 검사는 테스트 방법이 매우 간단해 세계적으로 보편화됐다.

검사 설명 : 이 테스트는 총 50문항으로 구성되어 있으며 자신의 실제상황을 참고해 각 문항에서 서술하는 관점이 당신의 생각이나 처리방식과 일치하는지 확인해보면 된다. '0', '1', '2', '3', '4'는 당신이 동의하는 정도로 '0'은 완전히 동의하지 않는다는 뜻이며, '1'은 비교적 동의하지 않는다는 뜻이고, '2'는 확실하지 않다는 뜻이며, '3'은 비교적 동의한다는 뜻이고, '4'는 '매우 동의한다는 뜻이다. 지나치게 서두르거나 한 문제에 너무 많은 시간을 써 심사숙고하지 말고 즉각적으로 응답하면 된다.

번호	테스트 문항	동의 정도
1	나는 사소한 일에 신경 쓰지 않는다.	0 1 2 3 4
2	어떤 일에 대해 즉각 결심하는 편이다.	0 1 2 3 4
3	이미 세운 계획에 대해 나는 중요하게 생각하며 철저히 지킨다.	0 1 2 3 4
4	결정을 내린 뒤에는 마음을 잘 바꾸지 않는다.	0 1 2 3 4
5	생각하기보다 활동하기를 좋아한다.	0 1 2 3 4
6	나는 자주 기분이 우울하다.	0 1 2 3 4
7	나는 실패한 경험에 대해 줄곧 신경 쓰는 편이다.	0 1 2 3 4
8	나는 종종 불만이 있거나 상관이 없다는 식의 표현을 한다.	0 1 2 3 4
9	나는 말수가 많지 않다.	0 1 2 3 4
10	나는 감정을 숨기지 못하며, 생각하는 것이 얼굴에 바로 드러난다.	0 1 2 3 4
11	나는 조금만 기쁜 일이 있어도 유난히 기뻐한다.	0 1 2 3 4
12	나는 기분이 자주 바뀐다.	0 1 2 3 4
13	나는 평소에 고집이 센 편이다.	0 1 2 3 4
14	나는 인내심이 강하다.	0 1 2 3 4
15	나는 다른 사람과 논쟁을 벌이거나 내기하기를 좋아한다.	0 1 2 3 4
16	나는 의견을 밝힐 때 과격해지는 편이다.	0 1 2 3 4
17	나는 처세에 신중한 편이다.	0 1 2 3 4
18	나는 일을 할 때 동작에 군더더기가 없다.	0 1 2 3 4
19	나는 일처리가 꼼꼼하다.	0 1 2 3 4
20	나는 거창한 일을 좋아한다.	0 1 2 3 4
21	나는 일에 열중하는 편이다.	0 1 2 3 4
22	나는 꿈만 꿀 뿐 행동으로 옮기지 못하는 공상가다.	0 1 2 3 4
23	나는 결벽이 있다.	0 1 2 3 4

24	나는 자주 물건을 어지럽히고 금세 잊어버린다.	0 1 2 3 4
25	나는 돈의 씀씀이가 크다.	0 1 2 3 4
26	나는 많은 사람 앞에서 말하기를 좋아한다.	0 1 2 3 4
27	나는 습관적으로 남의 사소한 잘못을 지적한다.	0 1 2 3 4
28	나는 말하는 것을 좋아한다.	0 1 2 3 4
29	나는 남이 추켜 세워주면 좋아 어쩔 줄을 모른다.	0 1 2 3 4
30	나는 고집이 매우 세다.	0 1 2 3 4
31	나는 마음속에 불만이 많다.	0 1 2 3 4
32	나는 평판에 신경 쓰는 편이다.	0 1 2 3 4
33	나는 남을 잘 비판하며 쉽게 화를 낸다.	0 1 2 3 4
34	나는 상대를 믿고 내 일을 그대로 맡긴다.	0 1 2 3 4
35	나는 다른 사람이 내게 명령내리는 것을 싫어한다.	0 1 2 3 4
36	나는 스스로 다른 사람을 지휘할 수 있는 능력이 있다고 생각한다.	0 1 2 3 4
37	나는 사심 없이 다른 사람의 의견을 받아들인다.	0 1 2 3 4
38	나는 스스로 영리하다고 생각한다.	0 1 2 3 4
39	나는 일의 진상을 숨기는 편이다.	0 1 2 3 4
40	나는 타인에게 동정심을 쉽게 느낀다.	0 1 2 3 4
41	나는 지나치게 남을 신뢰하는 편이다.	0 1 2 3 4
42	나에게 상처준 사람을 내내 기억하며 미워한다.	0 1 2 3 4
43	나는 수줍음을 잘 탄다.	0 1 2 3 4
44	나는 혼자 있는 것을 좋아한다.	0 1 2 3 4
45	나는 친구를 사귀기 어려워하는 편이다.	0 1 2 3 4
46	많은 사람 앞에서도 나는 태연하고 여유롭게 이야기한다.	0 1 2 3 4
47	사람들의 주목을 받으면 위축되는 편이다.	0 1 2 3 4
48	의견이 다른 사람이라 해도 부담 없이 만난다.	0 1 2 3 4
49	나는 다른 사람을 돕는 것을 좋아한다.	0 1 2 3 4
50	나는 기꺼이 내 물건을 남에게 줄 수 있다.	0 1 2 3 4

채점 규칙 : 이 테스트에는 순방향으로 채점하는 문항과 역방향으로 채점하는 문항이 있다. 순방향 문항의 경우 '0'을 선택하면 0점, '1'을 선택하면 1점, '2'를 선택하면 2점, '3'을 선택하면 3점, '4'를 선택하면 4점으로 채점한다. 각 문항의 점수를 더한 것이 응답자의 점수가 된다. 또한 역방향 문항의 경우 '0'을 선택하면 4점, '1'을 선택하면 3점, '2'를 선택하면 2점, '3'을 선택하면 1점, '4'를 선택하면 0점으로 채점한다.

순방향 점수와 역방향 점수 문항표

순방향 채점 문항	2, 4, 5, 8, 10 ,11, 12, 18, 20, 21, 24, 25, 26, 28, 29, 34, 36, 37, 38, 40, 41, 46, 48, 49, 50
역방향 채점 문항	1, 3, 6, 7, 9, 13, 14, 15, 16, 17, 19, 22, 23, 27, 30, 31, 32, 33, 35, 39, 42, 43, 44, 45, 47

테스트 점수에 대한 설명 : 성향 지수는 최고 200점, 최저 0점이다. 100점이 넘으면 성격이 외향적이라고 판단할 수 있으며, 100점이 안 되면 내향적이라고 볼 수 있다. 그 중에서도 161점 이상은 '매우 외향적'이며, 59점 이하는 '매우 내향적' 성격이다. 100점에서 90점 사이는 내향적 성격과 외향적 성격이 비슷하게 존재하는 '양향적' 성격이라고 부른다.

외향형의 사람은 객체에 대해 적극적인 태도를 드러내면서도 한편으로는 자신의 껍질 안으로 움츠러들어 다른 사람이 그의 감정을 완전히 파악하지 못하게 한다. 외향형의 사람은 객체를 위주로 생각하고 느끼며 행동한다. 객체를 우선으로 모든 관심을 쏟는 것이다. 그러므로 이런 사람은 객체의 영향에 제약을 받기 쉽다. 외향형의 사람은 환경 속 인물과 사물에 대해 적극적으로 반응한다. 또한 외부세계에 관심이 많아 외부세계의 영향을 많이 받기도 하고 주기도 한다. 낯설거나 새로운 환경에도 위축되지 않으며 사람들과 좋은 관계를 유지한다. 외향형 사람의 무의식을 살펴보면, 의외로 내향적 성격에 속하는 경우가 많다. 이는 외향적 태도로 약점이 드러나는 것을 피해 결핍감을 보상받으려 하는 것이다. 하지만 무의식의 억압이 지나치면 자신에게만 유리하게 행동하려는 유치한 경향을 보이기도 한다. 이런 극단의 성향 때문에 히스테리 같은 신경증에 시달리는 사람이 많다.

내향형의 사람은 객체에 관심이 없으며 주체를 우선으로 한다. 내향형의 사람은 환경 속 인물과 사물에 소극적으로 반응한다. 그들은 내면의 주관적 요소에 근거해 결정을 내리며 외부세계로부터 쉽게 영향을 받지 않는다. 외부세계에 관심이 없어 외부세계로부터 영향을 받거나 주고 싶어 하지 않는다. 그 때문에 폐쇄적으로 변해 사교활동이 부족하며 자신을 반성하는 경향이 강하다. 주변의 사람들에 대해 방어선이 있어 태도가 냉정한 편이라 이런 사람은 한눈에 내향형의 사람임을 알아볼 수 있다. 하지만 내향형 사람의 무의식을 살펴보면, 외향적 성격에 속하는 경우가 많다. 이에 대한 보상심리가 있어 억압감이 지나치면 의식과 무의식이 서로 지쳐 나가떨어질 때까지 교전을 벌인다. 내향형인 사람이 가장 걸리기 쉬운 신경증은 신경쇠약증(불안, 신경쇠약, 신경질, 각종 강박 증상, 공포증, 염려증)이다.

6

안정감 테스트

어느 날 아침, 집을 나와 이미 멀리 걸어갔는데 물건 하나를 잊어버리고 왔다는 사실이 떠올랐다. 핸드폰과 냅킨, 열쇠, 지갑 중 가져오지 못한 물건이 가장 아니었으면 하는 것은 무엇인가?

핸드폰을 선택한 사람은 가장 안정감이 없으며 냅킨과 열쇠, 지갑 순이다. 핸드폰을 선택한 사람은 수시로 모든 일에 경계심을 느끼며 사람들과 자주 연락하려 한다. 또한 감정적으로 사람들과 긴밀한 관계를 유지하려 하며 사람들의 관심을 필요로 한다. 그러므로 그들에게 감정적인 연결은 매우 중요한 일이다. 냅킨을 선택한 사람은 어느 정도 강박증이 있어 물건을 자주 닦는 편이다.

사회심리학자 매슬로우는 심리적 안정감이란 두려움과 불안에서 벗어날 수 있다는 자신감이라고 했다. 안정과 자유는 특히 개인의 현재와 미래의 각종 욕구를 만족시키는 감각이다. 심리와 정신질환을 연구하는 학자들에 따르면 안정감이란 신체나 심리에 나타날 수도 있는 위험에 대한 예감이라고 한다. 안정감이 부족하면 자폐증, 신경증, 사회공포증, 반사회인격, 피해망상 등이 나타날 수 있다. 이런 강박의 핵심은 두려움과 불안정감에 있다. 아래에 소개하는 것은 전문적인 심리 테스트로 매슬로우의 '안정감-불안정감 설문'을 기반으로 한다.

테스트 설명 : 테스트 문항의 서술을 읽고 당신의 상황에 가장 부합하는 답안을 선택하라. 답은 옳고 그름이 없으니 어떤 한 문제에 많은 시간을 소요하지 말고 평소 생각하는 대로 답하면 된다. 전체 테스트는 대략 10분 안에 완성해야 한다. a는 그렇다고 생각될 때, b는 아니라고 생각될 때, c는 확실하지 않을 때이다.

번호	테스트 문항	선택 항목
1	나는 보통 혼자 있기보다 사람들과 함께 있고 싶어 한다.	a b c
2	나는 사람을 사귀는 일이 어렵지 않다.	a b c
3	나는 자신감이 부족하다.	a b c
4	나는 이미 충분한 칭찬을 받고 있다고 느낀다.	a b c
5	나는 세상일에 자주 불만을 느낀다.	a b c
6	나는 다른 사람들만큼 존중받고 있다.	a b c
7	예전에 난처한 경험을 한 뒤 오랫동안 불안과 초조함을 느끼고 있다.	a b c
8	나는 나 자신에 대해 만족한다.	a b c
9	일반적으로 봤을 때 나는 이기적인 사람이 아니다.	a b c
10	나는 평소 불쾌한 일을 회피하는 경향이 있다.	a b c
11	다른 사람과 함께 있을 때도 나는 자주 외로움을 느낀다.	a b c
12	나는 삶이 내게 공평하다고 느낀다.	a b c

13	친구가 나를 비판할 때 받아들일 수 있다.	a b c
14	나는 쉽게 기가 죽는 편이다.	a b c
15	나는 보통 대다수의 사람에게 잘해준다.	a b c
16	나는 종종 사는 게 재미없다고 생각한다.	a b c
17	나는 평소에 낙관주의자다.	a b c
18	나는 상당히 민감한 사람이다.	a b c
19	나는 평소 유쾌한 사람이다.	a b c
20	나는 평소 자신에 대해 자신감이 있다.	a b c
21	나는 종종 나 자신이 부자연스럽다고 느낀다.	a b c
22	나는 자신에 대해 그렇게 만족하지 않는다.	a b c
23	나는 기분이 자주 저하된다.	a b c
24	나는 사람들을 처음 만날 때 종종 상대가 나를 좋아하지 않을 수 있다고 느낀다.	a b c
25	나는 나 자신에 대해 충분한 자신감이 있다.	a b c
26	나는 일반적으로 대다수의 사람을 믿을 수 있다고 생각한다.	a b c
27	나는 이 세상에서 쓸모 있는 사람이라고 생각한다.	a b c
28	일반적으로 나는 다른 사람과 사이좋게 지낸다.	a b c
29	나는 자신의 미래에 대해 자주 걱정한다.	a b c
30	나는 스스로 의지가 강하다고 느낀다.	a b c
31	나는 말솜씨가 좋다.	a b c
32	나는 스스로 남에게 부담이 된다고 느낀다.	a b c
33	나는 자신의 감정을 표현하는 데에 어려움을 느낀다.	a b c
34	나는 다른 사람의 행운에 대해 함께 기뻐한다.	a b c
35	나는 자주 무슨 일을 잊고 있는 것 같다.	a b c
36	나는 의심이 많은 편이다.	a b c
37	일반적으로 나는 세상이 생존하기에 적합한 곳이라고 느낀다.	a b c

38	나는 불안감을 쉽게 느낀다.	a b c
39	나는 자주 나 자신을 반성한다.	a b c
40	나는 남이 아닌 나 자신이 바라는 대로 생활한다.	a b c
41	일을 제대로 마치지 못할 때 나는 슬픔과 상심을 느낀다.	a b c
42	나는 내가 하는 일과 직업에서 성공했다고 생각한다.	a b c
43	나는 평소 내가 어떤 사람인지 남들이 알아주길 바란다.	a b c
44	나는 생활에 잘 적응하고 있는 것 같지 않다.	a b c
45	나는 '노력하면 해결책이 있다'라는 신념으로 일을 해나간다.	a b c
46	나는 삶이 무거운 부담이라고 느낀다.	a b c
47	나는 열등감으로 어려움을 겪는 편이다.	a b c
48	일반적으로 나는 아직 괜찮다고 느낀다.	a b c
49	나는 이성과 사이좋게 지낸다.	a b c
50	나는 길에서 사람들이 나를 쳐다보는 것 같아 고민한 적이 있다.	a b c
51	나는 쉽게 상처 받는다.	a b c
52	이 세상에서 나는 따뜻함을 느낀다.	a b c
53	나는 내 지능 때문에 염려스럽다.	a b c
54	나는 평소 다른 사람에게 부담을 주지 않는다.	a b c
55	미래에 대해 나는 어렴풋하게나마 두려움이 있다.	a b c
56	내 행동은 매우 자연스럽다.	a b c
57	일반적으로 나는 운이 좋다.	a b c
58	나는 행복한 어린 시절을 보냈다.	a b c
59	나는 진정한 친구가 많다.	a b c
60	나는 불안하다고 느낄 때가 많다.	a b c
61	나는 경쟁을 좋아하지 않는다.	a b c
62	나의 가정환경은 매우 행복하다.	a b c
63	나는 뜻밖의 불행을 겪게 될까봐 걱정이 많다.	a b c

64	다른 사람과 함께 있을 때 나는 종종 초조함을 느낀다.	a b c
65	일반적으로 나는 쉽게 만족한다.	a b c
66	나는 기분이 좋다가도 금세 슬퍼지는 편이다.	a b c
67	일반적으로 나는 사람들의 존중과 존경을 받고 있다.	a b c
68	나는 다른 사람과 함께 조화롭게 일할 줄 안다.	a b c
69	나는 스스로 내 감정을 통제할 수 없다고 느낀다.	a b c
70	나는 때로 사람들이 나를 비웃고 있는 것 같다.	a b c
71	평소 나는 사람들에게 낯선 사람이다.	a b c
72	나는 세상이 대체로 내게 공정한 편이라고 느낀다.	a b c
73	나는 어떤 일이 진실인지 의심스러워 괴로웠던 적이 있다.	a b c
74	나는 자주 모욕을 당하는 편이다.	a b c
75	나는 종종 사람들이 나를 남다르게 보는 것 같다.	a b c

채점 규칙 : 각 문항의 선택이 표와 일치할 경우는 0점이며, 나머지 일 경우는 일률적으로 1점을 준다. '확실하지 않음'일 때도 1점으로 계산한다. 모든 문항의 점수를 더하면 최종 점수가 된다.

1	a	16	b	31	a	46	b	61	b
2	a	17	a	32	b	47	b	62	a
3	b	18	b	33	a	48	a	63	b
4	a	19	a	34	b	49	a	64	b
5	b	20	a	35	b	50	a	65	a
6	a	21	b 혹은 c	36	b	51	b 혹은 c	66	b
7	b	22	b	37	a	52	a	67	a

8	a	23	b	38	b	53	b	68	a
9	a	24	b	39	b 혹은 C	54	a	69	b
10	b	25	a	40	a	55	b	70	b
11	b	26	a	41	b 혹은 C	56	a	71	b
12	a	27	a	42	a	57	a	72	b
13	a	28	a	43	a	58	a	73	b
14	b	29	b	44	b	59	a	74	b
15	a	30	a	45	a	60	b	75	b

테스트 점수에 따른 설명 : 0~24점은 정상 범위에 속한다. 25점~30점은 불안정감의 경향이 있는 경우이고, 31점~38점은 불안정감이 강한 편이라 볼 수 있다. 39점 이상은 심각한 불안정감이 있으며 상담이 필요하다.

안정감이 있는 사람과 안정감이 부족한 사람에 대해 매슬로우는 14개 방면으로 다음과 같이 대비했다.

순번	안정감이 부족한 사람	안정감이 있는 사람
1	사람들에게 거절당하고 있다고 느끼거나 받아들여지지 않는다고 느끼며, 냉대를 받고 있다고 느낀다. 혹은 미움을 받거나 차별을 받는다고 느낀다.	사람들의 사랑을 받고 있다고 느끼거나 받아들여지고 있다고 느끼며, 다른 사람들에게서 따뜻함과 친절함을 느낀다.
2	외로움을 느끼며 잊히거나 버려졌다고 느낀다.	소속감을 느끼며 집단 속의 일원이라고 느낀다.
3	자주 위협과 위험, 불안함을 느낀다.	안정감이 있어 걱정거리가 없다.

4	세상과 인생은 위험과 어두움, 적의, 도전과 마주하고 있어 서로 죽고 죽이는 각축장과 같다.	세상과 인생은 만족감과 따뜻함, 우애로움, 인자함으로 가득해 모든 사람이 형제와 같다.
5	다른 사람은 기본적으로 나쁘고, 악하며, 이기적이거나 위험하다.	다른 사람은 기본적으로 착하고, 친절하다.
6	다른 사람에 대해 불신과 질투, 오만, 미움, 적대의 태도를 갖고 있다.	다른 사람에 대해 신임과 관용, 선호, 친절한 태도를 갖고 있다.
7	비관적 경향이 있다.	낙관적 경향이 있다.
8	불만족스러운 경향이 있다.	만족스러운 경향이 있다.
9	종종 긴장하는 편이며 그로 인해 피로와 신경질, 악몽 등에 시달린다.	여유롭고 평온하다.
10	강박성 내향적 성격이 있으며 자책하고 자신에게 과민하다.	생각의 폭이 넓어 자기중심이 아닌 객체 중심, 문제 중심, 세계 중심의 경향이 있다.
11	무의식중에 자신에게 잘못이 있다고 생각해 부끄러움을 느끼며, 자기 탓을 하는 경향이 있다. 심하면 자살 충동을 느끼기도 한다.	자신을 있는 그대로 받아들일 줄 알고, 자신에 대해 관용적이다.
12	자신을 평가함에 있어 감정적 어려움이 있다. 이를테면 권력과 지위에 대한 욕심이 있지만 병적인 이상주의자이며, 돈과 권력에 대한 갈망이 있지만 특권에 대해 질투와 미움이 있다. 자신을 학대하는 경향이 있으며 열등감 등이 있다.	문제의 해결을 위해 필요한 역량을 쟁취할 줄 알며, 문제 자체에 집중한다. 의지가 있고 적극적이며 자신에 대한 평가가 양호하다.
13	끊임없이 안정을 위해 노력하며, 신경질적이고 자기 방어적이며 도피하는 경향이 있다.	현실적인 태도로 현실을 마주한다.
14	이기적이고, 자기중심적이다.	사회와 협력에 관심이 많으며 타인에게 선의와 동정심이 많다.

매일 심리학 공부

초판 1쇄 발행일 2017년 7월 24일
초판 35쇄 발행일 2025년 5월 1일

지은이 우리창
옮긴이 정세경

발행인 조윤성

발행처 ㈜SIGONGSA **주소** 서울시 성동구 광나루로 172 린하우스 4층 (우편번호 04791)
대표전화 02-3486-6877 **팩스(주문)** 02-598-4245
홈페이지 www.sigongsa.com / www.sigongjunior.com

글 ⓒ 우리창, 2017

이 책의 출판권은 ㈜SIGONGSA에 있습니다. 저작권법에 의해
한국 내에서 보호받는 저작물이므로 무단 전재와 무단 복제를 금합니다.

ISBN 979-89-527-7888-8 13190

*SIGONGSA는 시공간을 넘는 무한한 콘텐츠 세상을 만듭니다.
*SIGONGSA는 더 나은 내일을 함께 만들 여러분의 소중한 의견을 기다립니다.
*잘못 만들어진 책은 구입하신 곳에서 바꾸어 드립니다.

WEPUB 원스톱 출판 투고 플랫폼 '위펍' __wepub.kr
위펍은 다양한 콘텐츠 발굴과 확장의 기회를 높여주는
SIGONGSA의 출판IP 투고·매칭 플랫폼입니다.